低碳经济下北京市新能源发展模式、战略与国际合作机制研究

闫世刚　著

对外经济贸易大学出版社
中国·北京

图书在版编目（CIP）数据

低碳经济下北京市新能源发展模式、战略与国际合作机制研究/闫世刚著. —北京：对外经济贸易大学出版社，2017.3

ISBN 978-7-5663-1735-3

Ⅰ. ①低… Ⅱ. ①闫… Ⅲ. ①新能源–能源经济–经济发展战略–研究–北京②新能源–能源工业–经济发展–国际合作–研究–北京 Ⅳ. ①F426.2

中国版本图书馆 CIP 数据核字（2017）第 019175 号

低碳经济下北京市新能源发展模式、战略与国际合作机制研究

闫世刚 著
责任编辑： 史伟明

对外经济贸易大学出版社
北京市朝阳区惠新东街 10 号 邮政编码：100029
邮购电话：010－64492338 发行部电话：010－64492342
网址：http://www.uibep.com E-mail：uibep@126.com

北京九州迅驰传媒文化有限公司印装 新华书店经销
成品尺寸：170mm×240mm 12.5 印张 245 千字
2017 年 3 月北京第 1 版 2017 年 3 月第 1 次印刷

ISBN 978-7-5663-1735-3
定价：40.00 元

本书获“中央高校基本科研业务费”资助

序

低碳经济是以低能耗、低污染、低排放为基础的经济模式，其实质是能源高效利用与新能源开发，新能源由此构成了低碳经济发展的核心内容，是带动经济增长和应对气候变化的双赢选择。低碳时代新能源产业是一个国家和地区高新技术发展水平的重要体现，世界主要城市，如美国纽约、英国伦敦和日本东京纷纷制订低碳经济发展理念下新能源发展战略规划。

北京市作为中国的首都，是全国政治、经济和文化的中心。同时，北京市也是资源匮乏、能源消耗位居全国第二的城市，在能源方面具有高度依赖性。随着经济的快速发展和人民生活水平的显著提高，北京市建设环境优美、和谐宜居的现代化国际都市的步伐加快，推进“绿色北京”和中国特色世界城市建设，构建起安全、可靠、新型、高效、可持续的能源供应保障体系，为经济社会发展奠定坚实的物质基础，已成为北京城市发展的重要课题。

近年来，北京新能源产业快速发展，在技术研发、高端装备制造、技术服务等高附加值环节形成了比较强的竞争优势，为推动产业高端发展奠定了坚实基础。但是北京新能源产业尚处于培育发展阶段，存在产业规模较小、核心技术不成熟、经营模式有待创新等问题，同时标准体系建设、配套支持政策也亟待加强。因此，本书通过分析北京市新能源产业的发展现状和存在问题，构建北京市新能源产业评价指标体系，基于层次分析法和模糊综合评价法对北京市新能源产业进行定量评价，提出北京市新能源产业的发展模式，阐明北京市新能源产业发展的战略与途径、措施与建议，明确提升北京市新能源国际合作的对策和建议，以推动北京市新能源产业可持续健康发展。

北京市新能源发展模式及国际合作机制课题的研究作为一项兼具复杂性、开创性和挑战性的工作，本研究对于促进北京市新能源产业的发展和竞争力的提升，具有一定的理论意义和实践价值；但是另一方面，本书也必然存在一些问题，许多内容还需要做进一步深入的探索和研究！本书不足之处，也恳请专家学者斧正！

闫世刚

2016 年 9 月 15 日于北京

目录

第一章 引言

一、问题的提出

低碳经济是以低能耗、低污染、低排放为基础的经济模式，其实质是能源高效利用与新能源开发，新能源由此构成了低碳经济发展的核心内容，是带动经济增长和应对气候变化的双赢选择。

北京市作为中国的首都，是全国政治、经济和文化中心。同时北京市也是资源匮乏、能源消耗位居全国第二的城市，在能源方面具有高度依赖性，其100%的天然气、97%的煤炭、80%的成品油和65%的电力供应都来自周边省市。随着经济的快速发展和人民生活水平的显著提高，北京市建设环境优美、和谐宜居的现代化国际都市的步伐加快，推进“绿色北京”和中国特色世界城市建设，构建起安全、可靠、新型、高效、可持续的能源供应保障体系，为经济社会发展奠定坚实的物质基础，已成为北京城市发展的重要课题。

新能源产业是实现经济可持续发展、抢占国际竞争制高点的战略性产业。以欧美为代表的世界发达国家，早在二十世纪八九十年代就制定并加快了实施新能源城市发展战略。美国在奥巴马执政后把发展新能源作为重大战略，从法律、政策、技术和资金等方面都予以了大力支持。欧盟从20世纪90年代初开始，各成员国就出台了一揽子新能源发展计划，积极加强可再生能源的研发和使用，30个城市加入实施高科技新能源试点计划。

近年来，北京新能源产业快速发展，在技术研发、高端装备制造、技术服务等高附加值环节形成了比较强的竞争优势，为推动产业高端发展奠定了坚实的基础。但是，北京新能源产业尚处于培育发展阶段，存在产业规模较小、核心技术不成熟、经营模式有待创新等问题，同时标准体系建设、配套支持政策也亟待加强。因此，把新能源发展与自主创新和国际合作有机融合，探索新能源发展模式和战略，建立多方面、多层次的国际合作机制，有助于北京新能源产业竞争力的提升，有助于北京低碳经济健康持续发展。

二、本书的研究方法和技术路线

本书在总体上采取定性说明和定量分析相结合的方式，具体通过理论研究、实地调研、专家咨询、典型案例分析、模型及实证分析等方法对课题进行了科学的、实事求是的研究。具体技术路线是：

第一，通过理论分析、企业调查、专家访谈、案例研究来建立研究平台。通过新能源、国际合作机制的文献检索，对重要、可用的战略管理和国际合作理论进行总结，对现有的研究工作及存在的问题进行分类总结，提出北京市新能源发展模式和国际合作的研究问题和研究目标，为后面的研究奠定坚实基础。

第二，分析北京市新能源发展模式和策略。分析和总结美国纽约、英国伦敦、日本东京等世界主要城市新能源发展的国际经验，构建北京市新能源产业的评价模型，并使用层次分析法和模糊综合评价法进行定量分析，评价北京市新能源产业的发展程度，提炼北京市新能源发展模式、途径和策略。

第三，构建北京市新能源国际合作的策略。从战略规划、新能源、经济外交、国际竞争与合作等角度来分析建立北京市新能源国际合作的策略。

第四，理论和应用研究：将本研究的理论成果应用到实际中去，为北京市提供新能源发展和国际合作的政策建议和理论支持，并在实践中进一步修正和完善本研究的理论成果。

三、本书的主要内容

低碳时代新能源产业是衡量一个国家和地区高新技术发展水平的重要体现，世界主要城市，包括美国纽约、英国伦敦和日本东京纷纷制订低碳经济发展理念下新能源发展战略规划。随着北京市经济社会进入更高水平发展阶段，作为特大型城市，北京市承载着高密度的人口、高效的物流和高速的信息流，能源需求不断攀升，能源安全运行对经济社会的影响越来越突出，凸显出新型新能源的可持续性和良好环保性的优势。本书的内容主要包括：

第一，研究的相关理论基础。课题在研究过程中，对运用的低碳经济理论、区域产业竞争力理论、能源安全理论、生态文明建设理论以及国际环境合作理论做了评述。

第二，国内外城市新能源发展国际经验。世界主要城市，如美国纽约、英国伦敦和日本东京在新能源发展过程中，突出政府在新能源发展中的主导作用，培育和发展新能源、加快产业结构调整，并加强新能源技术的应用推广。

第三，北京市发展新能源产业的环境与基础。对北京市新能源发展的经济环境基础、政策环境基础和资源基础进行了详细的阐述和分析，从以上三个方面论证了北京市发展新能源产业的可行性和必要性。

第四，北京市新能源产业评价模型与发展模式。分析北京市新能源产业的发展现状和存在问题，构建北京市新能源产业评价指标体系。基于层次分析法和模糊综合评价法对北京市新能源产业，包括新能源汽车、太阳能、风能等新能源产业进行定量评价，并根据定量评价的结果提出北京市新能源发展模式。

第五，北京市新能源产业发展策略与建议。基于定量研究基础上，提出北京市发展新能源产业的指导思想原则、目标与重点、战略与途径、措施与建议，以推动北京市新能源产业可持续健康发展。

第六，北京市新能源国际合作机制。分析北京市新能源国际合作机制发展的现状及存在问题，提出推进北京市新能源国际合作发展的策略和建议。

四、本书的贡献以及存在的不足

本书试图通过对世界主要城市新能源发展国际经验进行分析，提出北京市发展新能源产业的指导思想原则、目标与重点、战略与途径、措施与建议，以推动北京市新能源产业可持续健康发展。作为一项兼具复杂性、开创性和挑战性的工作，北京市新能源发展模式及国际合作机制课题的研究，对于促进北京市新能源产业的发展和竞争力的提升，具有一定的理论意义和实践价值；但是另一方面，本书的研究中必然存在诸多问题和不足，许多内容还需要做进一步深入的探索和研究。

（一）本书的贡献

北京市新能源发展模式和国际合作机制的研究和探索，对于促进北京市清洁能源产业的发展和国际竞争力的提升，具有一定的理论意义和实践价值。

第一，在学术方面，课题开展过程中，通过系统的分析和研究，构建了衡量北京市新能源产业发展程度的评价指标体系，该体系由产业创新能力、市场发展能力、产业战略能力和产业环境建设这四个一级指标，以及研究开发能力、核心技术水平、创新管理能力等13个二级指标构成。基于定量研究的结果，作者提出北京市新能源发展方向、模式和策略，提炼出北京市新能源国际合作对策和建议。该课题的研究将促进低碳经济发展理论和新能源战略的充实和发展。

第二，在实践方面，在课题研究过程中，将通过实地调研和分析研究，阐明北京市新能源发展模式和国际合作的机制，为北京市政府推动新能源的发展、开展新能源国际合作活动提供政策建议和智力支持。该课题的研究结论将指导北京市新能源的发展，对于促进北京市新能源产业的发展和国际竞争力的提升具有一定的实践意义。

（二）本书存在的不足

第一，北京市新能源发展模式有待进一步积极探索。新能源产业作为一个全球性战略产业，是实现经济可持续发展的重要保障。在北京市新能源发展模式研究过程中，新能源产业评价体系的设计与北京市新能源的实践能否紧密结合，使北京市新发展模式能够既具有前瞻性，又有合理性和可操作性，是本课题后续研究的重要问题。

第二，北京市新能源国际合作机制研究有待进一步深化。在国际合作过程中，合作主体之间的利益关系错综复杂，造成了经济合作过程中利益冲突激烈和合作进程较为艰难，而合作领域的对象、规模、协调和实行机制都会制约国际合作的进程和效果。随着北京市新能源国际合作实践发展，一些制约新能源国际合作的问题已经解决，新的挑战还会出现。在此情况下，对北京市新能源国际合作战略和对策的研究也有待进一步深入。

第二章

研究的相关理论基础

本研究对所运用的低碳经济理论、区域产业竞争力理论、能源安全理论、生态文明建设理论以及国际环境合作理论做了评述。能源安全对于一个国家或地区的经济发展和社会进步起着至关重要的作用，其程度取决于该国家或地区经济和社会发展对于能源消耗的需求以及能源的可供应程度，能源的可持续发展要求在保障能源安全的同时，做到能源、经济和环境三者和谐；而区域产业竞争力理论则阐明了新能源产业能持续地在区域产业竞争中具备优势的关键要素和核心能力。

随着可持续发展的思想逐步得到了主流的认同和响应，低碳经济理论也进入了一个广泛传播的时期，低碳经济强调以低能耗、低污染、低排放和高效能、高效率、高效益为主要特征的经济模式；生态文明建设理论强调了经济社会的发展应该建立在资源、经济和环境和谐发展的基础上，充分发挥节约资源和保护环境的导向作用，建立可持续的资源生产和消费方式。国际合作理论则强调通过加强国际对话与交流，开展务实合作，从而有利于推动建立新的、安全、经济、可靠的能源供应体系，有利于经济社会可持续发展。

一、低碳经济理论

“低碳经济”的概念源于2003年英国政府发布的题为《我们未来的能源——创建低碳经济》的“能源白皮书”，首次提出“低碳经济”的概念，引起了国际社会的广泛关注。2007年“巴厘岛路线图”提出在经济发展的同时，促进实现减排义务的“低碳经济”，这一概念遂成为国际气候问题谈判的热点话题，并由单个国家扩展到全球范围。

（一）低碳经济的内涵与特征

低碳经济是一种以低能耗、低污染、低排放和高效能、高效率、高效益为主要特征，以较少的温室气体排放获得较大产出的新型、绿色经济模式。

2003年，英国政府发布的《我们未来的能源——创建低碳经济》白皮书中指出：低碳经济是通过更少的自然资源消耗和环境污染，获得更多的经济产出，创造实现更高的生活标准和更好的生活质量的途径和机会，并为发展、应用和输出先进技术创造新的商机和更多的就业机会。①

时任欧委会副主席 Wallstroem（2009）指出，低碳经济应该是建立在环境、经济和社会可持续发展的基础上，欧盟的低碳经济是应对全球气候变化和能源短缺而采取的气候和能源一揽子协议计划，包括制订具体碳减排目标。减低对石油和天然气进口依赖以及估计提高能效、可再生能源和清洁能源汽车等低碳技术创新。②

时任联合国气候变化公约秘书处顾问穆库·桑沃认为，低碳经济有三层含义：一是节能，提高能源的使用效率；二是较好的存储能源；三是在能源使用中减少碳排放强度。③

顾小存（2011）提出低碳经济是一种以低消耗、低污染、低排放为基础的经济模式，其核心是能源技术和减排技术创新、产业结构和制度创新以及人类生存发展观念的根本性转变。④庄贵阳（2008）⑤和李国志（2010）⑥认为低碳经济实质是高能源效率和新能源结构问题，核心是能源技术创新和制度创新。王多云和张秀英（2010）提出低碳经济是一种低能耗、低物耗、低污染、低排放、高效能、高效率、高效益的绿色可持续经济，是人类社会经历原始文明、农业文明、工业文明之后的生态文明；是人类社会继工业革命、信息革命之后的新能源革命。⑦

上述专家对于低碳经济内涵的理解具有相似之处，他们都认为低碳经济应该是以技术创新和制度创新为手段，以减少温室气体排放、减缓全球气候变化、实现可持续发展为目的。这些对于低碳经济的描述也存在着不足之处：其一是，对于“低碳”排放的界定不够清楚或者是有偏颇，其二是未深入解释低碳发展和经济社会发展的关系，其三是未深入探索低碳发展的内在动力。

低碳发展的目标是在社会生活和生产中实现低污染、低排放和高效的能源使用，最终实现碳排放总量下降至某一水平。实现这些目标的前提条件是不影响社

---

① CATHERINE M, PETER C. Renewable energy policy in the UK 1990–2003 [J]. Energy Policy, 2004, 32 (17): 1935–1947.

② 卢晓彤. 中国低碳产业发展路径研究［D/OL］. 武汉：华中科技大学，2011.［2016–03–06］. http://www.cnki.net/kcms/detail/detail.aspx?dbcode=CDFD&QueryID=4&CurRec=1&dbname=CDFD1214&filename=1012268031.nh&uid=WEEvREcwSlJHSldRa1Fhb09jeVVYOEtUUjc3SURwMThwNWx3aWN3WGVJYz0=$9A4hF_YAuvQ5obgVAqNKPCYcEjKensW4IQMovwHtwkF4VYPoHbKxJw!!&v=Mjc1Mjl1WnRGeXJuVnJ2TVZGMjZITEcrRnRIUHJwRWJQSVFMQkhrNXpoUmw0amQ1U1gzbXJHTkhGckNVUkx5ZVo=.

③ 同②.

④ 顾小存. 低碳经济视角下的东北亚区域合作［J］. 国际论坛，2011（5）：56–61.

⑤ 庄贵阳. 低碳经济引领世界经济发展方向［J］. 世界环境，2008（2）：34–36.

⑥ 李国志. 中国发展低碳经济的困难与政策建议［J］. 亚太经济，2010（4）：15–19.

⑦ 王多云，张秀英. 低碳经济视角中的新能源发展问题研究［J］. 生态经济，2010（4）：104–107.

会与经济的和谐发展，即在积极寻求低碳发展道路的过程中也要兼顾社会和经济发展水平的提升（如人民生活水平的提高、居民健康与教育水平的提升、生态环境保护以及社会公平等）。低碳发展将以技术和制度创新、提高能效、改善能源结构、优化产业结构等为实现途径。低碳经济是为了应对环境、能源和气候变化引起的全球气候灾害性变化而提出的新发展模式，其核心特征是具有低碳排放、阶段性和相对性。表 2–1 总结了国内外学者对于低碳经济的认识和理解。

表 2–1　　国内外学者对于低碳经济的认识和理解的总结

国内学者	主　要　观　点
DIT（2003）	低碳经济是通过更少的自然资源消耗和环境污染获得更多的经济产出，创造实现更高的生活标准和更好的生活质量的途径和机会，并为发展、应用和输出先进技术创造新的商机和更多的就业机会
Wallstroem（2009）	低碳经济是在环境、经济和社会可持续发展的基础上，制订具体的碳减排目标，减低对石油和天然气进口依赖以及估计提高能效、可再生能源和清洁能源汽车等低碳技术创新
付允等（2008）	以节能减排为发展方式，以碳中和技术为发展方法的绿色经济发展模式
顾小存（2011），郭印、王敏洁（2009）	一种以低消耗、低污染、低排放为基础的经济模式，其核心是能源技术和减排技术创新、产业结构和制度创新以及人类生存发展观念的根本性转变
王多云、张秀英（2010）	一种低能耗、低物耗、低污染、低排放、高效能、高效率、高效益的绿色可持续经济；是人类社会经历原始文明、农业文明、工业文明之后的生态文明；是人类社会继工业革命、信息革命之后的新能源革命
金乐琴、刘瑞（2009）	一种新的经济发展模式，它与可持续发展理念和资源节约型、环境友好型社会的要求是一致的，与当前大力推行的节能减排和循环经济也有密切联系
鲍健强等（2008）	低碳经济是经济发展方式、能源消费方式、人类生活方式的一次新变革，它将全方位地改造建立在化石燃料基础之上的现代工业文明，转向生态经济和生态文明
庄贵阳（2008），李国志（2010）	低碳经济实质是高能源效率和新能源结构问题，核心是能源技术创新和制度创新

（二）低碳经济的发展

低碳经济作为由高碳能源消耗向低碳能源利用转变的经济发展模式，其关键在于降低能源消费过程中产生的碳排放量，通过低碳技术手段降低能源消费的碳强度，控制二氧化碳排放量的增长速度。发展低碳经济的核心是在市场机制基础上，通过制度安排和政策措施的制定，形成明确、稳定和长期的激励机制，推动提高能效技术、节约能源技术、可再生能源技术等低碳技术的开发及运用，从而促进经济向高能效、低能耗和低碳排放的模式转变。低碳经济的发展，新能源的开发和利用无疑是关键。新能源不仅包括具有可替代性和可再生性的能源，如太阳能、风能、水能等，还包含具有技术创新性、新、低碳特点的能源开发手段，如碳捕捉、碳封存、智能电网等。[①]相对于煤炭、石油等传统能源，新能源普遍具有新程度高、储量大、技术创新性以及广泛产业关联性等特点，对于解决当今世界严重的环境污染问题和资源（特别是化石能源）枯竭问题具有重要意义。新能源的开发和利用不仅能够优化能源生产和消费结构，提高能源利用效率，而且能够带动电力、信息技术、汽车、新材料等产业的重大变革，促进生产方式的转变。因此，作为低碳经济发展中的一个核心内容，新能源越来越引起人们的高度重视，并将可能为逐步迈向生态文明开辟出一条新路。

英国提出的低碳发展理念得到了欧盟各成员国的认同。2006 年，欧盟公布了《能源效率行动计划》，要求各成员国 2020 年前总能源消耗减少 20%；2007 年欧盟通过了旨在促进低碳能源技术发展的《能源技术战略计划》；2008 年欧盟委员会制定在欧洲气候和能源政策方面具有重要里程碑意义的《气候行动和可再生能源一揽子计划》。美国政府也很关注气候变化以及低碳发展问题。2007 年，美国议会委员会通过了《美国气候安全法案》；作为美国民主党智库的美国进步中心于 2007 年 11 月向奥巴马政府提交了名为《渐进增长，促进美国向低碳经济转型》的报告，该报告明确指出美国应该“以领导者的姿态参加低碳革命”，是美国政府制定应对气候变化政策的基础。美国政府还大力推动绿色能源法案的出台。2009 年，美国众议院通过的《2009 年美国清洁能源与安全法案》中提出，通过发展清洁能源提高能源效率来实现能源安全和独立，该法案中明确提出了建设“清洁能源经济”的目标。2007 年，日本环境部提出实现“低碳社会”的草案，倡导通过改变消费理念和生活方式，使用低碳技术和制度来实现温室气体的减少。他们认为实现低碳社会应遵循三个原则：在所有部门减少碳排放；倡导简单而高质量的生活，从高消费社会向高质量社会转变；人与自然和谐共生，维持和恢复自然环境是非常必要的。

面对全球范围内向低碳经济发展模式转变的大潮，改变现有“高消耗、高排放、高污染”的经济模式，走“低消耗、低排放、低污染”的经济发展之路已经成为我国的战略重点。2007 年 9 月，胡锦涛在亚太经合组织（APEC）第 15 次领导人会议上，明确主张“发展低碳经济”。2009 年 9 月，胡锦涛在联合国气候变

① 成思危. 新能源与低碳经济［J］. 管理评论，2010（6）：4-8.

化峰会上承诺，“中国将进一步把应对气候变化纳入经济社会发展规划，大力发展绿色经济，积极发展低碳经济和循环经济，研发和推广气候友好技术。”这是我国根据国情采取的自主行动，是我国为全球应对气候变化做出的巨大努力。2009 年 11 月，国务院常务会议决定，到 2020 年实现我国单位国内生产总值二氧化碳排放比 2005 年下降 40%～45%，并作为约束性指标纳入国民经济和社会发展中长期规划。2012 年党的“十八大”提出要“大力推进生态文明建设，着力推进绿色发展、循环发展、低碳发展”。2013 年党的“十八大三中全会”进一步提出要建立系统完整的生态文明制度体系，这标志着我国深化转变经济增长方式，调整经济结构，向低碳经济转型。

（三）北京低碳经济的发展

随着北京市逐步迈入工业化发展后期，以机械化、电气化、电子化、信息化于一体的新型工业特征将伴随更加集中高强度的能源消耗，带动全市能源消费稳步上升。同时，城市化的快速推进带动基础设施建设不断加快，特别是随着社会财富的不断积累，家用电器、汽车等高能耗消费品的刚性需求增长势必带动能源消费增长的不断加快，商业、生活部门能源消费总量将持续攀升，若未在产业结构、能源结构及技术研发方面采取积极应对措施，二氧化碳排放必将保持正比例增长，降低经济发展质量。北京作为中国的首善之区，需要站在全球的高度，树立起低碳发展的新标杆，在全社会加快树立节约型消费习惯和理念，调动各方面的节能减排的积极性，建立节能减排型社会。①

2008 年奥运会的举办使得北京的国际地位不断提升，国际交往持续加快，现代化国际大都市的轮廓初步成型，更多的跨国公司总部、外资研发中心、国内大企业入驻北京，国际会议、文化交流和商务活动不断增加，推动了城市产业加快向高端化发展。此外，随着国际企业与机构逐步进入北京，节能、低碳市场，节能领域的技术溢出效应不断加强，节能服务产业不断壮大，合同能源管理等新型市场化机制得到充足发展，为城市低碳发展输入了更先进的管理理念和管理模式。与此同时，现代化国际大都市的建设也在市民素质、国际意识、政策环境、服务能力和生态环境等软环境建设方面对北京了提出更高的要求。因此，北京发展低碳经济不仅具有十分紧迫的现实必要性，而且面临巨大的历史机遇和广阔的发展前景。

二、区域产业竞争力理论

产业竞争力研究最早是基于世界经济论坛（WEF）和瑞士洛桑国际管理发展研

① 王晓芳，侯安栋，潘蔚琳．北京市低碳经济发展问题分析［J］．商业时代，2010（35）：132-134.

究院（IMD）共同对国际竞争力进行的评价研究，其后波特建立的国际竞争力钻石模型、驱动产业竞争力力量模型和产业发展四阶段理论为产业竞争力研究提供一个全面的分析框架。一般而言产业竞争力有两个层面，即国际层面和国内层面。前者通常是指特定国家特定产业在国际市场上的竞争力，即产业的国际竞争力；后者则指一国内部特定区域特定产业在国内市场的竞争力，即区域产业竞争力。

（一）区域产业竞争力的内涵

区域产业竞争力是基于产业内、外部相互协调和耦合的系统整合能力基础之上，发展到一定阶段产生的具有持续竞争优势的高层次竞争能力，能够使区域内产业保持长期可持续发展。国内学者对于区域产业核心竞争力代表性观点如下：

陈红儿、陈刚（2002）[①]和范太胜（2006）[②]认为区域产业核心竞争力包括区域产业比较优势和区域产业竞争优势。其中，区域产业比较优势指利用其独特资源与有利条件发展优势产业，使各区域获得差别利益；而区域产业竞争优势是指在区域产业竞争中比竞争对手具有更强的能力与素质，这种能力与素质依赖于经济全球化、科技进步和市场竞争。

贾若祥（2002）[③]认为，区域产业竞争力是区域产业所具有的综合运用当地生产要素以获得最大效益的能力。其实质就是比较生产力的竞争，主要强调某一区域各产业在国内经济、科技和市场中的竞争地位。

黄伟、张阿玲和张晓华（2005）[④]认为，一个区域的产业竞争力是指在市场经济的条件下，某一区域的特定产业所具有的开拓和占据市场的能力，通常用该区域的产业产品在某区域市场中的占有额来衡量。

研究区域产业竞争力，首先要通过对产业自身发展的机理进行深入研究分析产业竞争层次不断提升的动态过程，这样的动态形成过程和发展机制能很好地解释产业核心竞争力的培育积累方式。从动态性的分析中我们可以看出区域产业核心竞争力是从比较优势到竞争优势，逐渐通过动态创新能力和产业整体支撑体系的完善来提升产业竞争的层次，形成最终的区域产业核心竞争力。系统性在区域产业核心竞争力的研究中主要体现为产业整体协作能力，也就是产业整体支撑系统的完善以及产业整合能力与产业内外环境协调性基础上的系统综合能力。

（二）区域产业竞争力形成机制

区域产业系统是社会经济系统的一部分，社会经济系统是“开放的复杂巨系

① 陈红儿，陈刚. 区域产业竞争力评价模型与案例分析［J］. 中国软科学，2002（1）：27-35.

② 范太胜. 区域产业核心竞争力研究：持续竞争优势的来源［J］. 科技与产业，2006（6）：31-34.

③ 贾若祥. 地区产业竞争力理论研究［J］. 资源·产业，2002（3）：29-38.

④ 黄伟，张阿玲，张晓华. 我国区域间产业竞争力比较研究［J］. 商业经济与管理，2005（9）：24-31.

统”。这一论述是我国学者钱学森、于景元和戴汝为于1990年在《自然》杂志上发表的文章《一个科学新领域——开放的复杂系统及其方法论》中提出来的。

1. 区域产业系统是开放系统

区域产业系统是一个典型的非平衡开放系统，不断地与外界进行着物质、能量和信息等流的交换，并能不断向着更好地适应环境的方向发展变化。任何产业系统的活动都离不开“流”的作用，从而使得产业系统成为非均衡有序的耗散系统。耗散系统是复杂性的重要根源，因为耗散而使系统由无序走向有序，产生诸如吸引、分岔、涌现、混沌等复杂的系统行为。产业系统的开放性决定了产业系统存在自组织的特性。

2. 区域产业系统是非线性系统

区域产业系统由若干子系统构成，系统内要素之间的相互作用，不是简单的线性关系。学习效应、协作效应等使各行为主体呈非线性发展，所以整个区域产业系统都是非线性的，正是这种非线性使得各行为主体相互之间不断适应，最终使产业系统由无序走向有序，即产生涌现。

3. 区域产业系统内部结构关系复杂

区域产业系统是一个多目标、多变量、多层次的综合体，构成系统的人、财、物等要素为了达成某一目的，相互之间必然发生关系，因此决定了其系统内部必然形成各种复杂的相互依赖和制约关系，相互作用的结果有两种：产生协同效应，或者是涌现。

4. 区域产业系统的标识和聚集现象

产业的相似性或者产业链都可以成为区域产业系统的标识，通过标识的筛选作用，相同或相近的产业及企业就会自动靠拢，产生地理上的聚集现象，而其他不相干的产业就不会向这个标识的系统聚集，这就从复杂系统的角度解释了区域产业集聚现象的原因。

5. 区域产业系统的自组织

复杂系统的自组织现象源自于复杂系统的非线性特征，复杂系统的自组织现象是多个子系统之间非线性作用产生的整体现象。构成区域产业系统的各个子系统之间通过竞争与合作、稳定与不稳定等非线性的相互作用，推动区域产业复杂系统向前演化发展。

6. 区域产业系统的涌现

构成区域产业系统的子系统，如果彼此之间不发生相互作用，那么它们只是一个个孤立的系统，不会出现产业系统所体现出来的一系列特征，只有通过特定的产业活动使之联系起来，彼此相互作用、配合，才具备了产业系统的特征，而且，这种特性是一种构成性的特征，不是各个子系统特性的简单累加，该系统的涌现就是通过区域产业系统内部各要素在一定的外界条件作用下，以非线性的发展形式实现由不平衡到平衡的状态，并最终表现为系统的有序，即系统涌现产生。

产业集群的形成过程就是区域产业系统内要素的“自组织”过程，产业集群是区域产业系统内要素经过相同或相近产业聚集以后，通过自组织的行为产生的结果。所以，产业集群现象是区域产业系统的涌现。关于这一点，可以通过产业集群与产业集聚以及产业的地理集中的区别进一步说明。产业集聚和产业的地理集中以及产业集群都是产业在空间上的集中分布现象，如果仅仅是产业的空间集中分布而产业之间没有联系，那么由于区域产业系统具有的复杂系统的聚集特性，少数产业或企业会自动靠拢，在相互间非线性的自组织作用下，通过区域产业系统的标识（产业的相似性或产业链）的筛选，使得相近的产业及其辅助产业形成地理空间上的聚集，即产生产业集聚现象，系统状态逐渐从无序走向有序，在达到短暂的平衡之后，系统会出现由量到质的转变，即产生产业集群这种涌现，这一过程是区域产业系统的竞争力从零逐渐增加的过程。产业集群这种涌现出现以后，区域产业系统会面临新的无序状态，在系统流的作用下，会进行从无序到有序的新一轮演化，在这一过程中，依靠区域产业系统持续的创新，通过产业结构调整实现产业集群升级，从而使区域产业竞争力得以延续并提升。所以，区域产业系统不断出现新的涌现，从而使区域产业竞争力不断提高。

（三）区域新能源产业竞争力的培育与发展

新能源产业是中国产业升级和低碳经济建设的重要载体。2009 年 3 月，温家宝在政府工作报告中明确指出，大力发展循环经济和新能源，要积极发展核能、风能、太阳能、水能等新能源。生物、高端装备制造、新能源、新材料、新能源汽车等战略性新兴产业。2012 年 7 月出台的《“十二五”国家战略性新兴产业发展规划》对新能源产业的发展目标、重点发展方向和主要任务进行了部署，该规划提出到 2015 年，新能源占能源消费总量的比例提高到 4.5%，减少二氧化碳年排放量 4 亿吨以上。

新能源产业作为战略性新兴产业仍处于产业的培育和发展阶段，新能源产业的发展程度因所处领域和区域的不同而存在一定差别性。国内学者对于我国新能源产业发展能力以及区域新能源产业竞争力进行了一些研究和探索。Emis et al.（2007）利用计量经济学模型分析了西欧四个国家风能的竞争能力。[①]孟浩和陈颖健（2010）[②]用层次分析法（AHP）对我国新能源产业根据不同领域进行系统分析和综合评价，提出我国新能源产业整体发展能力较为低下，仍有待于提升。尚玉

① EMIS K, et al. Artificial neural network analysis of world green energy use [J]. Energy Policy, 2007, 35 (3): 1731–1743.

② 孟浩，陈颖健. 基于层次分析法的新能源产业发展能力综合评价［J］. 中国科技论坛，2010（6）：51–58.

敏（2009）用 SCP 范式分析法和熵权评价法对河北、浙江、内蒙古、江苏和山东五地的新能源产业竞争力进行了实证研究，并对五地新能源产业竞争力进行了排序。①张建三、张艳鹤（2014）对天津新能源产业的发展现状和产业结构进行了分析和论述，通过 SWOT 分析和波特的五力模型分析对天津市新能源产业竞争力进行评价，提出了相应的政策发展建议。②

为推动新能源的发展，促进绿色北京的建设，北京制定了《北京市“十二五”时期能源发展建设规划》、《北京市“十二五”时期新能源和可再生能源发展规划》和《北京市振兴发展新能源产业实施方案》等一系列政策规划。大力发展新能源产业，已成为建设“人文北京、科技北京、绿色北京”和中国特色世界城市的重要载体，是优化首都能源结构、抢占新一轮国际竞争战略制高点的重大举措，对于增强首都创新能力，培育未来经济战略支撑，实现绿色可持续发展都具有重要意义。

三、能源安全理论

当今世界，能源问题已经成为全球最高政治会晤的首要议题，能源安全关系到一个国家乃至全球的生存和发展。世界经济的迅速发展，对能源的需求越来越大，能源消耗在工业生产中占到的比重也越来越大，但同时能源可探明储量越来越少、能源供应不足等问题随之出现，能源保障和安全程度逐渐提上日程。

（一）能源安全的内涵

能源安全是在 20 世纪 70 年代第一次石油危机之后提出的。第一次石油危机以后，以美国为首的西方国家提出了保证石油安全的目标，并制定了相应的能源安全战略。1974 年，国际能源署提出了以稳定石油供应和价格为中心的能源安全概念，能源供应安全成为西方国家能源政策的核心。国内外学者经过理论研究和实践总结，从多个维度对能源安全进行了界定，主要观点如下：

Willrich（1975）在出版的 *Energy and World Politics* 中第一次提出能源安全的概念，认为能源安全分为进口国能源安全和出口国能源安全。能源安全是进口国与出口国直接互动的结果。进口国希望获得充足的能源供应以维持国家经济增长，出口国则希望寻求市场和投资安全。

---

① 尚玉敏. 河北省新能源产业发展竞争力评价研究［D/OL］，保定：华北电力大学，2009.［2015-09-05］http: //www.cnki.net/kcms/detail/detail.aspx?dbcode=CMFD&QueryID=0&CurRec=1&dbname=CMFD2011&filename=2010175070.nh&uid=WEEvREcwSlJHSldTTEYzU3EyU1pjMklDZGc0d0JGaDZJZm9ZQjdGTXdEYz-0=$9A4hF_YAuvQ5obgVAqNKPCYcEjKensW4IQMovwHtwkF4VYPoHbKxJw!!&v=MjQ5NDZ5ZVp1WnFGe-XZtVWIzS1YxMjZIcksvRzlITHI1RWJQSVFMQkhrNXpoUmw0amQ1U1gzbXJHTkhGckNVUkw=.

② 张建三，张艳鹤. 天津市新能源产业竞争力研究［J］. 科技管理研究，2014（4）：115-119.

Maull 和 Raw（1984）把能源安全界定为能源的经济安全（供给安全）与能源的生态环境安全（使用安全）的统一。①

魏臻博和刘欣（2007）则认为能源安全的概念是国际关系发展的产物，它是在石油危机的背景下产生的，能源安全是国家安全体系的组成部分，属于“非传统安全”，主要指一国拥有的主权或实际可控制，实际可获得的资源，从数量和质量上能够保障该国经济在一定时间内的需要，参与国际竞争需要和可持续发展的需要。②

邹艳芬（2008）把国家能源安全视为由能源供应安全和能源使用安全两个有机部分组成。③付瑞红（2009）提出能源安全是在给定价格下，满足能源需求的供给具有可获得性，合理的能源价格和充足的能源供给是能源安全的关键因素。④

由此可见，能源安全是一个不断发展的概念，不同的社会发展阶段赋予能源安全不同的内涵。随着气候问题的突出，全球经济向低碳模式转型，能源安全内涵将覆盖经济、政治、使用、环境等诸多方面。

（二）能源安全的主要内容

从传统意义上看，能源安全就是确保能源的稳定供应，但这只是消费国或进口国一方的能源安全观。确保这一方的能源安全并不能保证全球的能源安全，因为生产国或出口国需要稳定而持续的市场需求。这是对消费国或进口国的相反要求。因此，当今世界的新能源安全观应是指能源供应与能源需求的长期稳定性、持续性和双重保证的程度，即能源安全不仅包括能源的供应与经济安全，也包含能源的输送安全、使用环境的安全，还包含能源储备安全。

1. 能源供给安全

对于任何一个国家和地区，其能源的供给一般包括两个方面，即国内能源资源储量和进口能源。其中国内能源资源储量是能源安全的基础，一个国家所蕴藏的能源资源越丰富，则其能源安全的系数就越高。通常而言，衡量一个国家和地区能源资源主要数据包含能源的探明储量和储采比。根据《BP 世界能源统计 2016》的数据显示，2015 年石油的世界探明储量为 2 394 亿吨，储采比为 50.7 年；天然气的世界探明储量为 186.9 万亿立方米，储采比为 52.8 年；煤炭的世界探明储量为 8 915 亿吨，储采比为 2015 年的 114 年。⑤如果考虑到能源需求的增长率，则目前世界可探明的储量可供全球消费的时间就更短了。因此，总体而言，全球不

---

① MAULL H. and RAW M. Energy and Western Security [M]. London: The Macmillan Press Ltd, 1984.

② 魏臻博，刘欣．我国能源安全现状及对策研究［J］．知识经济，2007（9）：58–60.

③ 邹艳芬．中国能源安全的战略模式导向［J］．经济问题探索，2008（5）：7–11.

④ 付瑞红．日本能源安全的国内体制保障与启示［J］．国际关系学院学报，2009（6）：41–45.

⑤ BP Statistical Review of World Energy 2016 [D/OL]. [2016–08–20]. http://www.bp.com /content/dam/bp/pdf/energy-economics/statistical-review-2016/bp-statistical-review-of-world-energy-2016-full-report.pdf.

可再生能源的可采储量趋于耗竭是一种大势所趋。因此无论是资源丰富的国家还是本身就资源匮乏的国家，能源资源的有限性仍然是探讨能源安全问题的前提。

2. 能源输送安全

能源的稳定供应既包括供应源能够提供稳定、充足地供应，也应该包括能源能否安全及时地被运到消费地。目前，国际上油气运输的主要方式有轮船、管道、铁路和汽车等。海运是石油运输的主要形式，因为海运运量大、通过能力强、运费低，所以大部分的石油贸易是通过海运完成的。管道主要用于陆路运输，管道具有运量大、安全、方便和运费低廉的特点，是各国油田与油港、炼油中心之间运输的纽带，在天然气国际贸易中，管道运输占主导。铁路运输是海运和管运的重要补充。铁路运量有限，其运输成本比较高，而且在不同国家运输时，由于各国铁路的轨距不同，转换铁路后还需要换装，这样会增加成本。

很多国家贸易中，对于能源的运输采取的是多种方式联运。运输安全主要面临以下风险：其一是战争风险。在战争中，油气管道可能会成为敌方军事打击的首要目标。比如两伊战争期间，双方都把石油生产和运输设施，如油田、管道、港口等作为袭击目标，使得双方的出口能力遭到重大的破坏。其二是反政府武装组织、海盗、恐怖主义对能源运输的袭击。西非沿岸、索马里海域、马六甲海峡等均为海盗多发地区。其三是油气运输事故。在海运方面油气事故原因主要来自于海洋地形、风浪、气候变化等多种自然因素以及航道拥挤等人为因素。目前，适合海上运输特别是超级油轮可以通行的航道包括霍尔木兹海峡、马六甲海峡、曼德海峡等，都十分拥挤，对于亚洲国家而言，马六甲海峡是最重要的能源生命线，而马六甲海峡的事故率最高，高于苏伊士运河 3 倍多，巴拿马运河的 5 倍多。其四是国际政治与竞争风险。国际油气运输要经过多个国家和地区，相关国家政治、经济关系的好坏，直接影响到运输通道的安全畅通。比如备受瞩目的里海管道线的争夺和“安大线”与“安纳线”的竞争就都体现了国际利益的争夺。

3. 能源储备安全

石油是最具有战略意义的能源，如果供应中断将危及一个国家的经济运行安全，严重影响人们经济社会生活。20 世纪 70 年代的两次石油危机给西方发达国家以沉重的打击，因此建立能源储备，防范突然中断危险，保障国民经济安全已经成为国际共识。1974 年，在美国的积极推动下，经济合作和发展组织（OECD）建立起国际能源机构（IEA），以加强各国的能源协调与合作，共同应对能源危机。20 多年来，在 IEA 的敦促下，西方国家的战略石油储备逐步发展成熟，已经有了相当的规模。各国的能源储备一般包括以下几类：

第一，公司储备。又称工业储备或者民间储备，由公司负责，既包括公司运营需要的商业储备，又包括根据国家法律要求的义务储备。第二，政府储备。由政府负责建立专门的战略石油储备，这种储备一般由中央政府财政拨款，只能用于紧急情况，并且直接由政府控制和管理。第三，机构储备。由专门的公共或者私人部门承担战略石油储备义务，多为工业机构，费用由该机构的会员承担，政府在政策上给予优惠和扶持。各国的体制不同，石油储备的体制也呈多样性。根据 BP 的数据，2014 年底全球石油储备量为 1.258 万亿桶，按石油产量计算全球石油储备可以维持供应 42 年。

4. 环境安全

在能源的开发利用、运输加工、废物处理等整个过程中，都会给环境带来一系列的负面影响，并将对我们生活的地球带来越来越多的不安全因素。这些负面影响包括：

第一，能源开采导致荒漠化。能源开采将会导致对土地、农田、森林的巨大损害，从而导致荒漠化的加剧。据不完全统计，迄今为止，平均每开采一万吨煤炭会塌陷农田 0.2 公顷。全球荒漠化的面积已达到 3 600 万平方公里，占陆地面积的 1/4，每年荒漠化遭受的损失达到 420 亿美元。近 20 年来，我国沙化土地平均每年以 2 460 平方公里的速度在扩展。

第二，二氧化硫和氮氢化合物排放导致酸雨污染加剧。人为排放是大气二氧化硫的重要来源，而目前煤炭和石油的燃烧过程中排出的二氧化硫数量占整个人为排放量的 90%。大气中二氧化硫含量增加对大气造成的污染现象主要就是酸沉降问题。酸沉降包括湿沉降和干沉降，湿沉降主要是酸雨、酸雾、酸雪，干沉降主要是酸性颗粒。由酸沉降引起的环境酸化是 21 世纪最大的环境问题。20 世纪 80 年代以来，酸雨危害范围不断加大，欧洲、美国和加拿大东部、中国西南部都是酸雨最为严重的地区。

第三，二氧化碳、甲烷、氟利昂等温室气体的排放造成全球变暖。据评估报告，全球大气平均温度在过去的一百年时间里，上升了大约 0.6℃，根据预测，在未来几十年人为增暖率将保持在每十年增加 0.1℃～0.2℃，那么到 21 世纪末全球平均温度可能增高 2℃～5℃。全球变暖带来的严重后果包括：海平面上升引起海岸线变化，造成一些低洼地区被淹没，对沿海地区的经济造成极大损失，人口被迫向内地迁徙；水循环系统遭到破坏，蒸发加剧改变区域降水量和分布格局，导致洪涝、干旱灾害的频率和强度增加，“厄尔尼诺”现象加剧；生态环境发生变化，物种灭绝加速，一些鱼类、贝壳类数量将会减少等。

（三）能源安全体系及其评价

能源安全涉及政治、军事、经济、资源、人为等众多因素，能源安全的评价是一个复杂系统的问题，需要构建能反映其安全状况的综合的、完善的指标体系来进行评价，来做出科学的评价。分析了能源安全判定标准和指标体系构建原则，充分考虑影响因素，在广泛查阅文献和咨询专家的基础上，对各文献中能源安全评价指标进行全面的梳理、分类、归并，加入人们意识、生态环境等因素，再从每个因素选择具有代表性的指标组成评价体系。

亚太能源研究中心提出能源安全体系取决于四个主要要素，即可利用性—地质因素；可得性—地缘政治因素；可负担能力—经济因素；可接受能力—环境和社会因素。[①]Peter and Susanne（1995）[②]运用运筹学的线性规划理论评价复杂的供应风险问题，通过数学模型证明了针对主要能源可能出现的供应中断，各国均应该有自己的最优储备规模，而不应该是国际能源机构规定的 90 天。Jabir（2001）利用向量误差修正模型计算了美国每年进口原油数量、价格和国内生产总值及每年的石油战略储备之间的协整关系，其研究表明石油战略储备对稳定国内石油价格作用明显。[③]

国内方面，三次石油危机时期，我国经济发展相对滞后，且由于计划经济体制和对外关系滞后，我国受国际能源市场的影响比较小，受能源危机的冲击不是很大，所以针对能源安全评价的研究不多。改革开放后，尤其是国内石油和国际接轨以来，能源安全问题已经成为我国的重大问题，引起政府和专家学者的关注，许多著作和文章对此进行了阐述和研究。张华林、刘刚（2005）建立了石油安全评价的指标体系、评价标准和安全等级，运用层次分析法对中国的石油安全状况进行了综合评价。[④]房树琼、杨保安和余垠（2008）构建了国家能源安全评价指标体系，将复杂适应系统（Complex Adaptive System，CAS）理论和“压力—状态—响应”模型（Pressure State Response，PSR）模型引入到评价指标体系，构建了“六级并行，逐级收敛，六层三维三度”的复合指标体系。[⑤]张德胜、王伯安（2008）设计了一套石油安全的评价指标体系，并详细解释了每个单项指标的含义、计算方法，指标共包含国内储量占世界总储量的比重、国内原油产量占世界总产量的比重、石油储备度、国内探明石油总储量等 17 个单项指标，以此来进行分析。[⑥]

（四）能源安全与北京可持续发展

在全球视野中，中国的能源消费的对外依赖度越来越高，能源安全问题已日

---

① 刘立涛，沈镭，刘晓洁. 能源安全研究的理论与方法及其主要进展［J］. 地理科学进展，2012（4）：403–411.

② PETER Z, SUSANNE B.Energy security coping with multiple supply risks [J]. Energy Economics，1995, 17 (3): 179–183.

③ JABIR I. The shitf in US oil demand and its impact on OPEC’s market share [J]. Energy Economics, 2001, 23: 659–666.

④ 张华林，刘刚. 我国石油安全评价指标体系初探［J］. 国际石油经济，2005（5）：44–48.

⑤ 房树琼，杨保安，余垠. 国家能源安全评价指标体系之构建［J］. 中国国情国力，2008（3）：32–36.

⑥ 王伯安，张德胜. 中国石油经济安全评价指标体系设计［J］. 科学学与科学技术管理，2010，31（1）：141–144.

益凸显。自从1993年首度成为石油净进口国以来，中国的能源对外依存度不断提高，2015年我国原油净进口3.28亿吨，石油对外依存度高达60.6%；天然气进口624亿立方，天然气进口依存度达到32.7%。据预测，2020年中国原油需求将达到7.4亿吨，其中5.4亿吨需要进口；到2030年，中国石油消费能力将达到8亿吨，其中75%需要进口。[①]未来一段时间内，我国能源安全问题主要集中在能源生产总量和结构如何满足迅速增长的能源需求，如何减少能源使用带来的环境污染。

从区域能源角度进行分析，保障能源安全是北京市可持续发展的内在要求和基础条件。区域能源安全可以通过三个方面的因素来影响地区的可持续发展：自然禀赋、能源合作和产业地区分布合理性、地区产业合理升级与换代。其中自然禀赋是影响能源供给的天然因素，而可持续发展的前提是经济社会发展所必需的自然资源有效、稳定、可持续的供给。对北京市而言，随着经济和社会的快速发展，能源与环境的压力也逐步增大。北京属于能源资源短缺的地区，一次能源生产主要是储量较少的煤炭和少量的水力发电资源及地热，石油和天然气尚未发现可供开采的工业储量。因此北京市能源自给能力严重不足，能源供应主要依靠从外地调入，每年都需从山西、河北、内蒙古等周边省市大量调入能源。全市能源供需缺口有逐年扩大趋势，从而增加了北京能源安全的脆弱性，安全隐患日渐增加。作为首都城市，能源供应的安全可靠对于北京的可持续发展举足轻重，“十三五”期间随着城市天然气利用规模不断扩大，外调电比例不断提高，保障能源安全和运行安全的难度风险进一步扩大，如何保障自己的能源安全，构建起安全、可靠、新型、高效、可持续的能源供应保障体系，是北京市的重要课题。

四、生态文明建设理论

我国生态文明理论研究始于1984年，当时著名生态学家叶谦吉最早使用了生态文明的概念，他从生态学和生态哲学的视角来界定生态文明，认为生态文明是人类既获利于自然，又还利于自然，在改造自然的同时又保护自然，人与自然之间保持和谐统一的关系。

党的“十七大”明确指出：“建设生态文明，基本形成节约能源资源和保护生态环境的产业结构、增长方式、消费模式”，促使生态文明观念在全社会牢固树立。2012年党的“十八大”提出要大力推进生态文明建设，推动能源生产和消费革命，加强节能降耗，支持节能低碳产业和新能源、可再生能源发展，确保国家能源安全。十八届三中全会进一步提出“紧紧围绕建设美丽中国深化生态文明体制改革，加快建立生态文明制度，健全资源节约利用、生态环境保护的体制机制”。我国“十

① GOLSMAN D.P. China's growing middle east footprint: Israel's opportunity [EB/OL]. (2015-02-01) [2015-07-18]. http://www.meforum.org/5005/china-middle-east-israeli-opportunity.

三规划”提出“着力在转变经济发展方式、优化经济结构、改善生态环境、提高发展质量和效益中实现经济增长。”

（一）生态文明的内涵与特征

生态文明是人类为建设美好生态环境而取得的物质成果、精神成果和制度成果的总和。建设生态文明，并不是放弃对物质生活的追求，回到原生态的生活方式，而是超越和放弃粗放型的发展方式和不合理的消费模式，提升全社会的文明理念和素质，使人类活动限制在自然环境可承受的范围内，走生产发展、生活富裕、生态良好的文明发展之路。

胡锦涛同志专门就生态文明进行了明确阐述：“建设生态文明，实质上就是要建设以资源环境承载力为基础、以自然规律为准则、以可持续发展为目标的资源节约型、环境友好型社会”。①

俞可平（2005）②、王朝全（2009）③等认为，生态文明是继物质文明、精神文明、政治文明之后的第四种文明，是一种发展理念，是在工业文明已经取得成果的基础上，用更文明的态度对待自然，建设和保护生态环境；是改善人民生活和实现可持续发展途径，是建立在先进生产力基础上的文明形态。

建设生态文明，以把握自然规律、尊重自然为前提，以人与自然、环境与经济、人与社会和谐共生为宗旨，以资源环境承载力为基础，以建立可持续的产业结构、生产方式、消费模式以及增强可持续发展能力为着眼点，以建设资源节约型、环境友好型社会为本质要求。生态文明，贵在创新，重在建设，成在持久。生态文明理念及建设实践具有鲜明的特征：在价值观念上，强调以平等态度和充分的人文关怀关注和尊重生态环境，使经济社会发展与资源环境相协调；在实现路径上，走出一条资源节约和生态环境保护的新道路，倡导和推行自觉自律的生产生活方式，基本形成节约能源资源和保护生态环境的产业结构、增长方式、消费模式，全面推进经济社会的绿色繁荣；在目标追求上，注重增进公众的经济福利和环境权益，促进社会和谐；在时间跨度上，是长期艰巨的建设过程，既要补上工业文明的课，又要走好生态文明的路。

（二）生态文明理论的发展

我国生态文明建设理论与实践进展主要体现在对于生态文明内涵及概念的界定、生态文明与传统文化和社会制度以及生态文明建设模式和策略等方面。

---

① 周生贤. 中国特色生态文明建设的理论创新和实践［J］. 求是，2012（19）：1-3.

② 俞可平. 科学发展观与生态文明［J］. 马克思主义与现实，2005（4）：4-5

③ 王朝全. 论生态文明、循环经济与和谐社会的内在逻辑［J］. 软科学，2009（8）：69-73.

张敏（2008）等学者研究了儒、释、道等传统文化中蕴含的天人合一、万物平等生态文明思想，这些朴素的自然观及其生态实践观，对于建设当代生态文化体系有重要的借鉴意义。[①]周玉玲（2008）[②]、张云飞和刘江华（2008）[③]分析了马克思、恩格斯经典著作中的生态观思想，介绍了国外生态马克思主义和生态社会主义思潮和绿色政党运动，从社会制度的角度研究了生态文明与社会主义的必然联系。

不少国内学者采用系统分析方法，从经济发展效率、环境、生态和社会保障等方面，提出生态文明建设评价指标体系。关琰珠和郑建华（2007）论述了建立生态文明指标体系的指导思想、理论基础、设计原则，提出了包括资源节约系统、环境友好系统、生态安全系统和社会保障系统四个子系统在内的生态文明指标体系框架，确定了以人与自然和谐发展为核心，以建设资源节约型、环境友好型社会两大主线为支撑的生态文明指标体系。[④]杜宇和刘俊昌（2009）从生态文化、绿色政治制度、又好又快的经济发展模式、社会和谐有序以及资源节约、环境友好的生态环境五个方面，建立了一套生态文明建设评价指标体系。[⑤]张静和夏海勇（2009）以昆山、东莞和大连三个城市的生态文明建设情况比较为例，从人口发展支持系统、资源节约支持系统、环境保护支持系统和经济社会支持系统等四个方面，共计 26 个指标进行了实证研究。[⑥]

建设生态文明，内容非常丰富。从价值取向看，必须树立先进的生态伦理观念。人类是自然重要的组成部分。要尊重自然规律，推动生态文化、生态意识、生态道德等生态文明理念牢固树立，使之成为中国特色社会主义的核心价值要素。从物质基础看，必须拥有发达的生态经济。对传统产业进行生态化改造，大力发展节能环保等战略性新兴产业，使绿色经济、循环经济和低碳技术在整个经济结构中占较大比重，推动经济绿色转型。从激励与约束机制看，必须建立完善的生态制度。把环境公平正义的要求体现到经济社会决策和管理中，加大制度创新力度，建立健全法律、政策和体制机制。从必保底线看，必须保障可靠的生态安全。有效防范环境风险，及时妥善处置突发资源环境事件和自然灾害，维护生态环境

---

① 张敏. 论生态文明及其当代价值[D/OL]. 北京：中共中央党校研究生院，2008.[2015-05-29] http://www.cnki.net/kcms/detail/detail.aspx?dbcode=CDFD&QueryID=3&CurRec=1&dbname=CDFD9908&filename=2008094708.nh&uid=WEEvREcwSlJHSldTTEYzVDhsRS93clhmcjQyK1AwVmtoVWEvbVVtVnBnMD0=$9A4hF_YAuvQ5obgVAqNKPCYcEjKensW4IQMovwHtwkF4VYPoHbKxJw!!&v=MDQ4MjdsNGpkNVNYM21yR05IRnJDVVJMeWVadVpwRmk3aFVyM09WMTI3RnJPeEd0Yk1wNUViUElRTEJIazV6aFI=.

② 周玉玲. 生态文明与马克思恩格斯自然观的再认识［J］. 马克思主义与现实，2008（2）：99–102.

③ 张云飞，刘江华. 马克思主义生态文明理论的性别意识［J］. 中国人民大学学报，2008，22（1）：66–71.

④ 关琰珠，郑建华，庄世坚. 生态文明指标体系研究［J］. 中国发展，2007（6）：21–27.

⑤ 杜宇，刘俊昌. 生态文明建设评价指标体系研究［J］. 科学管理研究，2009，27（3）：60–63.

⑥ 张静，夏海勇. 生态文明指标体系的构建与评价方法［J］. 统计与决策，2009（21）：60–63.

状况稳定，避免重大生态危机。这充分表明，在建设生态文明的价值取向、长远目标、基本原则、主要途径和保障举措等方面，已经形成完整的认识成果，其核心就是人与自然和谐共生、经济社会与资源环境协调发展。表 2–2 是生态文明建设研究领域及主要观点。

表 2–2　　生态文明建设研究领域及主要观点①

研究领域	主要观点
生态文明与文明形态	生态文明是人类的一个发展阶段、一种发展理念，是改善人民生活和实现可持续发展的途径，是一种建立在先进生产力基础上的文明形态
生态文明与传统文化关系	我国传统文化与生态文明建设的关系，传统文化中蕴含着丰富的生态文明思想，对于建设当代生态文化体系有重要的借鉴意义
生态危机与社会制度研究	马克思、恩格斯理论中的生态观，以及国外生态马克思主义和生态社会主义思潮和绿色政党运动
生态文明建设模式和策略	生态文明建设的途径、机制、理念和评价体系等，以及生态文明建设的保障措施

（三）北京市生态文明建设的实践

发展生态文明、建设资源节约型和环境友好型社会，是实现经济增长方式根本性转变、走新型工业化道路，从根本上缓解资源约束矛盾，减轻环境压力，增强国民经济整体素质和竞争力，实现全面建设小康社会目标的必然选择。生态文明建设就是从可持续发展环境保护的角度落实科学发展观的具体体现；它要求经济社会发展的各方面必须符合自然生态规律，向着有利于维护良好生态环境的方向发展，并用生态环境保护的思想和方法促进经济社会全面、协调和可持续发展。

北京市作为首都，是全国政治、经济和文化中心，在北京市社会经济快速发展的同时，人口资源环境矛盾更加突出，尤其是城市人口规模过快增长给资源平衡、环境承载、公共服务和城市管理带来严峻挑战；北京市城市建设和运行管理的压力更加凸显，交通拥堵、环境污染等困扰人们生活的问题日益突出。同时，国内地区间对高端要素和产业资源的竞争日益加剧，北京市面临产业结构调整、实现创新驱动发展的巨大挑战。要解决好城市发展中人口、资源和环境的关系，加强生态文明建设，加快资源节约利用和保护等各项任务目标，就要不断加强生

① 陈洪波，潘家华. 我国生态文明建设理论与实践进展［J］. 中国地质大学学报：社会科学版，2012，12（5）：13–17.

态文明制度建设，把北京建设成为低碳型、资源节约型和环境友好型城市。

北京市建设生态文明的重点任务主要包括：其一是加快转变经济发展方式，大力发展绿色经济、循环经济和低碳技术，培育壮大节能环保产业，形成资源节约、环境友好的产业结构、生产方式和消费模式。其二是更加注重保障和改善民生，着力解决损害群众健康的突出环境问题。其三是深化节能减排，加大水、大气、土壤等污染治理力度，强化核与辐射监管能力，明显改善环境质量。其四是切实加强农村环境综合整治，实现城乡生态环境基本公共服务均等化。其五是加强生态保护和防灾减灾体系建设，构建生态安全屏障。其六是健全激励和约束机制，构建有利于建设生态文明的政策法规和体制机制。其七是加强宣传教育，在全社会树立和弘扬生态文明理念。最后是积极应对气候变化、生物多样性保护等全球性环境问题。

五、国际合作理论

国际合作理论流派庞杂繁多，其“国际合作观”迥异有别。自20世纪40年代以来，先后出现了现实主义、新现实主义、新自由制度主义等国际关系理论学派，它们都涉及了国际合作议题。早期政治现实主义学派认为，国际关系本身包含“冲突”与“合作”两个方面，但是，“冲突”大于“合作”，冲突是绝对的；即使存在“国际合作”，也是对“冲突”所作出的“反应”和“协调”。简言之，“国际冲突论”是现实主义的核心主张之一，“国际合作”也是冲突协调的结果。新自由制度主义学派则认为，国际关系的实质是合作而不是冲突，其核心问题是限制国家之间的利益冲突，突出国家之间的利益趋同。

（一）国际合作的主要流派

20世纪70年代后，国际关系格局发生了重大变化：美国霸权明显衰落，美苏关系从冷战转向缓和，欧洲出现经济复苏和政治联合，日本经济实现了起飞。特别是苏联解体和冷战结束，国际关系从战后霸权国主导向多国调节过程转型、国际政治关系从两极向多极的发展过程转型。在这一时代背景下，“国际合作”的理论研究得到推动。20世纪80年代至冷战末期，国际冲突范围和程度缓解，和平与发展成为时代主题，国际合作研究日益被重视。

1. 现实主义的国际合作

现实主义对于国际关系有三个基本命题：其一，国际社会具有无政府特征。国际无政府状态造成国家之间的竞争和冲突，这从根本上限制了国际合作；其二，国际关系主要行为体是民族国家，具有单一性和理性两个基本特征；其三，国家是自私的行为体，以国家利益为国家行为的最高准则。从这三个基本命题出发，现实主义对于国际关系的本质得出的结论是：各个国家的利益不同，必然产生利益冲突，冲突是无政府状态下国际社会的根本特征。由于各国均以自己的利益为最高利益，从根本上调解冲突是不可能的。冲突的解决最终取决于国家实力，尤其是军事实力。因此，争夺“权力”就成为国际社会的实质问题。现实主义学派对“国际合作”抱悲观态度。

现实主义学派大师汉斯·摩根索在其《国家间政治》一书中分析了“石油的威力”，认为石油是构成“国家权力”的要素之一。他指出，石油作为一种不可取代的原料，与国家权力密切相关，引起了主要政治大国的相对权力变化，并动摇了国际政治模式，在某种程度上，改变了政治权力、军事权力和经济权力之间的功能关系。

2. 新现实主义的国际合作

就国际合作而言，新现实主义学者提出以下理论观点：

第一，国际体系结构影响国家间合作。国际格局结构对国际合作的影响存在“阻碍、推动和瓦解”三种状况。无政府状态和理性国家的利己动机会带来“集体行动的非理性”和对相对收益的持续关注。即使国家间存在共同利益，它们也不必然采取合作行动实现之。这是因为“国家担心对可能的收益进行的分配可能对他国更为有利，这是国际政治结构限制合作形成的第一种方式。一国也担心由于合作的开展以及商品和服务的交换而变得依附于他国，这是国际政治结构限制合作形成的第二种方式”。

第二，国家对相对收益的关注会阻碍合作。相对收益与绝对收益是国际关系理论中的一个重要概念，并且是区分国际合作和国际竞争的分水岭。因为当今的世界是一个无政府的状态，在这样的一种条件下，国家之间如何才能开展合作呢？现实主义和自由主义给出了两种完全不同的答案。现实主义强调国家之间相对收益的重要性，国家寻求的是权力而不是财富。就像早期的重商主义者认为，贸易盈余（即金银等贵金属货币的取得）是经济成功的唯一的测量标志。

第三，国际合作中存在“搭便车”行为。国际合作因公共产品的提供、集体行动的困境而变得较为困难。由此可推导出的一个重要结论是“霸权合作论”。“霸权合作论”是指，如果国际社会存在一个起绝对主导作用的霸权国家，其功能相当于国内的“中央权威”，而且它也愿意为国际社会提供公共物品，则霸权之下合作是可以实现的。

新现实主义是对现实主义的修补、深化和发展。现实主义着眼于国家，强调世界处于无政府状态；新现实主义着眼于体系，认为世界包含着国际政治经济的相互依存关系。现实主义着重研究国家利益和国家权力；新现实主义则着重研究全球国家间的权力分配。现实主义强调国际冲突，淡化国际合作的可能性，忽视国际机构促进合作的作用；新现实主义则主张国际冲突与国际合作的结合，强调国际合作的可能性，重视国际机构促进合作的作用。

3. 新自由制度主义的国际合作

新自由制度主义不完全否认现实主义的基本假设，但得出了不同的结论。首先，无政府状态是国际关系的特征，但不一定导致无秩序社会。世界没有一个“共同政府”，但存在一个“国际社会”。国际社会可以是一个无政府的有序社会。其次，国家是国际社会中的主要成员，是单一的、理性的行为体。正是因为国家的单一性和理性，它才需要国际秩序，才需要合理地解决冲突。第三，国家是自私的，是将本国利益置于对外关系首位的。自私行为体之间的交往不一定只是冲突。自私的国家考虑到各自的比较优势，才进行互惠性合作。作为自私的、理性的国家，首先考虑的是以最小的代价朝着有利于自己的方向去解决国家间的利益冲突，合作的方式很可能是效率较高的实现国家利益的方式。因此，国家需要合作，国际社会也存在着合作的条件。在无政府国际社会的有序状态下，国家之间的合作才是国际关系的实质。

第一，无政府状态下的国际合作是可能的，且是必要的。新自由制度主义认为，当前国际政治的基本特征是复合相互依赖，从而提出如下观点：（1）非国家行为体直接参与世界政治，国家之间存在多渠道联系；（2）各问题之间不存在明确的等级区分；（3）武力并非有效的政策工具，即军事力量起着次要作用。这些观点成为新自由制度主义国际合作理论的基石，但并不否认国家的自私本性和对国家利益的追求。而国家利益的内涵“本身是弹性的，具有很强的主观性”。国家利益通过以下三种基本途径而变化：国内政治变革、规范变迁和学习。

第二，国际合作是一种“能力”。国际合作被视为国家的“能力”表现，国家的国际参与能力与国内治理能力影响甚或决定国际合作。

第三，国际合作的主导形式是“制度化合作”。合作出现的首要条件是存在国际制度，国际制度中的规则是“合作合法化的象征”。国际制度的一个主要功能就是“促进政府间特定的合作性协议的形成”。

第四，国际合作是全球治理的基础。区域合作、全球层次的多边合作以及跨国和跨政府合作，都是为着实现全球治理。合作是最有效的治理途径，包括区域合作，增强政策的有效性；全球层次的多边合作，建立管理全球化的国际机制。

（二）国际合作的重要功能

国际合作的基础是国际行为主体相互利益的基本一致或部分一致。国家利益关系是国家对外行为的基本出发点。国家之间的利益关系既有对立和冲突的一面，也有协调和重合的一面。国家之间具有基本一致或部分一致的利益关系，构成了国际合作的现实基础。国际合作对于国际社会的和平与发展具有极其重要的作用，其功能主要有以下几方面。

第一，经常交往不仅有利于建立合作，反过来，合作亦能促进交往与沟通向良性发展。合作还在于对未来的期待，一方面，合作的行为体需要具有良好的信誉；另一方面，行为体之间交往与沟通的渠道要顺畅，就要对交往与沟通持有相当强的信心。在朝核危机中，美朝两国通过会谈，搭起了合作的桥梁，促进了两国的交往与沟通。

第二，合作对制度的建构有着重大的影响。国际相互依赖导致国际制度的产生。“相互依赖包括合作与冲突两方面特征。”如果冲突是促使国际制度不断改进的强大动力，那么合作是国际制度得以维持、发展的源泉和保证。合作与冲突相互作用，使得原有的国际机制在新的情势下得以补充新的制度因素，从而维持了国际制度在原有基础上得以新陈代谢，具备了继续存在与完善的基础。

第三，国际合作能够把国际冲突限制在可控制的范围内。要抑制国家间利益冲突，就必须不断地增加国家间接触，进行持续地交流、沟通与合作。“合作与安全”是解决国家利益冲突的一个行之有效的新安全观。合作安全意味着摒弃对抗和威慑，各国相互尊重，互为平等，求同存异，寻求相互间的共同或互补利益，搁置各自的冲突利益，通过对话与沟通来强化合作，共同维护世界和平。

（三）北京市新能源发展与国际合作

经济全球化的迅猛发展使其带来的全球性生态环境问题也迅速凸显，气候变暖、臭氧层空洞已成为国际性问题，使人类的全球意识增强，使加强环境合作共同对付这些问题的需求上升，全球环境管理的制度机制也在迅速形成。1992 年，联合国在巴西里约热内卢召开，由 183 个国家和地区、70 多个国际组织参加的环境与发展大会，通过了《里约环境与发展宣言》、《21 世纪议程》等主要文件，并签署了《气候变化框架公约》，提出来了环境与经济协调发展的新思想。1999 年，在瑞士达沃斯举行的世界经济论坛上，联合国秘书长安南呼吁参加本次论坛的企业界领袖和联合国共同合作，以缔结一项新的包括“人权、劳工标准和环境实践等领域的一系列核心价值”的全球性协议，并且制定相应的法律。

国际环境合作是有关国家为解决跨国环境问题，保护全球环境，就减轻各自的污染排放水平所进行的双边或多边努力。从广义来看，当今世界的国际合作还包括全球自然资源合理利用等更为广泛的议题。显然，跨国环境问题必须通过有关主权国家的合作才能得以最终解决。而且国际社会必须通过自愿达成的国际协议才可协调行动，在世界范围内产生最优的结果。[①]国际环境合作从政府间合作、国际组织与各国政府合作、非政府环境组织与国际组织合作、跨国公司与驻在国政府合作、区域环境合作都有了很大发展，并推动着国际环境保护机制的形成，

① CHARLES L. Why are some international agreements informal [J]. International Organization, 2000, 54 (3): 430–443.

包括：召开全球峰会，各国和国际组织共同制定国际环境宣言和行动计划，明确全球环境保护的方向；举行多边环境谈判，制定相关的国际公约、协定，就一般原则和制度性机制达成一致，再通过议定书为缔约方规定具体的权利和义务，推动共同关注的问题的解决；建立全球环境基金，帮助发展中国家应对全球环境问题等诸多层面。[①]

进入21世纪，北京经济社会处于重要的战略转型期，未来发展面临着前所未有的宝贵机遇，同时仍存在许多深层次矛盾和现实问题：产业结构与首都国际化大都市建设的要求尚有差距，以生产性服务业推动北京产业结构升级的要求更加迫切；经济社会发展与资源环境约束的矛盾制约着首都发展，实现人口、资源、环境协调发展的压力不断增大；社会发展中的民生问题越来越受到重视，适应市场经济和城市发展要求的公共服务能力亟待加强；突破瓶颈制约，实现首都科学发展、和谐发展、率先发展，需要不断强化科技体制机制创新，需要积极发挥国际合作的重要作用，以此全面提升对经济社会发展的引领和支撑作用。

① 陈刚．京都议定书与国际气候合作［M］．北京：新华出版社，2008．

第三章

国内外新能源产业发展及其政策

一、新能源发展的背景

低碳经济是一种以低能耗、低污染、低排放和高效能、高效率、高效益为主要特征，以较少的温室气体排放获得较大产出的新型经济模式。[①]而要完成以低碳经济为核心的低碳革命，新能源的开发和利用无疑是关键，通过新能源技术创新和产业发展，逐步摆脱过分依赖石化能源的发展模式，从而减少温室气体排放，减缓全球气候变化，实现经济和社会的清洁发展与可持续发展。

（一）全球气候与环境保护的挑战

随着世界经济增长速度的加快，煤、石油等化石能源的大规模使用带来了严重的环境问题，包括烟雾、光化学烟雾和酸雨危害以及大气中二氧化碳浓度升高带来的全球气候变暖。气候变化打破了正常的农业生产周期，造成极端天气频发，导致沙漠化和水资源的减少，从而加重了资源的稀缺程度，资源稀缺程度的加重使世界范围内的地区冲突进一步恶化。因此，气候变化已经与安全、和平政治事务并驾齐驱，成为当前最重要的外交政策问题之一。

面对全球气候变化，客观上要求国际社会团结协作来减低或控制二氧化碳排放，以保护人类共同的家园。国际气候合作的主要机制是《联合国气候变化框架公约》（简称公约）和京都议定书。其中公约的最终目标是“将大气中温室气体的浓度，稳定在防止气候系统受到危险的、人为干扰的水平上”，公约确立了发达国家与发展中国家在应对气候变化问题上的“共同但有区别的责任”，要求发达国家率先减少温室气体排放。而京都议定书正是各方就责任分摊问题相互妥协的产物，它规定各工业国单独或共同在 2008—2012 年的第一承诺期内将温室气体排放量

① 金乐琴，刘瑞. 低碳经济与中国经济发展模式转型［J］. 经济问题探索，2009（1）：84-87.

减少到比 1990 年至少低 5%的水平。

1. 联合国气候变化框架公约（UNFCCC）

1896 年，瑞典科学家斯凡特·阿伦尼斯警告说，二氧化碳排放量可能会导致全球变暖。直到 20 世纪 70 年代，随着科学家们逐渐深入了解地球，大气系统才引起了大众的广泛关注。20 世纪 80 年代末 90 年代初，为了响应越来越多的科学研究共识，这期间举行了一系列以气候变化为重点的政府间会议。1992 年 6 月，联合国环境与发展大会（地球峰会）在巴西里约热内卢召开，大会提交并签署了联合国气候变化框架公约。框架公约是世界上第一个为全面控制二氧化碳等温室气体排放，应对全球气候变暖给人类经济和社会带来不利影响的国际公约，也是国际社会在应对全球气候变化问题上进行国际合作的一个基本框架。中国于 1992 年 6 月 11 日正式签署该公约。截至 2015 年 12 月，气候变化框架公约已经收到了 200 多个国家的正式批准文件。其中，欧盟作为一个整体也是公约的一个缔约方，公约常设秘书处在德国波恩。

公约缔约方作出了许多旨在解决气候变化问题的承诺。每个缔约方都必须定期提交专项报告，其内容必须包含该缔约方的温室气体排放信息，并说明为实施公约所执行的计划及具体措施。公约于 1994 年 3 月生效，奠定了应对气候变化国际合作的法律基础，是具有权威性、普遍性、全面性的国际框架。公约由序言及 26 条正文组成，具有法律约束力。框架公约将全球各国分成两组：附件 I 成员国，即那些对气候变化负有最大历史责任的工业化国家；非附件 I 成员国，主要由发展中国家构成。公约根据公平原则以及“共同但有区别的责任”原则要求附件 I 国家首先采取行动，在 2000 年底以前将温室气体排放量降低到本国 1990 年的排放水平。附件 I 国家还必须定期提交“国家信息通报”，在报告中详细阐述本国的气候变化政策和规划，以及本国温室气体排放清单的年度报告。

缔约方会议是公约的最高决策机构，自 1995 年 3 月首次在柏林举行以来，每年召开一次，并达成一系列成果。迄今，缔约方会议已举行 20 次。1997 年在日本京都举行的第 3 次缔约方会议，通过了著名的京都议定书，为发达国家设定了第一承诺期（2008 年至 2012 年）的减排指标。2007 年在印度尼西亚巴厘岛举行的第 13 次缔约方会议，确立了“巴厘路线图”，建立了双轨谈判机制，即以京都议定书特设工作组和公约长期合作特设工作组为主，进行气候变化国际谈判。2011 年在南非德班举行的第 17 次缔约方会议，决定设立“加强行动德班平台特设工作组”（简称“德班平台”），负责 2020 年后减排温室气体的具体安排。2012 年在卡塔尔首都多哈举行的第 18 次缔约方会议暨京都议定书第 8 次缔约方会议通过了京都议定书修正案，为 38 个发达国家缔约方设定了 2013 年至 2020 年的第二承诺期的温室气体量化减排指标。2015 年，巴黎气候变化大会达成包括巴黎协定和相关决定的巴黎成果，标志着 2020 年后的全球气候治理将进入一个前所未有的新阶段，具有里程碑式的非凡意义。巴黎协定明确了从 2023 年开始以 5 年为周期的全球盘点机制（Global Stocktake），包含对减缓行动和资金承诺等比较全面的盘点，促进未来各国逐步提升气候雄心，弥合实际气候行动与目标之间的差距。可以说，巴黎协定为将来实现进一步强化减排的目标指明了方向，提供了制度安排。

2. 京都议定书

为了人类免受气候变暖的威胁，1997 年 12 月，《联合国气候变化框架公约》第 3 次缔约方大会在日本京都召开。149 个国家和地区的代表通过了旨在限制发达国家温室气体排放量以抑制全球变暖的京都议定书。京都议定书为 38 个工业化国家，其中包括 11 个中东欧国家，规定了具有法律约束力的限排义务。即这 38 个工业化国家在 2008 年至 2012 年的承诺期内，把他们的温室气体排放量从 1990 年排放水平平均大约降低 5.2%。具体而言，各发达国家从 2008 年到 2012 年必须完成的削减目标是：与 1990 年相比，欧盟削减 8%、美国削减 7%、日本削减 6%、加拿大削减 6%、东欧各国削减 5%至 8%。新西兰、俄罗斯和乌克兰可将排放量稳定在 1990 年水平上。议定书同时允许爱尔兰、澳大利亚和挪威的排放量比 1990 年分别增加 10%、8%和 1%。

京都议定书需要在占全球温室气体排放量 55%以上的至少 55 个国家批准，才能成为具有法律约束力的国际公约。中国于 1998 年 5 月签署并于 2002 年 8 月核准了该议定书。欧盟及其成员国于 2002 年 5 月 31 日正式批准了京都议定书。2004 年 11 月 5 日，俄罗斯总统普京在京都议定书上签字，使其正式成为俄罗斯的法律文本。2007 年 12 月，澳大利亚签署京都议定书，至此世界主要工业发达国家中只有美国没有签署京都议定书，批准国家的人口数量占全世界总人口的 80%。限排的目标覆盖 6 种主要的温室气体：二氧化碳、甲烷、氧化亚氮、氢氟碳化物（HFCs）、全氟化碳（PFCs）以及六氟化碳（SF_6）。京都议定书还允许这些国家自由组合选取这六种温室气体构划这些国家的减排策略，包括一些土地利用变化和森林活动项目，诸如森林采伐和再造林等排放或者从大气中吸收二氧化碳的活动。京都议定书是人类历史上首次以法规的形式限制温室气体排放。为了促进各国完成温室气体减排目标，议定书允许采取以下四种减排方式。

第一，两个发达国家之间可以进行排放额度买卖的“排放权交易”，即难以完成削减任务的国家，可以花钱从超额完成任务的国家买进超出的额度。

第二，以“净排放量”计算温室气体排放量，即从本国实际排放量中扣除森林所吸收的二氧化碳的数量。

第三，采用绿色开发机制，促使发达国家和发展中国家共同减排温室气体。

第四，可以采用“集团方式”，即欧盟内部的许多国家可视为一个整体，采取有的国家削减、有的国家增加的方法，在总体上完成减排任务。

3. 清洁发展机制

京都议定书建立了三个合作机制，合作机制的设计目的在于帮助工业化国家（附件Ⅰ国家）通过在其他国家而不是本国以较低的成本获得减排量，从而降低附件Ⅰ国家实现其排放目标的成本。①

其一，国际排放贸易：允许附件Ⅰ国家之间相互转让它们的部分“容许的排放量”（“排放配额单位”）。

其二，联合履行机制：允许附件Ⅰ国家从其在其他工业化国家的投资项目产生的减排量中获取减排信用，实际结果相当于工业化之间转让了同等量的“减排单位”。

其三，清洁发展机制：允许附件Ⅰ国家的投资者从其在发展中国家实施的、并有利于发展中国家可持续发展的减排项目中获取“经核证的减排量”（CERs）。

这些合作机制给予了附件Ⅰ国家及其私人经济实体在世界上任何地方——只要减排成本最低，实施温室气体减排项目的选择机会，这些产生的减排量可以用于抵减投资方国家的温室气体减排义务。这些合作机制借助于减排项目的全球配置机理能够刺激国际投资，并为全世界各个国家实现“更清洁”的经济发展提供了重要的实施手段。尤其是清洁发展机制，其目的在于通过促进工业化国家的政府机构以及商业组织对发展中国家的环境友好投资，从而帮助发展中国家实现可持续发展。

通过清洁发展机制渠道筹集的资金必须有助于发展中国家实现它们的经济、社会、环境和可持续发展目标，诸如更清洁的空气和水资源，改善土地利用方式，促进农村发展、就业以及消除贫困等伴随的社会效益，更多的情况是降低发展中国家对化石燃料的进口依存度。除了能促进对发展中国家的绿色投资优先权之外，清洁发展机制还为人类在气候变化、经济发展和地方性环境问题的解决上同时取得进展提供了新机遇。对于那些当务之急必须解决更急迫的经济和社会发展要求的发展中国家而言，对清洁发展机制在这些效益方面的预期为发展中国家积极参与 CDM 项目提供了强大的动力。

（二）金融危机推动新能源战略地位提升

2007 年美国金融危机对全球经济造成沉重打击，包括美国、欧盟、日本在内的发达国家经济体生产大幅下滑，东欧、独联体等国家经济增长也急剧减速，而新兴国家经济也受到不同程度的冲击。面对全球金融危机和经济衰退，新能源开发和利用被提到具有战略性的地位并被作为应对经济危机的有效手段。美国、欧盟、日本等世界发达经济体大力推进新能源的发展，既着眼于应对当前的金融危

① 刘兰翠，吴刚. 我国 CDM 项目的现状与思考［J］. 能源与环境，2007，29（3）：34-40.

机，更从战略的高度抢占未来经济的制高点。

1. 金融危机推动美国加快发展新能源产业

20 世纪后半期，新能源技术与电子、信息等新兴技术同时开始萌芽，并得到较快的发展。但是新能源与传统化石能源相比应用成本较高，因此，新能源技术在 20 世纪并没有得到广泛应用，拉动美国经济增长的主要是电子、信息、生物、新材料等一系列新兴技术。国际金融危机之后，必须寻找一个新的产业作为拉动实体经济发展的领头羊。然而，美国在传统的劳动密集型经济中已无竞争优势，大部分实体经济已通过外包转移到发展中国家，它不可能把已经转移出去的实体经济重新收回。重振实体经济，必然扶持那些生产技术制高点由美国掌握的产业，因此，发展新能源产业成为美国等发达国家的首选。发展新能源产业可以实现美国经济振兴、能源独立、增加就业，保持世界经济“领头羊”地位。

新能源产业的崛起将引起电力、IT、建筑、汽车、新材料、通信等多个产业的重大变革和深度裂变，并催生一系列新兴产业。新能源产业对其他产业发展的直接拉动表现为多个方面，一是拉动新能源上游产业如风机制造、光伏组件、多晶硅深加工等一系列加工制造业和资源加工业的发展；二是促进智能电网、电动汽车等一系列输送与用能产品的开发和发展；三是促进节能建筑和带有光伏发电建筑的发展。这不仅填补美国实体经济的空缺，使美国由消费社会转变为生产、消费并重的社会，而且可增加国内就业，降低污染物排放。尽管一些新能源技术已经比较成熟，但是新能源与传统的化石能源相比，成本仍然过高，发展新能源产业需要政府大力扶持。2009 年 2 月 15 日，美国总统奥巴马签署总额为 7 870 亿美元的《美国复苏与再投资法案》，其中新能源为重点发展产业，主要包括发展高效电池、智能电网、碳捕获和碳储存、可再生能源等。

2. 欧盟加大发展“绿色能源”的力度

在金融危机发生之前，欧盟就开始积极倡导发展节能环保产业。2007 年，欧盟委员会提出欧盟一揽子能源计划。根据计划，到 2020 年将温室气体排放量在 1990 年基础上至少减少 20%，将可再生能源占总能源耗费的比例提高到 20%，将煤、石油、天然气等一次性能源消耗量减少 20%，将生物燃料在交通能源消耗中所占比例提高到 10%，以及在 2050 年将温室气体排放量在 1990 年的基础上减少 60%至 80%。为了支持上述一系列目标的实现，欧盟进一步提出新能源的综合研究计划，该计划包括欧洲风能、太阳能、生物能、智能电力系统、核裂变、二氧化碳捕集、运送和贮存等一系列研究计划。其重点包括：大型风力涡轮和大型系统的认证（陆上与海上），太阳能光伏和太阳能集热发电的大规模验证，新一代生物柴油，第 IV 代核电技术，零排放化石燃料发电，智能电力系统与电力贮存等。

国际金融危机之后，欧盟委员会公告称，欧盟委员会已制定了一项发展“环保型经济”的中期规划。其主要内容是，欧盟将筹措总金额为 1 050 亿欧元的款项，在2009年至2013年的五年时间中，全力打造具有国际水平和全球竞争力的“绿色产业”，并以此作为欧盟产业调整及刺激经济复苏的重要支撑点，以便实现促进就业和经济增长的两大目标，为欧盟在环保经济领域长期保持世界领先地位奠定基础。欧盟打算用5年的时间，初步形成“绿色能源、绿色电器、绿色建筑、绿色交通”和“绿色城市”（包括废品回收和垃圾处理）等产业的系统化和集约化，为欧盟的发展提供持久的动力。欧盟将低碳经济看作“新的工业革命”，在发展低碳产业问题上，从排放指标的制定，到科研经费的投入、碳排放机制的提出、节能与环保标准的制定，再到低碳项目的推广等，欧盟率先出击，步步为营，采取了一系列有力的措施推进低碳产业发展，力图在全球应对气候变化行动中和低碳产业中发挥领导者的角色。例如，欧盟计划，到2012年12月31日，淘汰所有的白炽灯，用绿色环保的节能灯取而代之。欧盟要求成员国救助汽车业的资金必须用于节能型汽车的研制和生产，必须用于小排量、洁净型或混合燃料汽车或电动汽车技术的研制和产品生产。2008年11月23日，法国总统宣布建立200亿欧元的“战略投资基金”，主要用于对能源、汽车、航空和防务等战略企业的投资与入股。荷兰的经济刺激方案中也包含对可持续能源行业的投资和支持。德国通过了温室气体减排新法案，使风能、太阳能等可再生能源的利用比例从现在的14%增加到2020年的20%。

3. 日本立足于节能和新能源产业的长远发展

早在20世纪90年代，由于泡沫经济和大量制造业企业向海外转移的影响，日本经济长期处于低迷之中。国际金融危机之后，日本政府吸取以前应对危机的经验，在本次应对方案中，明确提出了不以增加短期需求为目标的指导原则，力求以“结构改革促经济发展”的方式，取代“通过扩大政府支持刺激经济成长”的方法；提出了普及开发节能技术、加大研究清洁能源力度的目标，并给予了相当大的预算支持。这进一步体现了日本通过解决危机，促进能源结构转型、继续保持在节能方面优势地位的战略目标。

日本95%的能源供应依赖进口，出于能源安全等方面的考虑，2004年6月，日本通产省公布了新能源产业化远景构想：计划在2030年以前，把太阳能和风能发电等新能源技术扶植成商业产值达3万亿日元的重要产业之一，石油占能源总量的比重将由现在的50%降到40%，而新能源将上升到20%；风力、太阳能和生物质能发电的市场规模，将从2003年的4 500亿日元增长到3万亿日元；燃料电池市场规模到2010年达到8万亿日元，成为日本的支柱产业。金融危机之后，日本发展新能源产业的意向进一步增加，拟定了旨在占领世界领先地位、适应21世纪世界技术创新要求的四大战略性产业领域，其中之一就是环保能源领域，包括燃料电池汽车、复合型汽车（电力、内燃两用）等新一代汽车产业，太阳能发电等新能源产业，资源再利用与废弃物处理、环保机械等环保产业。

（三）新能源产业成为中国战略新兴产业

新能源产业孕育着新的经济增长点，也是新一轮国际竞争的战略制高点，中国政府将新能源产业视为维持经济增长速度的重要推动力和产业升级重要载体。

2007 年 9 月 4 日，指引我国未来 15 年可再生能源发展的纲领性文件《可再生能源中长期发展规划》由国家发改会发布。规划提出，到 2020 年，可再生能源将占到全部能源的 15%，其中太阳能要达到 200 万千瓦，风能 3 000 万千瓦，生物质能 3 000 万千瓦，太阳能热水器要达到 3 亿立方米。2009 年以来，我国政府对于节能新能源领域推出的政策扶持力度之大，脚步之快是前所未有的。[①]2009 年 3 月 9 日温家宝在政府工作报告提出大力发展循环经济和新能源，要积极发展核能、风能、太阳能、水能等新能源。[②]2009 年 9 月，在联合国气候变化峰会上，胡锦涛发表了题为《携手应对气候变化挑战》的讲话，提出大力发展可再生能源和核能，争取到 2020 年非化石能源占一次能源消费比重达 15%左右；2009 年 11 月，温家宝在北京人民大会堂发表《让科技引领中国可持续发展》讲话中指出，大力发展新能源，提高能源利用效率和优化能源消费结构。中国政府高层确定的减排目标和产业发展战略再次明确新能源发展方向。2010 年 3 月，温家宝在政府工作报告中提出，大力培育战略性新兴产业。要大力发展能源、新材料、节能环保、生物医药、信息网络和高端制造产业，积极发展新能源和可再生能源，加强智能电网建设。所以，发展新能源产业已经上升到国家战略层面。

2011 年 3 月 16 日发布的《中华人民共和国国民经济和社会发展第十二个五年规划纲要》提出，“大力发展节能环保、新一代信息技术、生物、高端装备制造、新能源、新材料、新能源汽车等战略性新兴产业。2014 年 11 月国务院发布《能源发展战略行动计划（2014—2020 年）》，从能源安全、能源清洁利用、能源体制改革等多方面提出未来相当长一段时间能源发展的路径，并提出一系列约束性指标。其中制定绿色低碳的战略目标，要着力优化能源结构，把发展清洁低碳能源作为调整能源结构的主攻方向。坚持发展非化石能源与化石能源高效清洁利用并举，逐步降低煤炭消费比重，提高天然气消费比重，大幅增加风电、太阳能、地热能等可再生能源和核电消费比重，形成与我国国情相适应、科学合理的能源消费结构，大幅减少能源消费排放，促进生态文明建设。到 2020 年，非化石能源占一次能源消费比重达到 15%，天然气比重达到 10%以上，煤炭消费比重

① 人民网. 我国《可再生能源中长期发展规划》公布［EB/OL］.（2007-07-14）［2015-03-15］. http：//scitech.people.com.cn/GB/6263167.html.

② 人民网. 2009 年《政府工作报告》［EB/OL］.（2009-03-14）［2015-03-17］. http：//lianghui2009.people.com.cn/GB/145749/8962017.html.

控制在 62%以内。[①]

二、新能源的内涵及特点

（一）新能源的内涵

新能源是相对于传统能源而言的，一般地说，常规能源是指技术上比较成熟且已被大规模利用的能源，而新能源通常是指尚未大规模利用、正在积极研究开发的能源。

新能源和可再生能源作为专业化名词，是在 1978 年 12 月 20 日联合国第 33 届大会第 148 号决议中提出的，专门用来概括常规能源以外的所有能源。所谓常规能源，又称传统能源，是指在现阶段已经大规模生产和广泛使用的能源，主要包括煤炭、石油、天然气和部分生物质能（如薪柴秸秆）等。根据该决议，新能源和可再生能源包括 14 种能源：太阳能、地热能、风能、潮汐能、海水温差能、波浪能、木柴、木炭、泥炭、生物质转化、蓄力、油页岩、焦油砂及水能。[②]根据 1981 年联合国新能源及可再生能源会议的定义，联合国开发计划署（UNDP）把新能源分为以下三大类：大中型水电；新可再生能源，包括小水电、太阳能、风能、现代生物质能、地热能、海洋能（潮汐能）；穿透生物质能。随着研究的深入，对新能源现在也有各种各样不同的定义，例如“绿色能源、可再生能源、低碳能源”等，其含义不尽相同。

张国有（2009）[③]、史丹（2010）[④]认为新能源是传统能源之外的非常规能源，包括太阳能、风能、生物质能、核能、地热能、氢能、海洋能等。

刘纪显、郑尚（2010）认为，新能源又称非常规能源，是指传统能源之外的各种能源形式，包括了太阳能、风能、生物质能、地热能、核聚变能、水能和海洋能以及由可再生能源衍生出来的生物燃料和氢所产生的能量。[⑤]

成思危（2010）提出新能源可以有两类定义，狭义的新能源包括风能、太阳能、潮汐能、地热能、生物燃料等以前没有广泛利用的能源；广义的新能源则还包括核能、水能，甚至还包括新煤技术。[⑥]

---

① 新华网. 国务院印发能源发展战略行动计划［EB/OL］.（2014-11-20）［2015-04-10］. http：//news.xinhuanet.com/energy/2014-11/20/c_127231665.htm.

② 张海龙. 中国新能源发展研究［D］. 吉林：吉林大学，2014.

③ 张国有. 对中国新能源产业发展的战略思考［J］. 经济与管理研究，2009（11）：5-9.

④ 史丹. 发达国家新能源产业发展的新态势［J］. 红旗文稿，2010（5）：60-62.

⑤ 刘纪显，郑尚. CDM 对我国新能源产业的影响［J］. 华南师范大学学报：社会科学版，2010（5）：135-141.

⑥ 成思危. 新能源与低碳经济［J］. 管理评论，2010（6）：4-8.

金乐琴（2010）认为，新能源一般是指在新技术基础上加以开发利用的可再生资源，包括太阳能、生物质能、水能、风能、地热能、波浪能、潮汐能，以及海洋表层与深层之间的热循环形成的能量等。[①]

综合学者们的观点，新能源不仅包括具有可替代性和可再生性的能源，如太阳能、风能、水能等，还应该保函具有技术可创新性、新、低碳、无污染特点的能源，如碳捕捉、碳封存、智能电网等。

（二）新能源的特点

相对于传统能源，新能源普遍具有污染少、储量大的特点，对于解决当今世界严重的环境污染问题和资源（特别是化石能源）枯竭问题具有重要意义。而世界自然基金会 2011 年在北京发布的一项最新研究报告则表明，到 2050 年，世界经济的可再生能源可以完全满足全球能源的需求。新能源主要特点包括以下四个方面。

1. 蕴藏丰富、前景广阔

新能源的共同特点是资源蕴藏量丰富、开发利用前景广阔、可以循环使用、没有污染或很少有污染。以太阳能为例，根据目前太阳产生的核能速率估算，氢的贮量足够维持上百亿年，可以说太阳的能量是用之不竭的；每年到达地球表面上的太阳辐射能约相当于 130 万亿吨煤，其总量属现今世界上可以开发的最大能源。[②]而全球风能资源蕴藏量更高达 27.4 亿兆瓦，其中可利用的风能为 2 000 万兆瓦，比地球上可开发利用的水能总量还要大 10 倍。根据美国能源部的测算，美国风能每年可发电 6 亿兆瓦时，可供应美国 20%的电力。联合国工业发展组织总干事坎德赫认为，作为减缓气候变化目标的一部分，全球到 2030 年对可再生能源的依赖水平应增加一倍以上，新目标是到 2030 年全球可再生能源占能源供应的比例达到 30%。

2. 良好的技术进步空间

在应对气候变化和刺激经济增长的挑战面前，新能源成为各国技术创新和投资的重点，也是新一轮国际竞争的焦点。近年来国际新能源技术不断发展，在包括风电技术、核电、光伏系统、太阳能热电技术、第二代生物技术等国际能源署（IEA）识别的 17 项关键低碳技术方面均取得了长足进步。随着新能源技术的产业化应用，新能源产业发展呈现出光明的前景。与发达国家相比，中国在新能源技术上的差距要小于其他产业技术领域，在太阳能、风能的商业化应用方面还走在世界前列，因此，通过加强自主技术创新和国际合作，中国有望在新能源技术

---

① 金乐琴. 后危机时代中国新能源产业创新与发展的思考［J］. 经济问题探索，2010（11）：24-27.

② 修光利，侯丽敏. 能源与环境安全战略研究［M］. 北京：中国时代经济出版社，2008.

领域实现赶超。

3. 广泛的产业关联性

新能源产业的崛起将引起电力、IT、建筑、汽车、新材料、通信等多个产业的重大变革，并催生和带动一系列相关产业的发展。比如，可以拉动上游产业如风机制造、光伏组件、多晶硅深加工等一系列加工制造业和资源加工业的发展；可以促进智能电网、电动汽车等一系列输送与用能产品的开发和发展；还可以促进节能建筑和带有光伏发电建筑的发展。因此，在中国面临产业结构升级、经济发展方式转型的关键时期，新能源的发展大有作为。

4. 技术与劳动密集型

新能源本身需要技术的突破和大量设备投资，是资金技术密集型产业。同时，与传统能源生产主要靠资源消耗不同，新能源设备制造和维护所带动的上下游产业链，有许多是劳动密集型产业，因此就业容量大。根据联合国环境署的估计，到2030年，全球预计对可再生能源行业的6 300亿美元投资至少将转化为2 000万个额外工作岗位。在后危机时代，新能源成为各国争相发展的产业重点，并有可能在新一轮科技革命中扮演重要角色。对于中国而言，新能源具有很大的资源潜力和发展优势。在进入后危机时代产业创新的新浪潮中，新能源的发展不仅能够支持短期经济增长和创造就业机会，更是促进中国经济增长、结构转型的重要战略性产业，从战略制高点进行部署，密切注视世界新能源发展方向，加快新能源技术研发，加强对新能源产业发展的支持，争取新一轮产业创新的竞争中赢得竞争优势。

三、新能源的主要形式及发展

人类生存和发展离不开对能源的需求，人类近二百多年的工业化进程导致对化石能源的巨额消耗，同时破坏了生态环境，造成全球变暖。化石能源的有限性和对环境的负面影响催生了对替代和可再生能源的需求，而新能源的关键是针对传统能源利用方式的先进性和替代性。严格地说，能够实现温室气体减排的技术都可以列入新能源，但又不仅仅局限于此。由此分析，广义新能源将主要包含了以下几个方面：太阳能、生物质能、风能、水电、核能等方面。

（一）太阳能及其发展

太阳能是各种可再生能源中最重要、最丰富的基本能源。据统计，世界上陆地每年接受太阳能达到 180 万亿吨标准煤。[①]目前，太阳能的利用主要通过光—热、光—电、光—化学、光—生物质等几种转换方式实现，开发利用过程基本无污染，是已知的最清洁、最安全的能源。太阳能利用包括太阳能光伏发电、太阳

① 修光利，侯丽敏. 能源与环境安全战略研究［M］. 北京：中国时代经济出版社，2008.

能热发电，以及太阳能热水器和太阳房等热利用方式。太阳能热发电已经历了较长时间的试验运行，基本上可达到商业运行要求。而太阳能热利用技术成熟，经济性好，可大规模应用。光伏发电最初作为独立的分散电源使用，近年来并网光伏发电的发展速度加快，市场容量已超过独立使用的分散光伏电源。

在能源危机和全球气候变暖的压力下，美国、欧洲、日本大力发展太阳能产业产业，包括光伏工业、太阳能热发电、太阳能建筑供能和太阳能中温技术与工业节能应用等四个领域，欧美太阳能产业所提供电力预计在 2030 年占到世界能源供给的 10%，将对世界能源供给格局和低碳经济发展带来深刻影响。

以太阳能为代表新能源越来越受到关注，全球光伏产业作为新兴行业，正步入快速成长阶段。根据欧洲光伏工业协会（EPIA）的研究报告 *Global Market Outlook for Photovoltaics until 2013*①，2008 年，全球新增光伏装机容量 6.7GW，累计装机容量接近 15GW，年增长率 60%。光伏电池生产主要集中在中国、日本、德国、美国等国家，德国、西班牙等国为主要应用市场。2014 年，世界光伏累计装机容量已超过 40GW，近十年平均年增长 45%，成为发展速度最快的产业之一，表 3–1 是 2005—2014 年全球光伏装机量情况。

表 3–1　　　　2005—2014 年全球光伏装机量情况

年份	光伏新增装机量	光伏累计装机量
2005	1.389GW	5.085GW
2006	1.547GW	6.629GW
2007	2.524MW	9.146GW
2008	6.661GW	15.795GW
2009	7.340GW	23.108GW
2010	17.107GW	40.183GW
2011	30.282GW	70.168GW
2012	29.865GW	99.690GW
2013	37.007GW	136.697GW
2014	40.134GM	176.831GW

资料来源：部分来自 EPIA *Global Market Outlook for Photovoltaic 2013*。②

2010 年随着欧债危机的深化，欧债危机爆发后，欧洲多国经济陷入困境，使

① EPIA.Global Market Outlook for Photovoltaics until 2013 [R/OL]. [2016–05–21]. http：//ec.europa.eu/economy_finance/events/2009/20091120/epia_en.pdf.

② 同上。

得政府财政赤字不断扩大，沉重的新能源补贴压力使得本已捉襟见肘的财政更是雪上加霜，包括德国、意大利和西班牙在内的欧盟各国纷纷出台削减光伏补贴的政策，2012 年西班牙政府推出一项旨在削减政府财政赤字的新政，取消对新建可再生能源发电装置的补贴。2012 年 3 月，德国议会通过光伏补贴削减法案，将光伏市场的年装机量削减一半。但是 2011 年全球新增光伏装机仍达到 30.28GW，相比 2010 年的 17.11GW，增长了 77%。在太阳能光伏电池产量方面，2011 年全球太阳能光伏电池产量达到 37.2GW，相比 2010 年的 27.4GW 提升了 36%，但是增幅是 2004 年以来的历史最低。2012 年起全球光伏产业开启了新一轮的景气周期，2013 年全球光伏市场的新增装机容量达到 37GW，2014 年再创新高达到 40GW，累计装机容量达到 176.8GW。在价格方面，光伏系统价格持续降低。其中，2010 年至 2014 年，光伏组件价格降低 60.5%，光伏系统价格降低 52%。预计 2015 年至 2020 年，大型光伏系统价格保持平稳下降，降幅在 20%左右。

在太阳能热发电领域，经过 20 多年的技术研究，近年来国际太阳能热发电进入产业化发展期，太阳能热发电是通过聚集太阳辐射获得热能，将热能转化成高温蒸汽驱动蒸汽轮机来发电，太阳能热发电在欧美地区获得快速发展。2014 年全球太阳能热发电新增装机 110 万千瓦，西班牙、美国、印度等国家建成一批商业化规模的太阳能热发电工程。截至 2014 年底，全球建成太阳能热发电装机 453 万千瓦，在建规模达到 270 万千瓦，越来越多的国家把太阳能热发电作为战略性新能源产业。在太阳能建筑供能方面，太阳能在建筑中的应用包括整体式、平板式、分体式（阳台壁挂）太阳能热水器、太阳能中央热水器、阳台栏板太阳能热水器、太阳能集热系统、太阳能采暖系统、光热光电一体化等太阳能产品。面向区域性建筑供暖是太阳能低温热利用的重要发展方向。目前全球已陆续建成面积万平方米级以上跨季节储能的区域性太阳能建筑供热系统 12 座。在太阳能中温技术与工业节能应用方面，目前全球已陆续建立百余个太阳能热利用工业领域应用工程，涵盖了 11 个工业领域，应用和示范的太阳能空调项目超过 300 个。

（二）生物质能及其发展

现代生物质能的发展方向是高效新利用，将生物质转换为优质能源，包括电力、燃气、液体燃料和固体成型燃料等。生物质发电包括农林生物质发电、垃圾发电和沼气发电等。许多国家都制订了相应的开发研究计划，如日本的阳光计划、印度的绿色能源工程、美国的能源农场和巴西的酒精能源计划等，其中生物质能源的开发利用占有相当的比重。目前，国外的生物质能技术和装置多已达到商业化应用程度，实现了规模化产业经营，以美国、瑞典和奥地利三国为例，生物质转化为高品位能源利用已具有相当可观的规模，分别占该国一次能源消耗量的 4%、16%和 10%。在美国，生物质能发电的总装机容量已超过 10 000 兆瓦，单机容量达10～25兆瓦；巴西是乙醇燃料开发应用最有特色的国家，实施了世界上规模最大的乙醇开发计划，目前乙醇燃料已占该国汽车燃料消费量的50%以上。

为应对20世纪70年代的两次石油危机，西欧各国尤其是丹麦、芬兰和瑞典积极开发清洁的生物质能，以替代石油，增加电力供应。丹麦较早推行秸秆等生物质发电，逐渐成为生物质能利用的强国。1980—2005年，作为能源供应的生物质能消费在丹麦增加了4倍之多。近十几年来，丹麦新建的热电联产项目都是以生物质为燃料，还将过去许多燃煤供热厂改为了燃烧生物质的热电联产项目。目前，丹麦生物质能占到可再生能源消费的70%左右，芬兰在生物质能利用上立足于本国丰富的森林资源优势，走出了没有化石燃料资源和人均耗能较多的困境，积极发展“缓慢的再生的生物燃料”——泥煤。早在2007年，泥煤发电就已经占芬兰总发电量的6%。瑞典2009年可再生能源份额达到47%，其中生物质能达到了国内最终能源消费的29%。从发电容量来看，生物燃料和泥煤发电累计装机量达到3.892GW，占到瑞典当年装机总量的65.58%，是2004生物燃料和泥煤发电累计装机量的1.22倍。

美国能源信息署发布的1990—2040年非水电可再生能源电力生产相关数据显示，美国早在1990年生物质发电量就达到45.672GWh，从此以后保持了连续十年的增长，于2000年达到历史纪录的60.699GWh。自2002年53.696GWh的发电量以来，增长幅度较小，2012年比2011年略有下降。但预计2013年出现大的增长，达到57.441GWh，2015年达到63.606GWh，2020年将达到史无前例的108.865GWh。截至目前，生物质发电装机容量约占世界总量的3%。根据Navigant Research的一项研究报告，全球生物质发电装机容量在到2020年剩下的几年内将逐步增长，在保守的情境下由2013年的58.6GW将增长到2020年的82GW，在积极的情境下，2020年的这一数字将达到128.5GW。

（三）风能及其发展

开发利用可再生能源、实现能源的可持续发展成为世界各国能源发展战略的重大举措。风能作为重要和最成熟的可再生能源技术，具有蕴藏量丰富、可再生、分布广、无污染等特性，与其他可再生能源相比较，风能的开发技术较为成熟，对环境的影响相对低，并不受生物质能开发利用所面临的资源约束，是世界公认的除水能之外最具商业开发前景的可再生能源之一。因此，世界许多国家和地区将发展风能作为应对能源和气候变化压力的一项长期策略。

风电包括离网运行的小型风力发电机组和大型并网风力发电机组，技术已基本成熟。近年来，并网风电机组的单机容量不断增大，随着风电的技术进步和应用规模的扩大，风电成本持续下降，经济性与常规能源已十分接近。根据全球风能理事会（GWEC）统计资料显示，2003—2007年，全球风电平均增长率为24.7%，总装机容量累计达到94GW。2008年，风电成为非水电可再生能源中第一个全球装机超过100GW的清洁资源。2010年欧洲债务危机以来，在全球经济持续低迷的背景下，全球风电发展仍然保持良好势头，2011年全球新增风电装机容量达40.9GW，这一新增容量使全球累计风电装机达到238GW。2014年全球风电产业新增装机容量达到51.473GW，比2013年增长10.05%，分别是2005年的3.88倍、2000年的11.89倍；累计装机容量282.482GW，比2011年增长44.21%，是2005年的4.46倍。2014年全球累计装机容量达到369.597GW，比2013年增长16%。

表3-2　　2005—2014年全球风能装机量情况①

年份	风能新增装机量	风电累计装机量
2005	11.531GW	59.091GW
2006	14.701GW	73.949GW
2007	20.286GW	93.901GW
2008	26.695 2GW	120.715GW
2009	38.478GW	159.079GW
2010	38.989GW	197.943GW
2011	40.943GW	238.435GW
2012	44.929GW	283.132GW
2013	35.692GW	318.644GW
2014	51.473GM	369.597GW

2014年，全球超过80个国家有商业运营的风电装机，其中中国新增装机量达到23.196GW，占全球总装机量的45.1%；累计装机量达到114.609GW，占全球累计总装机量的31.0%，新增装机量和累计装机量居于世界第一位。德国新增装机量为5.279GW，占全球总装机量的10.2%；美国新增装机量为4.854GW，占全球总装机量的9.4%。据根据全球风能理事会（GWEC）分析，未来5年风电新增装机量将步入稳步发展阶段，平均年增长率在5.3%左右，2019年新增装机量为66.54GW；而累计装机量增速维持在10%以上，2019年累计装机量将高达666.1GW，相比2014年将增长0.82倍。

海上风电具有资源丰富、风速稳定、可以大规模开发等优势，但是海上风电对风机质量和可靠性要求高、施工困难，海上风电发展受到制约。直到2000年，丹麦政府在哥本哈根湾建设了世界上第一个商业化意义的海上风电场后，世界各

① GWEC. Global Wind Report Annual Market Update 2014 [R/OL]. [2016-02-12]. http://www.gwec.net/wp-content/uploads/2015/03/GWEC_Global_Wind_2014_Report_LR.pdf.

国才开始考虑其商业化开发。欧洲、美国、中国、日本相继出台海上风电鼓励政策，出台电价补贴政策，促进海上风电的发展。2013年，全球海上风电获得了快速发展，全年全球海上风电新增装机容量为1 721兆瓦，在全球风电新增总装机占比为4.8%，这是海上风电发展以来新增装机最多的一年。在欧洲，英国、德国、比利时、丹麦和瑞典都安装了新的海上风电机组。除了欧洲，中国和日本也建设了3个小型的商业性海上风电项目。2014年，全球新增并网海上风电1.7GW，海上风电总并网容量超过8.5GW。但从经济角度来考虑，海上风力发电的成本最高可达0.18欧元/千瓦时，而太阳能发电和陆上风力发电的成本分布为0.11欧元和0.08欧元。除价格因素外，海上风电技术包括，海上大容量风机检测、大容量海上机组、海底电缆敷设技术、海上施工技术等等亟待进一步突破。

（四）水电及其发展

水力发电是目前最成熟的可再生能源发电技术，水能资源最显著的特点是可再生、无污染。开发水能对江河的综合治理和综合利用具有积极作用，对促进国民经济发展，改善能源消费结构，缓解由于消耗煤炭、石油资源所带来的环境污染具有重要意义，因此世界各国都把开发水能放在能源发展战略的优先地位。

全球水能资源理论蕴藏量约为39万亿kWh/a，其中技术可开发量14.65万亿kWh/a，经济可开发量8.73万亿kWh/a。五大洲中亚洲水能资源居首位，为19.7万亿kWh/a，占全球的50.4%。美国、日本、俄罗斯、澳大利亚等发达国家拥有技术可开发水能资源4.81万亿kW·h，经济可开发水能资源2.51万亿kW·h，分别占世界总量的33.5%和31.1%。亚洲、非洲、拉丁美洲的发展中国家拥有技术可开发水能资源共计9.56万亿kW·h，经济可开发水能资源5.57万亿kW·h，分别占世界总量的66.5%和68.9%。可见世界可开发水能资源主要蕴藏在发展中国家。中国水能资源可开发量居世界第1位，其次为俄罗斯、巴西和加拿大。世界能源会议1974年的《能源调查》中，美国经济可开发水能资源为7 015万kW·h，居巴西之后，比加拿大要多。在2000年统计中美国经济可开发水能资源下降为3 760万kW·h，几乎下降了一半，少于加拿大、刚果和印度，居世界第7位。一些国家可开发水能资源见表3–3。

表3–3　　主要国家可开发水能资源表①

国别	技术可开发	经济可开发	国别	技术可开发	经济可开发
中国	19 233	12 600	委内瑞拉	2 607	1 035
巴西	13 000	7 635	瑞典	1 300	900

① 李海英，冯顺新，廖文根. 全球气候变化背景下国际水电发展态势［J］. 中国水能及电气化，2010（10）：29–37.

续表

国别	技术可开发	经济可开发	国别	技术可开发	经济可开发
俄罗斯	16 700	6 000	墨西哥	1 600	800
加拿大	16 000	5 230	法国	720	715
刚果	14 000	4 190	意大利	690	540
印度	26 380	4 430	奥地利	754	537
美国	5 285	3 760	西班牙	700	410
挪威	2 000	1 796	印度尼西亚	401.6	400
哥伦比亚	2 000	1 400	瑞士	410	355
阿根廷	1 720	1 300	罗马尼亚	400	300
土耳其	2 150	1 230	德国	250	200
日本	1 356	1 143			

全球气候变化越来越受到重视。世界各国和相关国际组织为应对全球气候变暖、实现温室气体减排承诺，纷纷采取不同的策略，以加大对水电在内的可再生能源的开发。世界银行主要通过投资贷款和行业能力建设两条途径来实现对水电开发的支持。自 2003 财年以来，世界银行已经为 67 个水电项目提供了资金支持，总贷款 37 亿美元，项目总装机 970 万 KW。发达国家正采取多方面的策略促进水电的发展，包括通过立法鼓励可再生能源发展，制定绿色电力认证，实行电价补贴，鼓励水电新技术研究，对水电站进行增容改造，改进水电设备以及建立可再生能源未来基金等。发展中国家同样采取一系列策略促进水电的发展，包括进行国家水电规划，对不同地区的水电建设实行分类指导，强调尽早和充分开发水资源，增加对水电的投资并鼓励私有部门和外资参加水电站建设，与国际组织开展合作，国家对水电资源丰富的地区和受水电工程影响的居民提供补贴等。全球水电装机量持续增加，2014 年全球水电装机容量新增 3 900 万千瓦，另有抽水蓄能电站新增容量 146 万千瓦，继续保持近年来的增长趋势。2014 年底，全球水电已增至 10.55 亿千瓦。中国是 2014 年水电新增装机容量最多的国家，超过全球新增装机容量的一半。其中，常规水电新增 2 125 万千瓦，抽水蓄能电站新增 60 万千瓦。另外，新增装机容量较大的国家还包括：巴西 330 万千瓦、马来西亚 330 万千瓦、加拿大 170 万千瓦、土耳其 140 万千瓦、印度 120 万千瓦和俄罗斯 110 万千瓦。

（五）核能及其发展

自 1954 年苏联第一座核反应堆开始运行以来，世界核电产业发展经历了试验示范阶段（1951—1968 年）、高速发展阶段（1969—1979 年）、滞缓发展阶段（1980—2000 年）、复苏发展阶段（2001—2011 年）和新一轮滞缓发展阶段（2012—2013 年）。在产业发展的过程中，核电技术实现了从第一代到第三代的跨越，第四代核电技术正处于研发之中。核事故即核泄漏甚至核爆炸的发生是造成核电产业滞缓发展的主要原因，核安全是核电产业健康发展的生命线。在核电发展史上，曾经发生过 1979 年的三里岛核事故、1986 年的切尔诺贝利核事故和 2011 年的福岛核事故。核事故的发生，并没有让人类停止核能的利用，其原因在于：其一是常规化石能源价格的高涨以及低碳、清洁、环保的要求催生了对替代能源的需求，而核能是当前最主要的替代能源之一；其二是核电技术的不断进步和核电安全标准的不断提高，增进了人类对核电利用的认识。福岛核事故后，核电产业发展重心向亚太地区转移。

根据中国核能行业协会发布的《2014 年全球核电综述》，截至 2014 年底，全球共有 437 座运行的核动力堆（含实验堆），在建动力堆 71 座，永久关停动力堆 150 座，两座长期关停动力堆。目前世界范围应用的动力堆包括沸水堆（BWR）、快堆（FBR）、石墨气冷堆（GCR）、轻水冷却石墨慢化反应堆（LWGR）、重水堆（PHWR）、压水堆（PWR）和高温气冷堆（HTGR）。目前新型的快堆与高温气冷堆仍处于实验阶段，2014 年新增并网投入运行的动力堆共有四座，其中中国 3 座，阿根廷 1 座。[①]

从全球运行动力堆数量来看，截至 2014 年底，全球共 437 个运行动力堆，总装机容量为 374.9GWe，美、法和中国的核反应堆居于前三位，其中美国动力堆数量达到 99 座，高居全球第一位；法国共 58 座，位居全球第二位；我国共有 23 座动力堆（含中国实验快堆）。具体动力堆数量分布情况如图 3-1 所示。从核动力堆建设的情况来看，全球处于建设中的核动力堆有 71 座核动力堆，总装机容量达到 68 136MW，堆型类别中以轻水堆为主，作为新技术的快堆和高温气冷堆占比较少，其中我国共有 26 座在建动力堆，数量与装机容量均位居世界第一。

在许多国家将核能列入新能源的范畴，核能在建造之初虽然比其他能源转换装置更消耗能源，但是一旦运行就没有二氧化碳的排放问题，如果不出事故，将会是非常新的能源。IAEA 预测到 2030 年世界核能应用将增长 23%～100%，装机容量保守估计达到 456GW（electricity，以下简称 e），乐观估计达到 740GW（e）。目前，核能利用技术不断发展，各种新技术都在快速进步之中，利用效率更高、更安全可靠的新型核反应堆正在得到应用，例如最近进入中国市场的美国西屋公司 AP1000 压水堆。能够实现核能增值的先进堆型技术也在快速进步，快堆是当前唯一能实现核燃料增值的先进堆型，可将天然铀资源的利用率从压水型反应堆

① 中国核能行业协会. 2014 年全球核电综述［J］. 中国核工业，2015（3）：60-63.

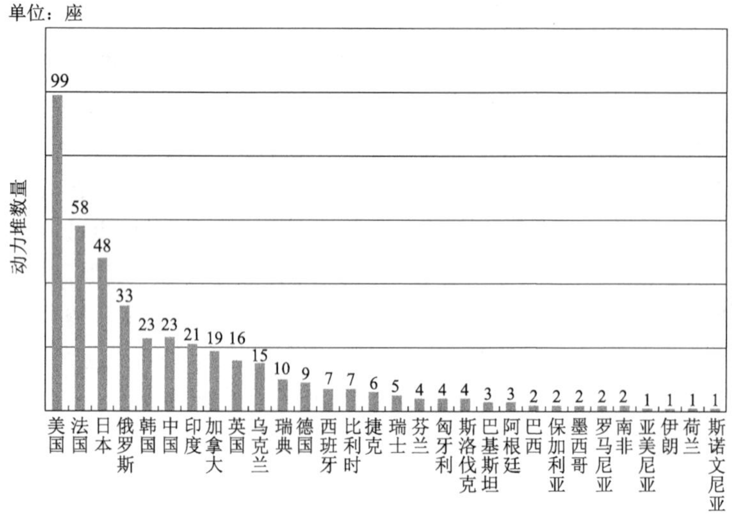

图 3–1　全球各国核动力堆分布图

的约 1%提高到 60%～70%。我国已经正式加入国际热核聚变实验堆（ITER）计划，可控核聚变技术也在紧锣密鼓地研究发展，被称为“人造小太阳”的核聚变反应堆可以利用从海水中提炼的氢的同位素氘和氚作为新能源，可说是取之不尽、用之不竭，而且反应之前之后没有辐射性污染问题，代表着人类文明的未来。

四、发达国家新能源产业发展及其政策

全球金融危机的爆发，使世界各国对发展前景广阔的新能源寄予厚望，美国、欧盟、日本等各大经济体均将该产业放在了自身经济刺激计划的重要位置，希望通过推动其发展来拉动经济复苏。在此背景下，新能源革命进程将可能进一步加速，而新能源产业有望成为引领全球经济进入下一轮经济增长周期的重要引擎。美、欧、日新能源产业发展的竞争优势，得益于长期的政策扶持。在政策工具选择和激励程度上，既有一致性，又有差异性。

（一）美国新能源产业发展及其政策

从小布什政府开始，美国就未雨绸缪，把对未来战略产业的设想纳入自己的宏观规划，并把目光锁定在以新能源为核心的新兴战略产业上。国际金融危机之后，必须寻找一个新的产业作为拉动实体经济发展的领头羊。然而，美国在传统的劳动密集型经济中已无竞争优势，大部分实体经济已通过外包转移到发展中国家，它不可能把已经转移出去的实体经济重新收回。重振实体经济，必然扶持那些生产技术制高点由美国掌握的产业，因此，发展新能源产业已经成为美国的不二选择，奥巴马上台之初就将发展新能源上升至关系到国家安全和民族未来的战

略高度。

1. 美国新能源产业发展概况

美国疆域广阔，拥有极丰富的新能源资源，风能、太阳能、地热能以及水力发电资源等与地理环境相关的新能源在美国都有较大的储藏。有 1/4 的美国疆土可以供给与天然气或煤炭发电费用相当或比之更低的风力资源。

作为世界最大的一次能源消费国之一，美国长期面临着能源安全的供应压力。为了实现“能源独立”、确保能源安全，美国政府自 20 世纪 50 年代始就通过政策干预，致力于寻求新式能源技术，大力发展核电；鼓励发展风能、太阳能、小水电和生物质能，力图能源供应类别的多样化和多元化，以满足本国庞大的能源消费需求。经过几十年的发展，2015 年美国能源消费结构中，石油消费为 851.6 百万吨油当量，占总消费的 37.3%；天然气消费为 713.6 百万吨油当量，占总消费的 31.3%；以核电、水电和可再生能源为代表的清洁能源消费为 319 百万吨油当量，占总消费的 13.99%。①而 2008 年，包括核能和水电在内的新能源消费为 248.7 百万吨油当量，占总消费的 10.82%。在新能源消费中，核能消费为 189.9 百万吨油当量，占总消费的 8.33%；水电消费为 57.4 百万吨油当量，占总消费的 2.52%；可再生能源消费为 71.7 百万吨油当量，占总消费的 3.14%。

新能源不仅可以提供清洁再生能源，降低人类对化石类能源的依赖，保证能源安全，还可以参与全球合作，提供就业机会和投资机遇，推动技术进步。风能是美国增长最快的新能源。美国能源部称，至 2030 年，风能将满足美国用电 20% 的需求；至 2025 年，太阳能供应将增至全美用电需求的 10%；2030 年，乙醇消费预计达 908.5 万 m^3；2005 能源政策法案号召到 2012 年，生物燃料的年消耗将达 283.9 万 m^3；至 2030 年，由地热产生的电能将比 2005 年翻番。②

2. 美国新能源产业发展政策分析

重视并发挥立法和法案的作用，是美国新能源产业发展政策制定和实施中最鲜明的特点。美国的新能源产业发展政策，主要通过联邦能源立法、联邦环境政策、州立法和农业立法等形式体现出来。通过立法，基本明确了新能源相关产业的发展战略、发展目标、财政扶持、技术研发和国际竞争等。

自 20 世纪 70 年代中东石油危机发生以来，美国产生了六部具有代表性的能源综合性法案，包括《1978 年国家能源法案》、《1980 年能源安全法案》、《1992 年能源安全法案》、《2005 年能源政策法案》、《2007 年能源独立和安全法案》和《2009 年美国复兴与再投资法案》。2008 年金融危机后，奥巴马一改过去布什政府的能

① BP. BP Statistical Review of World Energy 2016 [D/OL]. [2016-08-20]. http://www.bp.com /content/dam/bp/pdf/energy-economics/statistical-review-2016/bp-statistical-review-of-world-energy-2016-full-report.pdf.

② 黄浩，张沛.美国新能源发展概况［J］. 电网技术，2011（7）：48-53.

源政策，在新能源、环保政策方面较为高调，尤其是在全球气候变化行动中由消极转为积极，表示将在未来 10 年投入 1 500 亿美元资助替代能源的研究，以减少 50 亿吨二氧化碳的排放。他还承诺，要通过新的立法，使美国温室气体排放量在 2050 年之前比 1990 年减少 80%，并拿抵税额度来鼓励消费者购买节能型汽车。[①]

2009 年 2 月 15 日，奥巴马签署总额为 7 870 亿美元的《美国复苏与再投资法案》，其中，基建和科研、教育、可再生能源及节能项目、医疗信息化、环境保护等成为投资的重点；1 200 亿美元的科研（含基建）计划中，新能源和提升能源使用效率占 468 亿美元。该法案第 4 章为能源和水发展。其中能源部能源效率和可再生能源局获得 168 亿美元，是 2008 财年拨款的近 10 倍。这项拨款除大部分用于支持直接补助和返款外，有 25 亿美元将用于支持该局的应用研发与部署计划，包括 8 亿美元用于生物质项目，4 亿美元用于地热技术项目，还有 5 000 万美元用于提高信息与通信技术的能源效率[②]。经济激励法案也包括投资 50 亿美元用于完成节能和生产法案规定的越冬御寒援助项目，拨款 20 亿美元支持在美国境内制造先进的电池系统和组件，同时发展支撑软件；并对先进的锂离子电池、混合动力电系统、组件制造商和软件设计师提供设施资金奖励。另外 3 亿美元将支持一项替代燃料汽车试点拨款项目。法案中也保证拨款 32 亿美元用于“能效与节能专项”，该项是在“能源独立与安全法案 2007”中确定的，但是之前没有拨款。拨款将继续引导各州、当地政府和地区政府来支持能效与节能战略和项目，包括在政府大楼安装燃料电池、太阳能、风能和生物质发电设备计划的能源审计项目和计划。

《美国复苏与再投资法案》为可再生能源融资提供了便利和支持，美国准备在 3 年内让美国可再生能源的产量倍增，计划在未来 10 年内投资 1 500 亿美元进行新能源开发，并创造 500 万个新工作岗位；到 2015 年新增 100 万辆混合动力汽车；到 2012 年做到风能和太阳能发电量占美国发电总量的 10%，到 2025 年占到 25%，实现过去 30 年才能达到的目标。可见，新能源是奥巴马政府刺激经济的一项主要内容，也是新能源革命的开始，新能源革的成功实施，将促使美国以高消耗为代表的经济发展模式向节约、环保、高效的经济发展模式变革，实现美国几十年来所追求的能源独立。

2009 年 6 月，美国众议院通过了《美国新能源和安全法》这一具有里程碑式的法案。虽然参议院对该法案的内容存在很大争议，但该法案中的可再生能源部

---

① BARACK O, JOE B. New energy for America [R/OL]. [2016-06-27]. http://www.docin.com/p-6093922.html.

② KEVIN E. Clean Energy Aspects of the American Recovery and Reinvestment Act [EB/OL]. [2015-11-22]. http://www.Renewableenergyworld.com/rea/news/article/2009/02/clean-energy-aspects-of-the-american-recovery-and-reinvestment-act.

分已通过审议，表明国会在新能源的议题上具有基本共识。众议院通过的新能源和安全法规定，所有电力公司到 2020 年要以可再生能源和能效改进的方式满足其电力供应的 20%，其中 15%需来自风能、太阳能等可再生能源，5%来自能效提高。[①]2009 年 9 月，《美国创新战略》将新能源技术开发和应用列为国家未来发展的重点领域，美国计划在未来 10 年内大力推动新能源产业发展，全面提升美国在全球新能源产业中的竞争力。此外，奥巴马政府还希望凭借美国在国际舞台较大的影响力，通过力推新能源产业，逐步改变美国及全球的能源消费结构框架，引领世界形成新的经济增长模式——低碳经济，继续充当世界经济的领头羊，成为制定新的国际规则的领导者。因此，美国对新能源产业的高度重视，必将加速该产业在美国及全球的快速发展。

3. 美国新能源产业发展政策的实施效果

从财政补贴执行情况来看，美国近几年来对新能源特别是可再生能源补贴力度加大，反映了美国政府对可再生能源的重视程度之高。2010 财年美国联邦政府对能源行业的财政补贴总额高达 371.6 亿美元，约占当年联邦预算总额的 8.3%，比 2007 年补贴总额增长了 107.7%。其中，可再生能源补贴 146.7 亿美元，占补贴总额的 39.5%；核电为 25 亿美元，占补贴总额的 6.7%。较之于 2007 年，可再生能源补贴比例提高了 10.9 个百分点，核电比例下降了 2.9 个百分点，而同期化石能源补贴占比则下降了 22.2 个百分点左右[②]。美国国会预算办公室（CBO）报告显示，2011 财年联邦政府对能源行业的补贴为 240 亿美元，其中可再生能源和提高能源效率补贴 160 亿美元，化石燃料行业税收优惠 25 亿美元。在补贴机制刺激下，2000—2010 年美国可再生能源发电量年均增长速度超过了发电总产量增长速度，尤其是风电保持了 31.8%的年均增长率。

从整体上来讲，美国新能源产业发展立法表现出政策的稳定性、连续性和强制性等特点。由于在内容制定上非常详细，从而政策工具在实施上具有很强的操作性和应用性。例如，单就补贴一项，就分为直接补贴、税收补贴、研发补贴、特殊优惠和贷款担保等多种形式。这表明美国在制定能源政策时，充分考虑了产业发展的特点和市场调控的作用，是非常严谨、认真、细致的。但总体来讲，美国新能源产业发展战略并不是很明朗。换句话说，美国新能源产业发展曾遭受了巨大的发展阻力。尽管奥巴马上台之后，抛出了绿色能源新政，极力推动新能源产业发展，但这并不意味着其发展过程是一帆风顺的。

由于传统能源价格的不确定性、政党之争掩饰下的利益集团冲突和社会公众

① 高静. 美国新能源政策分析及我国的应对策略［J］. 世界经济与政治论坛，2009（6）：58-61.

② U.S.EIA. Direct Federal Financial Interventions and Subsidies in Energy in Fiscal Year 2010 [EB/OL]. [2015-12-26]. http://www.eia.gov/analysis/requests/subsidy/pdf/subsidy.pdf.

的认同程度变迁，美国能源政策改革进程具有典型的渐进主义特征。例如，20 世纪 80 年代后期国际油价大幅回落，里根政府上台后就大幅度削减各类可再生能源研发开支，实施新能源“退出”战略。克林顿政府起初严格履行《1992 年能源安全法案》的要求，后来在面临联邦预算和共和党国会双重压力下，实际上放弃了能源政策革新的目标。在 2013 年 10 月 1 日美国联邦政府的“关门”事件中，能源部等部门有超过 50%的雇员被迫休假。这些均影响到美国新能源发展战略的实施。迄今为止，美国民主党和共和党并没有为气候变化、节能减排达成共识，就难以为新能源产业发展扫清障碍。2009 年美国众议院通过的《美国清洁能源与安全法案》在参议院遭拒，即是一个很好的说明。这决定了美国的新能源产业在国际竞争中并不必然处于优势地位，欧盟和日本在一些领域超过了美国。尽管如此，新能源产业发展依然是美国能源独立和安全的未来方向之一。

（二）欧盟新能源产业发展及其政策

1. 欧盟在世界新能源产业发展中的地位

经过多年的发展，欧盟的新能源产业已经初具规模。2011 年底，新能源产值达到 1 370 亿欧元，创造了 118.6 万个工作岗位。2001 年以来，欧盟新能源在总能源消费中的比重上升了 63%，同期石油和煤炭比重大幅下降，新能源的平均增长率为 69%，高于其他能源的增长速度，这表明：新能源正在逐步取代传统能源。在全部新能源中，光伏的贡献率最高，约为 54%；其次是风能，约为 38%；生物质能贡献率为 4%；太阳热能贡献率为 3%；潮汐、地热等其他能源贡献率为 1%。在能源消费中，2008 年欧盟石油消费为 702.6 百万吨油当量，占总消费的 40.66%；天然气消费为 441.1 百万吨油当量，占总消费的 25.52%；以核电、水电为代表的新能源消费为 283.3 百万吨油当量，占总消费的 16.39%。[①]2014 年欧盟石油消费下降为 600.2 百万吨油当量，占总消费的 36.80%；天然气消费为 361.9 百万吨油当量，占总消费的 22.19%；以核电、水电和可再生能源为代表的新能源消费为 406.6 百万吨油当量，占总消费的 24.92%，相比 2008 年上升 8.53 个百分点。[②]

欧洲的风能资源非常丰富。德国、意大利、法国、西班牙陆地风能资源丰富，英国、丹麦、荷兰近海风能丰富，因此，风能成为欧盟新能源产业的第一个重要支柱。欧盟 28 国累计风电装机容量从 2000 年的 3.2GW 上升到 2014 年 11.8GW，年均增长率为 9.8%，占到全球的 37.57%。其中德国占 44.8%，英国占比 14.7%，瑞典和法国分别为 8.9%和 8.8%。2014 年海上风电装机量为 1.5GW，累计光伏装

① BP. BP Statistical Review of World Energy 2016 [D/OL]. [2016-08-20]. http://www.bp.com /content/dam/bp/pdf/energy-economics/statistical-review-2016/bp-statistical-review-of-world-energy-2016-full-report.pdf.

② BP. BP Statistical Review of World Energy 2009 [D/OL]. [2016-05-21]. http://www.bp.com /content/dam/bp/pdf/energy-economics/statistical-review-2009/bp-statistical-review-of-world-energy-2009-full-report.pdf.

机容量达到 8.05GW。欧洲风能协会（EWEA）数据显示：到 2020 年，欧盟境内风能产业产值将会达到 945 亿欧元，对 GDP 的贡献率将达到 0.59%，欧盟的风能产业将提供 52 万份工作。

欧洲的太阳能资源主要分布在德国、西班牙、意大利、法国和希腊等国。另外，欧盟未来的光伏发电还可以充分利用地中海南岸国家的太阳能和光伏资源。2012 年，欧盟光伏装机容量超过 70GW，远远超过中国的 8.9GW 和美国的 7.8GW。德国、意大利和西班牙继续引领欧盟国家光伏产业。2011—2013 年，欧盟国家光伏产业发展经历了剧烈波动，新装光伏设备占全球比重从 74%下滑至 37%。但欧洲光伏产业协会（EPIA）预期，2014 年欧盟光伏产业将进入新一轮增长周期，到 2020 年光伏装机容量将达到 130～390GW，可满足欧盟境内 4%～12%的电力需求。

欧洲拥有丰富的森林资源，由于坚持生物多样性和环境保护政策，2012 年欧洲境内的林木蓄积量达到 257 亿立方米。北欧国家是传统木质燃料的生产和消费国，近年来，德国和其他中东欧国家也大力发展木质燃料热电产业。2011 年，欧盟国家生物质能源在最终能源消费中的比重达到 8.4%，其中北欧和波罗的海沿岸国家甚至达到 25%。2011 年欧盟生物燃料实际产量达到 1 365.8 万吨，其中生物乙醇 274.6 万吨，生物柴油 909 万吨，其他 182 万吨。同年，欧盟生物质能源产值超过 470 亿欧元。

新能源汽车是一个较有发展前途的产业部门。欧洲国家新能源汽车发展方向主要有电动汽车、混合能源汽车、新型轻质材料汽车等，新能源汽车的发展与传统汽车产业有密切关系，因此，欧洲的汽车制造业大国——德国、法国、英国成为开发新能源车辆的先驱。2012 年，法国新能源汽车销售量达 4 451 辆，同比增长 210%；德国的新能源汽车销量 1 844 辆，同比增长 3.2%；英国新能源汽车销量 1 145 辆，同比增长 25%。德国和法国都制定了 2020 年新能源汽车发展规划，到 2020 年，德国电动汽车产量将达到 100 万辆。

2. 欧盟新能源产业发展政策分析

在资源禀赋上，欧盟成员国中除了英国、德国等国拥有较为丰富的煤炭储量和油气资源外，大部分国家缺乏化石燃料，这就需要通过进口燃料来满足欧盟内部的能源需要。因此，能源供应安全问题不仅过去是，现在仍然是欧盟经济社会发展面临的严峻挑战。化石燃料的资源困境，迫使欧盟较早的采取政策和措施以开辟新的能源渠道，向新能源和可再生能源进军。

从 2003 年开始，欧盟就开始大力推进气候变化问题的解决进程，作为其扩大在国际事务中主导地位的博弈手段。[①]金融危机爆发之后，欧盟各国为了强化其在

① 张玉臣，彭建平. 欧盟新能源产业政策的基本特征及启示［J］. 科技进步与对策，2011，28（12）：101-105.

新能源领域已经获得的相对优势，进一步加大了政策支持力度。例如德国通过了温室气体减排新法案，使风能、太阳能等可再生能源的利用比例从现在的14%增加到2020年的20%。法国环境部于2008年11月17日公布了一项旨在发展可再生能源的计划，计划到2020年将可再生能源在能源消费总量中的比重提高到23%，相当于每年为法国节省2 000万吨石油。

欧洲议会于2008年12月17日批准了欧盟能源气候一揽子计划，以保证欧盟到2020年把新能源和可再生能源在能源总体消耗中的比例提高到20%。①与奥巴马的新能源战略几乎同步，2009年1月26日，由德国、西班牙和丹麦发起的国际新能源组织（IRENA）在德国波恩成立。该机构正式成为可再生能源的“新代言人”，其宗旨是在全世界工业化国家和发展中国家扩大使用新能源。该组织将致力于推动全球性的能源结构转型，扩大新能源的使用量，同时帮助发展中国家获取技术，建立自己的新能源工业。2009年3月9日，欧盟委员会宣布，欧盟将在2013年之前投资1 050亿欧元支持欧盟地区的“绿色经济”，促进就业和经济增长，保持欧盟在“绿色技术”领域的世界领先地位。2009年10月7日，欧盟委员会公布一份题为“为低碳能源技术发展提供投资”的政策文件。欧盟委员会2010年4月28日在布鲁塞尔提出了一项鼓励发展新能源汽车（以电动车为主）和节能汽车的战略，旨在推动欧盟新节能交通系统的建立，减少汽车排放污染，提高欧盟汽车业在绿色节能领域的技术水平。

欧盟委员会2010年11月10日发布了未来十年欧盟新的能源战略——《能源2020：有竞争力、可持续和确保安全的发展战略》。根据新的战略，欧盟未来十年将从五大重点领域着手确保欧盟能源供应：第一，建设“节能欧洲”，以交通和建筑两大领域为重点推动节能革新，促进能源行业的竞争，提高能源效率。通过节能行动，实现欧盟国家平均家庭每年节约1 000欧元的能源费用。第二，推进欧盟能源市场一体化进程，制定统一的能源政策，在未来5年内完成泛欧能源供应网络的基础设施改造，主要是成员国内部以及成员国与成员国之间的天然气管道建设、供电网络建设、新能源网络建设，把欧洲所有地区纳入统一的能源供应网。第三，制定和完善“消费者友好型”能源政策，为全体欧洲人提供安全、可靠、负担得起的能源。第四，确保欧盟国家在能源技术与创新中的全球领先地位。第五，强化欧盟能源市场的外部空间，把能源安全与外交相结合，对外用一个声音说话，与主要能源伙伴开展合作，并在全球范围内促进低碳能源技术应用。

3. 欧盟核心成员国的新能源产业政策

法国在新能源产业发展上最显著的特点当属核电的发展。法国是世界上发展核电最坚定、核电依赖程度最高、运行最为安全的国家。核电在该国发电总量的

① 闫世刚. 后金融危机时期中国能源外交战略构建［J］. 太平洋学报，2010，10（8）：42-48.

比重曾经高达85%以上，并且未发生过一次重大核事故。这得益于法国发展核电的基本方针和长期坚持，对核电技术的重视，以及核运行安全的有效监管。从1970年开始从美国西屋公司购买并学习压水堆技术。中东石油危机之后，法国政府逐步调整能源战略，确立发展核电的主导地位。在引进美国核电技术的基础上进行消化、吸收并创新，经过几十年的发展，开发了新一代安全性能和经济性能更先进的EPR压水堆（与德国合作）。由于在生产上具有批量化和标准化特点，从而节省了设计建造时间和管理成本，赋予了法国核电更多的经济性。2005年7月，法国颁布的确定能源政策定位的能源政策法进一步确立了核电在能源供应中的重要地位，表明了法国发展核能的一贯立场。2011年，福岛核事故的发生使法国对于本国核安全深刻反思。出于安全的考虑，2012年10月法国总统奥朗德宣布到2025年，核能发电占法国发电总量的比例将从当前的75%降至50%。其中的差额将由逐步增加的可再生能源补充。在贯彻欧盟可再生能源政策的前提下，2009年8月颁布的格纳勒格法案一（Grenelle 1）规定了环境变化和可再生能源发展目标，即到2050年将温室气体排放量降低到当时的1/4，到2020年实现23%的可再生能源利用比例。

德国在风电、光伏发电和生物燃料产业发展方面非常成功。以风电为例，德国在2001—2007年一直保持风电装机容量世界第一，2008年、2009年才分别被美国和中国超越，到2010年底累计超过25GW。相关的产业发展政策也比较成熟。在并网定价和发电目标方面，1991年生效的电力输送法（StrEG），引入美国首创的固定电价制（Feed-in Tariffs，简称FITs）。该法案规定，电网运营商不仅有义务接纳新能源和可再生能源电力并网，而且按照固定电价收购这一电力。可再生能源上网价格与常规发电技术的成本差价由当地电网承担。为了形成更精确的定价机制，2000年颁布了可再生能源优先法（EEG），并分别于2004、2008、2011年进行了修订。2008年修订的可再生能源优先法规定了德国到2020年的可再生能源电力发展目标，在总电力供应的份额至少达到30%。为了弥补到2022年结束核电产业所产生的电力缺口，德国2011年7月通过的可再生能源法的修改，提高了可再生能源发展的未来目标，要求到2020、2030、2040和2050年的可再生能源发电份额分别达到35%、50%、65%和80%。为了减少电网运营商的征税损失，该法案提高了可再生能源的征税标准，2012年增至3.592欧分/千瓦时。在税收激励方面，一是通过采取提高石油、天然气等传统能源的生态税，免征生物燃料生态税的办法，改变二者的相对价格，从反向激励生物燃料的发展；二是对生物燃料进行补贴，从正面鼓励生物燃料技术进步，并随着技术的进步，逐步削减补贴，实行比例配额制（2007年1月1日生物燃料配额法正式生效）。

英国可能是最早实行配额制的国家。所谓配额制（Renewable Portfolio Standard，简称RPS），简单来说，就是要求电力公司在收购的电力中含有一定比例的可再生能源发电。1989 年 7 月英国颁布电力法，规定了一个类似 RPS 的非化石能源电力义务。1990 年实施的《非化石燃料义务》（Non Fuel Obligation，简称 NFO），也含有类似的要求，建立了投标和补贴制度。这一机制通过投标，促使电力供应商之间展开竞争，从而降低上网价格。以风电为例，1990—1997 年，英国风电上网电价从 10.0 便士/kWh 降低到 3.8～4.95 便士/kWh，年均下降 10.57%～14.81%。1999 年 7 月，在非化石燃料义务基础上，制定并通过了《可再生能源义务法令》（Renewables Obligation Order），2002 年 4 月正式生效。这一法令确立了可再生能源电力义务制度，其实质是对可再生能源的开发利用实行配额制，例如规定 2003 年可再生能源电力比例达到 3%，2010—2011 年达到 11.1%，2013—2014 年达到 20.6%。这一制度的主要内容还包括：建立可交易绿色证书机制、惩罚制度和工商企业用电征收大气影响税制度，对于完不成任务的供电商将要交纳最高达其营业额 10%的罚款。在这一配额制度影响下，尽管英国实际可再生能源发电份额目标并没有如愿实现，但也出现了大的增长，由 2002 年的 1.8%增加到 2010 年的 7%。英国还是最早提出低碳经济的国家，设定了 2020 年在 1990 年基础上减排 34%、2050 年减排 80%的目标，也是福岛核事故出现后坚持发展核电的国家。2012 年 5 月，英国围绕“电力市场改革”，公布了被称为“20 年来最大变革”的能源改革法案（草案），提出投资 1 100 亿英镑扶植包括核电、可再生能源和普及碳捕获与封存技术（CCS）在内的低碳电力，并引入“差价合约”（CfDs）和“碳底价保证机制”来调动低碳电力供应商的生产积极性，增强政府干预电力市场的权力。

4. 欧盟新能源产业发展政策实施成效与经验

整体上讲，欧盟新能源产业发展政策是比较成功的。其原因在于，首先，形成了明确的新能源产业发展战略。这种战略从一开始就是在能源供应安全的背景下，坚持把新能源作为替代能源进行长期发展。而美国的能源供应安全，起初更多的是依靠传统的本国自给和国外供应安全，新能源只是一种补充选择。同时，欧盟赋予了新能源产业发展环境保护与气候变化的时代特色，并以此为依据，希冀走在世界的前沿，充当新能源产业发展的领袖角色。与美国相同的是，这一战略都是通过立法或指令体现的。

其次，在于新能源产业发展政策的多样性、灵活性和不断的适时调整。例如，在固定电价制和配额制应用选择上，二者具有明显的区别。欧盟虽然整体倾向于采用市场化的配额制，但也允许固定电价制在德国等继续实施。实际上，现实中二者并不是一个完全替代关系，也可以进行互补。在发展目标的制定上，根据整体状况和各成员国实际情况，尽可能制定可以实现的未来目标。各国也可以按照自己的情况适度加快发展。在激励措施上，形式多样，既有正向的直接有利于新能源发展的技术研发扶持、税收补贴或减免，又有反向的抑制传统能源发展的直接限制、征收传统燃料税、大气税等。

再次，在配套措施上，相应的能源市场化改革为新能源产业创造了可持续发展的制度环境，社会宣传、民众参与全面推进，使新能源概念与节能环保、低碳智能连接起来，并深入人心。

（三）日本：运用产业政策，引导产业发展

日本的能源资源极为贫乏，大部分能源依靠进口，与其他发达国家相比处于较低的水平。日本同时又是世界经济大国和能源消费大国，在现有资源条件下如何确保国家能源供应安全，是日本政府面对的重要挑战。为此，日本颁布实施了一系列能源相关政策法规，一方面积极促进太阳能等新能源的开发利用，另一方面高度重视节能技术及应用，努力做到“开源”和“节流”双管齐下，既满足国内的能源需求，又在一定程度上降低了对外依存度。

1. 日本的新能源产业发展概况

日本是较早重视并开发新能源产业技术的国家之一，也是新能源产业发展相对成功的国家之一。2011 年 3 月福岛核事故发生之前，日本共有 55 台现役核电机组［含文殊（Monju）原型快堆］，总净装机容量达 47.3GWe，位居世界第三，仅次于美国、法国。根据世界核协会和国际原子能机构提供的相关数据，2010 年日本核电发电量达到 280.3TWh，国内份额为 29.2%，约占全球的 10.65%。受 2011 年 3 月福岛核事故影响，日本核电连续两年负增长，2012 年 17.07TWh，仅占国内份额的 2.07%。2014 年，位于福井县的大饭核电站 3、4 号发电机组因进行定期检查停运后，日本全国所有核电机组均处于停运状态。这是日本第一座核电机组运行以来，首次出现全年发电量为零的情况。

在可再生能源产业发展上，日本光伏产业曾经一度辉煌。2000—2006 年，日本光伏发电累计装机容量连续多年位居世界首位，直到 2007 年才被德国超过。日本经济产业省的数据显示，2008 年日本的光伏电池产量仍然高于德国，仅低于中国，位居世界第二。EPIA 发布的《Global Market Outlook for Photovoltaic 2013—2017》显示，2012 年日本新增光伏装机容量达 2GW，占全球新增装机容量的 6.3%；累计容积容量达 6.914GW，占全球累计装机容量的 7%左右，位居全球第 5 位。2014 年日本累计装机容量约为 23GW，占世界光伏总装机量的 13%，仅次于德国和中国，位居世界第三位。日本新能源的一大特色是地热利用。[①]日本地热资源丰富，早在 1966 年就建立了日本第一座商业化运作的（松川）地热发电站，形成了较为成熟的地热发电技术，并积极进行出口。但地热发电比较微弱，2010 年仅占总电力的 0.2%。

① BP. BP Statistical Review of World Energy 2016 [D/OL]. [2016-06-15]. http://www.bp.com /content/dam/bp/pdf/energy-economics/statistical-review-2016/bp-statistical-review-of-world-energy-2016-full-report.pdf.

从日本能源消费结构来看，新能源整体比重依然比较低。2014 年其石油消费为 189.6 百万吨油当量，占能源总消费的 42.27%；天然气消费为 102.1 百万吨油当量，占能源总消费的 22.76%；煤炭消费为 119.4 百万吨油当量，占能源总消费的 26.62%；而新能源消费仅为 37.4 百万吨油当量，占能源总消费的 8.35%。[②]福岛核事故发生后，大部分核反应堆停运检修，由此产生的电力缺口暂时依靠火力发电。福岛核事故的发生，也对日本的能源多元化供应政策产生了重要影响。这主要表现为，迫使日本政府宣布"去核化"的政策，从而打乱了先前大力发展核电的能源计划，不得不采取有效措施，加快可再生能源的开发利用进程。

2. 日本的新能源产业发展政策分析

由于日本本国能源资源极度匮乏，能源自给率仅为 4%左右，日本政府极度重视一切可以开发利用的本国资源，以满足国内庞大的能源需求。日本确立了优先发展核电的国家战略。1955 年，日本就颁布了原子能基本法。1956 年，成立 5 人的日本原子能委员会，负责推进核能开发相关政策。1974 年，日本国会通过"电源三法"，即电源开发促进税法、电源开发促进对策特别会计法、发电用设施周边地域整备法，规定政府可以对建设核电的地方公共团体给予高于火电和水电 2 倍的补助金，加快了核电站的建设步伐。日本在大力发展核电的同时，也积极发展节能和可再生能源技术。早在 1951 年就实施了热管理法。1979 年，该法被节约能源法（又称合理使用能源法）取代。1974 年 6 月，通产省工业技术院制定了日本第一个综合新能源技术开发长期规划——"阳光计划"。1980 年，日本颁布替代石油能源法，成立新能源综合开发机构（NEDO），大规模推进核能、太阳能、海洋热能、生物质能发电、燃料电池等替代能源。1994 年，日本政府公布了到 2000 年的"新能源发展大纲"，确定了太阳能发电等八大重点项目。

1997 年 12 月，日本内阁决议正式通过"环境保护与新商业活动发展"计划，作为政府到 2010 年实施新能源和再生能源行动的方案。行动方案将新能源及再生能源工业列为 15 项新兴工业之一，并且在构建新能源及再生能源商业化过程中，问题反馈追踪系统。日本根据 2001 年 6 月经济产业省资源能源厅综合资源能源调查会新能源部的报告，在 2002 年 1 月新能源法政令改正中把生物质增加到新能源的范围中，2002 年 3 月发表的《地球温室效应对策推进大纲》中将生物能源作为一种导入目标的新能源。为解决新能源发电上网问题，2002 年 5 月，出台电力设施利用新能源的特别措施法（即强制上网配额法，规定电力企业必须购买的新能源发电配额。该法规定，从 2003 年 4 月开始，强制电力企业提高新能源发电（光伏发电、风能发电和生物质发电）使用比率。该法适用的新能源类型：风能、光伏、地热能、小水电（1 000kW 或以下）、生物质能。2004 年 6 月，日本颁布了新能源产业化远景规划，目标是 2030 年以前，把太阳能和风能发电等新能源产业打造为产值达 3 万亿日元的支柱产业，石油占能源总量的比重将由现在的

50%降到 40%，而新能源将上升到 20%；风力、太阳能和生物质能发电的市场规模，将从 2003 年的 4 500 亿日元增长到 3 万亿日元；燃料电池市场规模到 2010 年达到 8 万亿日元，成为日本的支柱产业。

2006 年 5 月，日本经济产业省编制了《新国家能源战略》。《新国家能源战略》提出从发展节能技术、降低石油依存度、实施能源消费多样化等 6 个方面推行新能源战略；发展太阳能、风能、燃料电池以及植物燃料等可再生能源，降低对石油的依赖；推进可再生能源发电等能源项目的国际合作。为了提高能源的利用率，日本制定了四大能源计划，其中之一就是节能领先计划，目标是到 2030 年，能耗效率通过技术创新和社会系统的改善，至少提高 30%。针对低碳社会建设，日本政府也提出了非常详细的目标，即将温室气体减排中期目标定为 2020 年与 2005 年相比减少 15%，长期目标定为 2050 年比现阶段减少 60%～80%；2020 年要使 70%以上的新建住宅安装太阳能电池板，太阳能发电量提高到目前水平的 10 倍，到 2030 年要提高到目前水平的 40 倍。①

进入 21 世纪以来，随着国际能源价格不断上涨和全球气候变暖形势日益严峻，其他国家（尤其是欧洲国家）对新能源的支持力度不断加大，日本逐步丧失了新能源产业发展领军者的地位。金融危机之后，日本发展新能源产业的意向进一步增加，拟定了旨在占领世界领先地位、适应 21 世纪世界技术创新要求的四大战略性产业领域，其中之一就是环保能源领域，包括燃料电池汽车、复合型汽车（电力、内燃两用）等新一代汽车产业，太阳能发电等新能源产业，资源再利用与废弃物处理、环保机械等环保产业。为提振本国新能源产业（尤其是光伏太阳能产业），2008 年 11 月，日本经济产业省联合其他三省发布《推广太阳能发电行动方案》，提出了多项促进太阳能利用的优惠政策，将太阳能发电作为了日本新能源产业发展的重点。日本政府在 2009 年推出的经济刺激方案中重点强调了发展节能、新能源、绿色经济的主旨，其宗旨是细化 2006 年提出的“新国家能源战略”，如提高太阳能普及率措施、发展环保车措施、发展生物技术和产业措施等。

3. 日本新能源产业政策的成效

作为能源资源最为匮乏的国家之一，日本在节能和开发利用新能源，减少对外能源依赖方面，可谓不遗余力，努力将政策措施的作用发挥到极致。日本的国土面积、地理环境、气候条件，对核电、光伏和陆地风电的发展均为不利。但日本政府对新能源发展的重视程度、推进新能源发展的决心、制定政策措施的有效性和执行力，足以让世界其他国家刮目相看。

日本在发展新能源的过程中，立足于本国实际，逐渐调整能源政策目标，由以前的“3E”发展到 2010 年的“5E”，即能源安全（Energy Security）、环境保护

① 陈伟. 日本新能源产业发展及其与中国的比较［J］. 中国人口·资源与环境，2010，20（6）：103-110.

（Environmental Protection）、高效供给（Efficient Supply）、基于能源之上的经济增长（Energy-based Economic Growth）和能源产业结构改革（Reform of the Energy Industrial Structure），从而表现了能源政策与经济发展、环境保护的一致性。这意味着日本在新能源政策决策和制定上，经验愈加成熟，机制更加完善。

当然，日本的新能源政策在制定和调整上，也遵循着《联合国气候变化框架公约》的规定和要求。日本是京都议定书最早的支持国之一。在 1997 年京都召开的联合国气候变化框架公约参加国环境会议上，日本政府签署了京都议定书，承诺在 2008—2012 年，温室气体排放量比 1990 年减少 6%。2002 年 6 月，日本政府正式批准了京都议定书。2010 年 6 月，在出台的《日本战略能源计划》中，制定了 CO_2 减排的长期路径，规定在 1990 的基础上，到 2030 年减排 30%或更多，到 2050 年减排 80%。减排长期任务的存在和带来的压力，更能促进日本节能技术的世界领先地位和新能源技术的长期发展。

五、中国新能源产业发展态势

面对全球日益严峻的能源和环境问题，开发利用新能源已成为世界各国保障能源安全、应对气候变化、实现可持续发展的共同选择。为适应经济发展方式转变和能源结构调整需要，我国已将开发利用新能源作为国家能源发展战略的重要组成部分。

（一）中国太阳能发展及其态势

中国长期以来对太阳能开发利用给予高度重视，近年来太阳能技术、产业和应用取得了全面进步。“十二五”以来，《太阳能光伏产业“十二五”发展规划》、《可再生能源发展“十二五”规划》等相继颁布，一系列促进光伏产业发展的政策措施也纷纷出台，使太阳能产业获得快速发展。

自 2002 年以来，我国太阳电池产量均以 100%以上的年增长率快速发展，2009 年，中国政府开始实施“金太阳示范工程”，通过光伏产品的规模化应用带动国内太阳能发电的商业化进程和技术进步。2010 年产量 8.7GW，占到世界总产量的 50%，连续四年产量世界第一。2010 年国内新增光伏装机 500MW，累计装机达到 800MW。表 3–4 是 2005—2014 年中国光伏装机量情况，2014 年，我国光伏新增装机量达到 10.5GW，约占全球新增容量的四分之一，累计装机量达到 31.42GW。2014 年，我国光伏发电应用模式不断创新，列入国家发展改革委鼓励社会投资基础设施项目中的 30 个分布式光伏发电示范区项目充分发挥示范引领作用，目前已建成 50 万千瓦，在建规模 60 万千瓦，带动社会投资超过 100 亿元。其中，青海龙羊峡水光互补项目实现累计并网 60 万千瓦，探索了水电和光伏电站协调运行、联合调度的创新模式；与农业相结合的光伏农业大棚、渔光互补电站逐渐成为市场热点；集合荒山荒坡治理、煤矿采空区治理和沙漠化治理的生态恢复与光伏发电建设相结合的项目不断推陈出新。①

表 3–4　　2005—2014 年中国光伏装机量情况②

年份	光伏新增装机量	光伏累计装机量
2005	0.005GW	0.08GW
2006	0.01GW	0.09GW
2007	0.045GW	0.135GW
2008	0.05GW	0.14GW
2009	0.16GW	0.30GW
2010	0.50GW	0.80GW
2011	2.7GW	3.5GW
2012	4.5GW	8.0GW
2013	12.92GW	20.92GW
2014	10.5GW	31.42GW

太阳能热发电技术我国研究起步较晚，“十一五”期间启动了 1MW 塔式太阳能热发电技术研究及系统示范。目前，大规模发电技术已有所突破，部分关键器件已产业化。在太阳能建筑供能方面，我国的被动太阳能建筑技术已经基本发展成熟。在众多太阳能企业的大力推动下，随着节能减排意识以及城市高层建筑的普及，太阳能与建筑一体化已经被包括政府主管部门、设计院、房产开发商、太阳能企业、消费者广泛认可。政府主管部门在相应的太阳能推广政策中也明确提出了应大力推广“太阳能建筑一体化”的模式，优先支持一体化项目，在济南、烟台、上海等 30 余地都出台了建筑强制安装太阳能的政策规定，为太阳能与建筑一体化的发展奠定了政策基础。

（二）中国风电发展现状及趋势

我国幅员辽阔，大陆海岸线自鸭绿江口至北仑河口，长达 1.8 万多公里，风能资源丰富。根据第三次风能资源普查结果，我国技术可开发的陆地面积（指风能功率密度在 150 瓦/平方米以上的地区）约为 20 万平方公里，陆上技术可开发量

① 国家能源局网. 2014 年光伏产业发展情况［EB/OL］.（2015–02–15）［2015–10–18］. http://www.nea.gov.cn/2015–02/15/c_133997454.htm

② 李雷，王通胜，黄泓轩. 中国光伏产业发展质量的实证研究［J］. 中外能源，2015，20（7）：21–27.

为6亿～10亿千瓦（即600～1 000吉瓦），近海技术可开发量为1亿～2亿千瓦。

我国并网风电始于1990年，经历多年快速发展，全国已有30个省、市、自治区（不含港澳台地区）有了自己的风电场，累计装机超过1吉瓦的省份超过10个。表3-5是2005—2014年中国风能装机量情况，2014年，我国风能新增装机量为23.196GW，相比2013年增加幅度为44.21%；全国累计装机容量达到62.36吉瓦，继续领跑全球风电市场。目前，中国"三北"地区风能资源非常丰富，多数地区风功率密度等级达到3级及以上，个别地区如内蒙古灰腾梁、巴彦淖尔乌拉特中旗、赤峰塞罕坝和新疆达坂城等地，风功率密度等级接近或超过5级。在风电标杆电价政策出台后，这些地区风电开发具有较大优势（不考虑限电因素）。我国海上风电建设正在有序推进中。多个沿海省份的海上风电规划稳步推进，已完成的规划中，初步确定了43吉瓦的海上风能资源开发潜力，目前已有38个项目、共16.5吉瓦在开展各项前期工作。到2011年底，全国海上风电共完成装机容量242.5吉瓦。《可再生能源发展"十二五"规划》提出，我国到2015年风电将达1亿千瓦，年发电量1 900亿千瓦时。国家发改委能源所与国际能源署共同发布的《中国风电发展路线图2050》报告中提出的中国风电发展目标是：到2020年、2030年和2050年，风电装机容量将分别达到200吉瓦、400吉瓦和1 000吉瓦，风电成为中国的五大电源之一，到2050年满足17%的电力需求。

表3-5　　2005—2014年中国风能装机量情况[①]

年份	风能新增装机量	风电累计装机量
2005	0.507GW	1.272GW
2006	1.287GW	2.559GW
2007	3.351GW	5.910GW
2008	6.110GW	12.020GW
2009	12.020GW	25.805GW
2010	18.928GW	44.733GW
2011	17.631GW	62.364GW
2012	12.960GW	75.324GW
2013	16.089GW	91.413GW
2014	23.196GW	114.609GW

① GWEC. Global Wind Report Annual Market Update 2014 [R/OL]. [2015-10-25]. http://www.gwec.net/wp-content/uploads/2015/03/GWEC_Global_Wind_2014_Report_LR.pdf.

（三）中国水电发展现状及其态势

水电是清洁能源，可再生和无污染、运行费用低，便于进行电力调峰，有利于提高资源利用率和经济社会的综合效益。2014 年底，全国水电装机达到 2.78 亿千瓦，增长约 11.6%，占发电总装机比重为 22.5%。2015 年的 1—10 月，全国累计新增新能源和可再生能源发电装机 3 595 万千瓦，是去年同期的 2 倍，占新增发电装机 57.1%，占比比去年同期提高 19.5 个百分点。

在水电的整体规划布局上，西部地区常规水电装机规模达到 9 500 万千瓦，占全国的 55%，开发程度为 21.5%，其中水能资源量丰富的四川、云南水电装机容量分别达到 2 700 万千瓦和 700 万千瓦，开发程度分别为 22.5%和 17%；中部地区常规水电装机规模达到 5 000 万千瓦，占全国的 30%，开发程度达到 68%；东部地区装机规模达到 2 500 万千瓦，占全国的 15%。

国家能源局统计，到 2020 年全国发电装机容量可能达到 9.5 亿千瓦左右，其中水电 2.46 亿千瓦（含抽水蓄能 2 600 万千瓦），煤电 5.62 亿千瓦，核电 4 000 万千瓦，气电 6 000 万千瓦，新能源发电 4 100 万千瓦。技术进步和产业升级步伐将会加快。在“十二五”期间，中国每年水电新开工规模将为 2 000 万千瓦，5 年达 1 亿千瓦，2020 年全国水电将实现 3.5 亿千瓦的装机，能源供应结构将得到相当程度的改善。水电能源开发利用率从改革开放前的不足 10%提高到 25%。水电事业的快速发展为国民经济和社会发展作出了重要的贡献，同时还带动了中国电力装备制造业的繁荣。三峡水电机组全部国产化，迈出了自主研发和创新的可喜的一步。小水电设计、施工、设备制造也已经达到国际领先水平，使中国成为小水电行业技术输出国之一。

（四）中国生物质能源及其发展态势

生物质能源是指通过光合作用而形成的各种有机体，包括所有的动植物和微生物。而所谓生物质能源，就是太阳能以化学能形式储存在生物质中的能量形式，即以生物质为载体的能量。它直接或间接地来源于绿色植物的光合作用，可转化为常规的固态、液态、气态燃料，取之不尽、用之不竭，是一种可再生能源。生物质能源的原始能量来源于太阳，所以从广义上讲，生物质能源是太阳能的一种表现形式。目前，很多国家都在积极研究和开发利用生物质能源。

中国人口众多，资源相对不足，能源供应不能充分满足国民经济发展需要；随着经济的进步发展和全面小康社会建设的推进，对能源供应必将提出新的要求。从中国未来生物质能源的需求来看，城镇交通运输和农村生活用能将为现代生物质能源提供巨大的潜在市场。中国沼气产业的规模呈现逐年递增的趋势，尤其是户用沼气池的数量增加明显，已经成为沼气产业的主力。中国农村户用沼气池近几年来逐年增加，2000 年底，农村户用沼气池达到 848 万户，2006 年底已达到

2 200 万户，2007 年底为 2 650 万户，2008 年底为 3 050 万户，2009 年底为 3 500 万户，2010 年底已经超过 4 000 万户，可以看出，用沼气池数量一直呈现递增的发展趋势，并以平均每年约 17%的速度增长。

中国发展林业生物质能源有着巨大的资源优势和发展潜力。目前，中国陆地林木生物质资源总量在 18 亿吨以上，可用生产生物质能源的主要是薪炭林、林业“三剩物”、平茬灌木等。国家林业局组织有关单位对中国林业生物质能源资源总量、开发利用和发展潜力等情况进行了调研，初步查明中国油料植物有 151 科 697 属 1 554 种，其中种子含油量在 40%以上的植物有 154 种，能够规模化利用的生物质燃料油木本植物资源约有 10 种，可用来建立规模化生物燃料油原料基地的树种有 30 多种，如黄连木、文冠果、麻风树、光皮树等。中国林业生物质资源丰富，现有林业生物质中可用作工业能源原料的生物量有 3 亿吨，如全部开发利用，可替代 3 亿吨标准煤，相当于中国化石能源消耗量的 1/10。据专家初步估计，中国仅现有的农林废弃物有 15 亿吨，约合 7.4 亿吨标准煤，可开发量约为 4.6 亿吨标准煤，预测到 2020 年将分别达到 11.65 亿吨和 8.3 亿吨标准煤。

另外，中国现有 300 多万公顷薪炭林，每年约可获得 0.8 亿～1 亿吨高燃烧值。在中国北方地区，有大面积的灌木林亟待利用，估计每年可采集木质燃料资源 1 亿吨左右；全国用材林已形成大约 5 700 万公顷的中幼龄林，如正常抚育间伐，可提供 1 亿多吨的生物质能源原料；同时，林区木材采伐加工剩余物、城市街道绿化修枝也能提供可观的生物质能源原料。中国现有不适宜农耕的宜林荒山地 5 400 多万公顷，如果利用其中 20%的土地来种植能源植物，每年可产生的生物质能源可达 2 亿吨，相当于 1 亿多吨标准煤。中国还有近 1 亿公顷的盐碱地、沙地、矿山、油田复垦地等不适宜发展农业的边际性土地，这些都可以成为发展林业生物质能源的基地。

目前，中国已经掌握了成熟的生物质能源开发技术，中国利用现有黄连木种子生产生物柴油 10 万吨。在“十二五”期间将重点发展生物材料和生物质能源技术的开发，通过这样的技术开发，2015 年中国部分生物质能利用技术将能够达到工业化示范水平，使中国未来能够把生物质能产业化，真正能够实现工业化规模的生产。与其他的未来新能源发电技术相比，生物质能发电不具备资源优势和成本下降空间，经济竞争力较弱。在生物质能应用方面，从利用途径角度考虑，对生物质发电实行有限和有条件的发展。生物质发电包括农林生物质发电、垃圾发电和沼气发电。在中国生物质直燃发电和气化发电都已初步实现了产业化，单厂最大规模分别可以达到 25MW 和 5MW。

（五）中国核能发展及其态势

中国的核电起步较晚，20 世纪 80 年代才开始兴建核电站。秦山核电站是中国自行设计建造的第一座 30 万千瓦压水堆核电站。秦山核电站工程建设自 1985

年3月20日开工，1991年12月15日并网发电，结束了中国无核电的历史，实现了零的突破。使中国成为继美国、英国、法国、苏联、加拿大、瑞典之后世界第七个能够自行设计、建设核电站的国家。

根据世界核能协会（WNA）的统计，截至2010年底，中国在建和规划中的核电机组多达77台。此外，各地有意向建设的核电机组更达到140台左右。两者累计，已接近全球正在运行核电机组的半数。

在几十年的时间里，中国已经成为全球核产业的大户。目前，中国在建的核反应堆和计划建设的反应堆都是世界上最多的，因此它就成为一个至关重要的铀市场、新反应堆设计的试验场以及全世界核发展的重要潜在伙伴。截至2012年5月，中国正在运行的核电站只有16座，2011年核电在中国总发电量中的比例只有1.85%，是所有拥有核电站的国家中最低的。尽管是一个后来者，但直到福岛事故前，中国在此领域都非常活跃，近年来的核电建设速度令人惊叹。目前中国在建的核电站有26座，占世界新建电站总数的39%。

根据国家发展和改革委员会2007年10月通过的《核电中长期发展规划（2005—2020年）》，到2020年，中国核电运行装机容量争取达到4 000万千瓦；这一目标今天显然已远远不能满足社会经济发展的需要，据专业预计，到2020年，中国核电装机容量将达7 000万～8 000万千瓦，到2030年，核电装机将提高到2亿千瓦，2050年则将提高到4亿千瓦，占总装机的比例将达5%，以扩大清洁能源供应并减少煤炭依赖。《核电中长期发展规划（2011—2020年）》及《能源发展战略行动计划（2014—2020年）》等公开文件明确，到2020年，核电装机容量5 800万千瓦，在建3 000万千瓦规模，发电占比从目前的2%提升至4%。

（六）中国新能源产业发展特征

在顺应全球“新能源”产业兴起的潮流之下，中国也迫于国际气候变化的压力和经济增长内因开始大规模推进“新能源”产业，采取一系列措施，在全国范围内得到迅速发展。从供给上看，新能源已初步具备了投入、技术、成本和规模等基本条件。

1. 新能源发展的广阔空间

从我国能源的结构来，我国是典型的富煤、缺油、少气的国家，2015年石油探明可采储量仅为25亿吨，只占世界储量的1.1%；天然气储量为3.8万亿立方米，占世界储量的2.1%；而煤炭储量为1 145亿吨，占世界探明储量的12.8%左右。[①]“富煤、少气、缺油”的资源条件，决定了中国能源结构是以煤为主。2014年中国

① BP.BP Statistical Review of World Energy 2016 [D/OL]. [2016-03-25]. http://www.bp.com /content/dam/bp/pdf/energy-economics/statistical-review-2016/bp-statistical-review-of-world-energy-2016-full-report.pdf.

能源生产中煤炭占 73.2%、石油 8.4%、天然气 4.8%，而水电、核电、风电只占 13.7%（见表 3-6）。“十二五”中国能源结构调整的目标为，到 2015 年，煤炭在一次能源消费中的比重将从 2009 年的 70%从上下降到 63%左右，天然气、水电与核能以及其他非化石能源（主要是风能、太阳能和生物质能）的电力消费比重将从目前的 3.9%、7.5%和 0.8%上升到 8.3%、9%和 2.6%。

2014 年 11 月国务院发布《能源发展战略行动计划（2014—2020 年）》提出能源发展四大战略，包括节约优先战略、立足国内战略、绿色低碳战略和创新驱动战略。到 2020 年，一次能源消费总量控制在 48 亿吨标准煤左右，煤炭消费总量控制在 42 亿吨左右；国内一次能源生产总量达到 42 亿吨标准煤，能源自给能力保持在 85%左右，非化石能源占一次能源消费比重达到 15%，天然气比重达到 10%以上，煤炭消费比重控制在 62%以内；基本形成比较完善的能源安全保障体系、能源储备应急体系和统一开放竞争有序的现代能源市场体系。①

因此，能源生产将坚持“节约、清洁、安全”的战略方针，优先发展水电、核电、风电和太阳能光伏等新能源，而对煤炭则立足于优化结构、节约能源、重视环保和提高技术水平。对于新能源的各项政策和规划，将引导降低火电在电力中的比例，增加水电、核电和风电的比例，优化能源生产和消费结构，加快构建清洁、高效、安全、可持续的现代能源体系。

表 3-6　　中国能源生产总量与构成②

年份	能源生产总量（万吨标准煤）	占能源生产总量的比重（%）			
		煤炭	石油	天然气	水电、核电、风电
2005	216 219	77.6	12.0	3.0	7.4
2006	232 167	77.8	11.3	3.4	7.5
2007	264 173	77.7	10.8	3.7	7.8
2008	277 419	76.8	9.8	3.9	9.5
2009	286 092	76.8	9.4	4.0	9.8
2010	312 125	76.6	9.3	4.1	10.4
2011	340 178	77.8	8.5	4.1	9.6
2012	351 041	76.2	8.5	4.1	11.2
2013	358 784	75.4	8.4	4.4	11.8
2014	360 000	73.2	8.4	4.8	13.7

① 新华网. 国务院印发能源发展战略行动计划［EB/OL］.（2014-11-20）［2015-09-12］. http://news.xinhuanet.com/energy/2014-11/20/c_127231665.htm.

② 国家统计局. 中国统计年鉴 2015［EB/OL］.［2016-08-06］. http://www.stats.gov.cn/tjsj/ndsj/2015/indexch.htm.

新能源产业的培育和发展具有溢出效应，主要体现为新能源产业技术溢出以及对人力资本的溢出效应两个方面。首先，就新能源产业的技术溢出效应而言，由于新能源产业行业的特性以及需求的特性，决定了新能源产业的技术创新需要通过高强度的研发（R&D）投入或者高额的技术引进来保持或者达到持续性的技术领先，来保持领先的技术水平以及生产效率，而为了实现这种持续的技术领先，一方面要求新能源产业要积极孕育新能源技术创新，以保证其在行业中的相对领先地位；另一方面，新能源产业的技术创新也会对传统产业具有技术溢出势能。从新能源产业溢出效应对传统产业的影响来看，主要是通过其技术创新及高生产率来实现的，这种技术领先水平带动的新能源产业与传统产业之间的势能差距，促进传统产业通过大量引进高新技术而提高其传统产业的技术水平。这一效应的产业在对传统产业具有影响的同时，也会触发地方政府作为。对于地方政府而言，对于新能源产业技术溢出效应而产生的对传统产业技术升级的需求，可以通过地方政府的进一步引导和推动来实现。

其次，就新能源产业的人力资本溢出效应而言，包括人力资源从新能源产业向其他产业包括传统产业领域的转移，同时，在新能源产业发展过程中，需要人力资源的支持，从而对人才的引进也进一步推动了产业所在区域的人力资源环境发展。新能源产业的形成成长以及发展均以技术创新、技术扩散和技术竞争而展开，而要实现技术进步需要以人力资本为依托，新能源产业对人力资本要求与培训对产业发展具有重要作用，人力资本培训涉及各个阶层的人员，包括生产操作人员、监督人员、高级技术专家以及上层管理人员。而培训形式包括在职培训、研讨会培训以及与相关合作企业的人才交流培训等。而市场的竞争是人才的竞争，目前人才流动已经成为普遍现象，对各行各业都有一定影响。新能源产业的发展在吸引人才的同时也带动了人才的流动，在培育人才的同时也促进了人力资源环境发展。

2. 显著的产业置换效应

新能源产业在快速发展的过程中，可以产生三个方面的置换效应：

第一，新能源产业发展对地区区域经济发展职能的置换。对于新能源产业的培育和发展使新能源产业发展成主导产业或者支柱产业，可以改变区域经济发展中新能源产业与传统展业之间的地位以及比重。新能源产业发展对区域经济发展职能的置换主要是基于置换效应而形成的对于产业结构的调整以及优化升级，通过转变产业的发展以及增长方式同时淘汰落后的技术和产能，提升人力资本等来开展结构的优化升级。新能源产业依托于地方区域环境的发展，在新能源产业发展初期，地方政府给予新能源产业扶持与引导，而随着新能源产业的发展以及在成长过程中对地区经济社会的贡献，地方政府可以引导新能源产业反哺传统产业，促进传统产业的优化升级以及增长方式的转变，促进传统产业淘汰落后产能。

第二，对新能源产业的培育与发展可以产生就业职能置换效应。大力培育和发展新能源产业可在发展经济的同时创造大量的就业机会，新能源产业巨大的发展潜力以及产业带动功能能够吸纳大量的劳动力，随着新能源产业的成长与壮大，使其具有经济创造功能以及就业承担功能，可以实现人力资源结构的调整，提升人力资本素质。同时，对于新能源产业的发展，可以带动上下游相关产业共同发展，进而创造更多的就业岗位而缓解传统产业所承担的就业压力。

第三，对新能源产业的培育和发展可以带动产业共同发展的置换效应。大力培育和发展新能源产业可以带动上下游相关产业共同发展，通过新能源产业价值链的延伸和渗透来实现产业置换效应。

3. 良好的产业联动效应

新能源产业的培育和发展需要在产业共同发展相互促进的环境下推进，因此，在新能源产业的发展过程中，在各产业间可以产生联动效应，主要表现在四个层面，即要素层面的联动效应，企业层面的联动效应，政府层面的联动效应以及社会层面的联动效应。

首先，新能源产业发展要素层面的联动效应来看，新能能源产业的产生、培育以及发展是以其他产业提供的原料、设备以及人力资源，甚至包括资本以金融力量的支持而发展起来的，同时，伴随着新能源产业的发展，又向其他产业输出产品以及技术等,因此新能源产业的发展可以带来产业共同发展层面的联动效应。

第二，新能源产业发展企业层面的联动效应。新能源产业的发展依赖于技术创新、技术攻关，而技术的创新可以坐落在技术创新合作机制平台上，可以激励新能源企业自主创新和联合创新。新能源产业内的企业的发展可以联合传统产业企业的生产条件以及成熟的市场体系，同时，传统产业企业也可以联合新能源产业企业的技术平台和力量开拓新的技术领域以及新的产品市场。

第三，新能源产业发展政府层面的联动效应。新能源产业的发展离不开政府层面的政策支持，政府层面可以根据新能源产业发展的需要提供相应的政策支持体系，新能源产业可以推动本地经济发展甚至是可持续的发展，因此，新能源产业的发展具有政府层面的联动效应。

第四，新能源产业发展社会层面的联动效应。新能源产业的发展对于节省能源、降低能耗、资源能源环境的保护具有重要意义，具有社会层面的联动效应。

综上所述，由于新能源产业处于初级发展阶段，产业的发展缺乏自生能力，同时新能源产业还具有正的外部性，以上都为地方政府支持产业发展提出了客观要求，同时，就地方政府而言，也具有投资冲动与选择，就新能源产业的发展而言同样需要地方政府行为的参与，需要地方政府提供新能源产业发展的土壤和环境。

六、中国新能源产业发展政策

为了促进可再生能源的开发利用，增加能源供应，改善能源结构，保障能源安全，保护环境，实现经济社会的可持续发展，2005 年我国通过了《中华人民共和国可再生能源法》，这标志着中国的新能源经济制度框架已逐步建立。在此基础上，有关新能源法律法规、政策条例和激励政策也相继出台，逐步形成了促进新能源发展的法律法规框架体系。

（一）中国新能源法律法规建设

我国于 2005 年 2 月 28 日全国人大常务委员会上审议并通过了第一部支持可再生能源发展的法律——《中国华人民共和国可再生能源法》，该法体现了坚持“目标引导、国家扶植、市场拉动、技术创新、企业竞争、公众参与”的发展可再生能源的战略思路，涵盖资源调查与发展规划、产业指导与技术支持、推广与应用、价格管理与费用分摊和经济激励与监督措施等诸多环节。此后，国务院、国家发改委等相关部门陆续颁布了 20 多项各种规章制度及法律法规，如下表 3–7 所示，有效推动了我国新能源的发展。

表 3–7　　中国新能源法律法规进展情况

颁布时间	法律和行政法规	制定部门
2005 年 2 月 28 日	《中华人民共和国可再生能源法》	全国人大常委会
2005 年 7 月	《国务院关于加快发展循环经济的若干意见》	国务院
2005 年 11 月 29 日	《可再生能源产业发展指导目录》	国家发改委
2007 年 4 月 11 日	《能源发展“十一五”规划》	国家发改委
2007 年 5 月 1 日	《农业生物质能产业发展规划（2007—2015 年）》	农业部
2007 年 8 月 31 日	《可再生能源中长期发展规划》	国家发改委
2007 年 10 月 28 日	《中华人民共和国节能源法（修订）》	全国人大常委会
2008 年 8 月	《中华人民共和国循环经济促进法》	全国人大常委会
2008 年 8 月 25 日	《中华人民共和国节约能源法》	国家发改委、科技部、工业和信息化部
2010 年 10 月	《国务院关于加快培育和发展战略性新兴产业的决定》	国务院
2012 年 12 月 23 日	《可再生能源发展“十二五”规划》	国家发改委
2013 年 1 月 23 日	《能源发展“十二五”规划》	国务院
2014 年 6 月 7 日	《能源发展战略行动计划（2014—2020 年）》	国务院

2005 年 7 月，国务院发布了《国务院关于加快发展循环经济的若干意见》，规定运用价格杠杆促进节能、节水和控制污染，制定支持循环经济发展的财税和收费政策。2007 年 6 月国务院常务会议通过的《可再生能源中长期发展规划》指出可再生能源包括水能、生物质能、风能、太阳能、地热能和海洋能等，资源潜力大、环境污染低、可永续利用，是有利于人与自然和谐发展的重要能源，鼓励生产和消费可再生能源，提高在一次能源消费中的比重。2007 年 10 月实施的《中华人民共和国节约能源法（修正案）》，其改进之处包括：提高能源利用效率，反映了市场调节与政府管理相结合，增强了法律的针对性和可操作性，提高了能效标准和监管体系，加大政策激励力度。2008 年 8 月，《中华人民共和国循环经济促进法》明确了循环经济概念。所谓循环经济是指生产、流通和消费过程中进行的减量化、再利用、资源化活动的总称。

2010 年 10 月《国务院关于加快培育和发展战略性新兴产业的决定》中明确指出要加快培育和发展战略性新兴产业、构建国际竞争新优势，推动节能环保、新能源等新兴产业快速发展。2012 年 12 月国家发改委《可再生能源发展“十二五”规划》，2013 年 1 月国务院发布《能源发展“十二五”规划》，这两项规划提出要提高清洁低碳化石能源和非化石能源比重，大力推进煤炭高效清洁利用，科学实施传统能源替代，加快优化能源生产和消费结构。2014 年 11 月国务院发布《能源发展战略行动计划（2014—2020 年）》，提出要坚持“节约、清洁、安全”的战略方针，要重点实施节约优先、立足国内、绿色低碳、创新驱动四大战略，加快构建清洁、高效、安全、可持续的现代能源体系。

（二）新能源领域政策金融政策

财政政策是政府扶植企业发展，引导行业发展方向的有效手段，近年，国家发改委、财政部等联合颁布了大量的政策条例，向新能源行业注入了大量的资金，用于推动行业的市场化。在新能源领域，政府可投入的资金总量有限，行业发展仍面临资金短缺的问题，金融支持尤为重要。政府通过金融杠杆，将大量的优势资源集中到新能源领域。财政部门通过信贷贴息鼓励银行业增加对新能源领域的贷款支持力度，下表 3–8 总结了中国促进新能源发展的财政金融政策。

表 3–8　　中国促进新能源发展的财政金融政策

颁布时间	法律和行政法规	制定部门
2006 年 1 月	《可再生能源发电价格和费用分摊管理试行办法》	国家发改委
2006 年 9 月	《关于发展生物能源和生物化工财税扶持政策的实施意见》	财政部

续表

颁布时间	法律和行政法规	制定部门
2008 年 8 月	《风力发电设备产业化专项资金管理暂行办法》	财政部
2009 年 3 月	《关于加快推进太阳能光电建筑应用的实施意见》	财政部、住房和城乡建设部
2009 年 3 月	《太阳能光电建筑应用财政补助资金管理暂行办法》	财政部
2009 年 7 月	《金太阳示范工程财政补助资金管理暂行办法》	财政部
2010 年 5 月	《关于开展私人购买新能源汽车补贴试点的通知》	财政部、科技部、工业和信息化部、发改委
2013 年 9 月	《关于继续开展新能源汽车推广应用工作的通知》	财政部、科技部、工业和信息化部、发改委
2014 年 12 月	《关于适当调整陆上风电标杆上网电价的通知》	国家发改委
2015 年 9 月	《关于完善陆上风电光伏发电上网标杆电价政策的通知》	国家发改委
2016 年	《关于 2016—2020 年新能源汽车推广应用财政支持政策的通知》	财政部、科技部、工业和信息化部、发改委

2006 年 1 月国家发改委出台《可再生能源发电价格和费用分摊管理试行办法》，规范可再生能源发电价格和费用分摊标准。2006 年 9 月，由财政部等五部委发布的《关于发展生物能源和生物化工财税扶持政策的实施意见》，通过弹性亏损补贴、原料基地补助、示范补助和税收优惠等措施重点推进生物燃料乙醇、生物柴油、生物化工新产品的发展。此后，2009 年出台推进太阳能在建筑应用的补助方法和金太阳工程财政补贴方案。新能源汽车产业是培育新的经济增长点和国际竞争优势的战略举措，2010—2016 年，财政部先后出台政策，实行普惠制，对购买新能源汽车给予补助以支持新能源汽车的应用推广。

第四章

国内外城市新能源发展模式及经验

随着城市化进程的不断推进，当前城市发展面临的问题和挑战越来越严峻，能源问题以及与之相关的环境问题、气候问题已成为重要挑战。美国纽约、英国伦敦、日本东京等世界城市突出政府的规划作用，培育和发展新能源，加快产业结构调整，实现低碳经济下可持续发展。

一、低碳城市的发展和建设

气候变化问题已经成为影响 21 世纪世界进程的关键因素。旨在减少人类经济社会发展过程中碳足迹的京都议定书，一方面直接促进了全球对新能源设备的需求，为各国加大新能源利用开辟了市场；另一方面敦促各国加速改变人们的生产、生活和消费方式。这种新的发展模式在世界范围内的推广产生了“低碳”的概念。

（一）低碳城市的内涵

自从英国提出“低碳经济”概念以来，向低碳经济转型成为世界经济发展的大趋势，低碳的理念由经济发展领域扩展到社会生活领域。日本政府和学者于 2004 年开始对低碳社会模式与途径进行研究，2007 年 2 月《日本低碳社会模式及其可行性研究》颁布，以日本 2050 年二氧化碳排放在 1990 年水平上降低 70%为目标，提出了可供选择的低碳社会模式，并在 2008 年进一步提出《低碳社会规划行动方案》。日本环境大臣咨询机构——中央环境审议会也提出低碳社会的基本理念是争取将温室气体排放量控制在能被自然吸收的范围之内，为此需要摆脱以往大量生产、消费和废弃的社会经济运行模式。

在全球气候变暖以及低碳经济的背景下，出现了生态城市、循环经济生态城市、低碳生态城市等概念。低碳城市的理念源于上述概念，根据世界自然基金会的定义，低碳城市是指城市在经济高速发展的前提下，保持能源消耗和二氧化碳排放处于较低的水平。气候组织给低碳城市下的定义是：在城市内推行低碳经济，实现城市的低碳排放，甚至是零碳排放。我国学者对于低碳城市的代表性概念界定和相关论述如表 4-1 所示。

表 4-1　　国内学者关于低碳城市认识的代表性观点[①]

国内学者	低碳城市的理解
夏堃堡（2008），辛章平、张银太（2008）	低碳城市就是在城市实行低碳经济，包括低碳生产和低碳消费，建立资源节约型、环境友好型社会，建设一个良性的可持续的能源生态体系
刘文玲、王灿（2010）	要建设低碳城市，需要加快以集群经济为核心，推进产业结构创新；以循环经济为核心，推进节能减排创新；以知识经济为核心，推进内涵发展创新
付允、汪云林、李丁（2008），袁晓玲、仲云云（2010）	低碳城市应当以新发展、高效发展、低碳发展和可持续发展为目标，发展低碳经济，改变大量生产、大量消费和大量废弃的社会经济运行模式，同时改变生活方式、优化能源结构、节能减排、循环利用，最大限度减少温室气体排放
胡鞍钢（2008）	在中国从高碳经济向低碳经济转变的过程中，低碳城市是重要的一个方面，包括：低碳能源，提高燃气普及率、提高城市绿化率、提高废弃物处理率等方面工作
戴亦欣（2009）	低碳城市发展旨在通过经济发展模式、消费理念和生活方式的转变，在保证生活质量不断提高的前提下，实现有助于减少碳排放城市建设模式和社会发展方式

夏堃堡（2008）[②]，辛章平、张银太（2008）[③]认为低碳城市就是在城市实行低碳经济，包括低碳生产和低碳消费，建立资源节约型、环境友好型社会，建设一个良性的可持续的能源生态体系。

刘文玲、王灿（2010）[④]认为，要建设低碳城市，需要加快以集群经济为核心，推进产业结构创新；以循环经济为核心，推进节能减排创新；以知识经济为核心，推进内涵发展创新。

---

① 戴亦欣. 低碳城市发展的概念沿革与测度初探［J］. 现代城市研究，2009，24（11）：7-12.

② 夏堃堡. 发展低碳经济，实现城市可持续发展［J］. 环境，2008（3）：33-35.

③ 辛章平，张银太. 低碳经济与低碳城市［J］. 城市发展研究，2008，15（4）：98-102.

④ 刘文玲，王灿. 低碳城市发展实践与发展模式［J］. 中国人口·资源与环境，2010，20（4）：17-22.

付允、汪云林、李丁（2008）[①]和袁晓玲、仲云云（2010）[②]提出低碳城市应当以新发展、高效发展、低碳发展和可持续发展为目标，发展低碳经济，改变大量生产、大量消费和大量废弃的社会经济运行模式，同时改变生活方式、优化能源结构、节能减排、循环利用，最大限度减少温室气体排放。

胡鞍钢（2008）[③]提出在中国从高碳经济向低碳经济转变的过程中，建设低碳城市是重要的一个方面，包括：低碳能源，提高燃气普及率、提高城市绿化率、提高废弃物处理率等方面工作。

戴亦欣（2009）[④]认为，低碳城市发展旨在通过经济发展模式、消费理念和生活方式的转变，在保证生活质量不断提高的前提下，实现有助于减少碳排放城市建设模式和社会发展方式。

综合学者们的观点，低碳城市是城市经济以低碳产业和低碳化生产为主导模式，市民以低碳生活为理念和行为特征、政府以低碳社会为建设蓝图的城市。低碳城市发展旨在通过经济发展模式、消费理念和生活方式的转变，在保证生活质量不断提高的前提下，实现有助于减少碳排放的城市建设模式和社会发展方式。因此，中国的低碳城市应当既符合低碳理念的经济发展，也符合低碳理念的社会发展，在经济增长同碳减排之间寻找一条“绿色的通道”，采用低碳的方式保障社会持续稳定的发展。

（二）城市低碳发展的特征和现实意义

根据现有的实证研究结果显示，城市经济发展与温室气体排放之间存在明显的关联。包括二氧化碳在内的温室气体排放与人均收入之间符合伦兹涅茨“倒 U”型曲线理论[⑤]，即在经济发展的初始阶段，人均碳排放量随着人均收入的增加呈上升趋势，而当人均收入达到了 8 000 美元以后，上述指标又会随着人均收入增加而逐步减少。包括北美和欧洲许多国家在内的城市发展都经过了一个低收入、低排放到高收入、高排放，进而到高收入、低排放的过程。此外，在经济发展的过程中，碳排放量还受到人口、能源结构和强度、消费方式以及政策导向等多方面因素的影响。

图 4-1 为 2011 年全球人均二氧化碳排放量较高的国家比较，图中圆形的大小表示二氧化碳排放的总量。尽管从图中看，发达国家目前的人均碳排放量依旧

---

① 付允，汪云林，李丁. 低碳城市的发展路径研究［J］. 科学对社会的影响，2008（2）：5–10.

② 袁晓玲，仲云云. 中国低碳城市的实践与体系构建［J］. 城市发展研究，2010，17（5）：42–47.

③ 胡鞍钢. 中国如何应对全球气候变暖的挑战［G］//张坤民，等. 低碳经济论. 北京：中国环境科学出版社，2008.

④ 戴亦欣. 低碳城市发展的概念沿革与测度初探［J］. 现代城市研究，2009，24（11）：7–12.

⑤ 彭建超，丁芳. 欧盟经济与环境关系问题浅议——基于经济发展、能源消耗与温室气体排放的统计分析［J］. 环境科学与管理，2007，32（6）：38–41.

处于高位，但由于其经济发展水平较高，城市化进程也基本完成，社会基础设施建设趋于完善，高污染、高碳排放的重化工产业也逐渐向发展中国家转移，碳排放量处于“倒 U”曲线的下降通道当中①。尽管发达国家在对待低碳城市发展的问题上有各自的立场和主张，但基于开发新经济领域的需要，主要发达国家均在“低碳城市”的建设上有所作为，希望利用其管理、技术、制度等方面的优势，在减少碳排放的同时，实现经济的内涵式增长，获得城市经济发展和环境保护的双赢，争取并维护其在国际政治经济格局中的主导地位和战略利益。

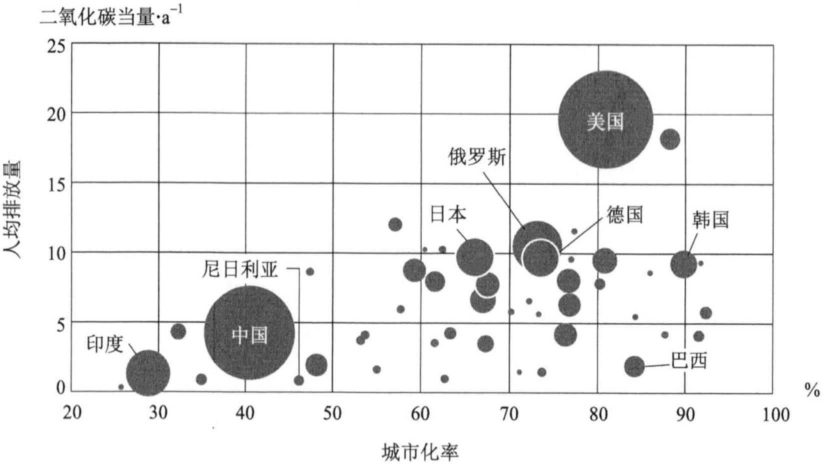

图 4-1　世界各国二氧化碳排放总量和人均排放量比较②

中国正处于工业化和城市化快速发展时期。经过 30 年的高速发展，我国已经成为全球最重要的经济体之一。与此同时，我国城市化进程的不断深入，也使建设具有全球影响力的世界城市的诉求不断增强。特别是国际金融危机爆发后，中国致力于应对危机的积极行动，成为稳定世界经济、推动国际金融体系改革的重要力量，进一步展现了中国在国际经济体系中的作用，促进了包括北京、上海在内的国内大城市在全球城市体系中层次的提升。而通过 2008 年奥运会、2010 年世博会的举办，全世界增进了对中国的了解，提升了国内大城市的开放性和包容性，为城市的发展提供了新机遇。在这种背景下，我国在未来的城市发展过程中打破传统世界城市发展的“高碳”增长模式，在保障工业化、现代化、城市化快速发展的同时，兼顾资源的合理利用和环境保护，逐步降低碳排放强度，使经济发展模式向可持续发展模式转变，这既符合当前“低碳城市”发展的世界趋势，也遵循我国未来可持续发展战略的要求。

① 喻燕卢，新海. 中国低碳房地产发展问题与对策［J］. 城市发展研究，2010，17（5）：48-51.

② 周洁，王云珠. 国外发展低碳经济的启示［J］. 科技创新与生产力，2011（5）：52-58.

二、国内外低碳城市建设经验

在全球应对气候变暖的背景下，如何既能减小单位经济规模的碳排放，又能保持城市发展及城市建设活动的可持续性，将成为当前国际经济社会发展面临的重要课题。面对温室气体减排和能源安全的严峻挑战，融合低碳经济和低碳社会发展的低碳城市发展路径成为国内外城市发展的理想选择。

（一）国际低碳城市建设经验

建设低碳城市是节能减排和发展低碳经济的重要途径，是解决当前全球气候变暖问题的迫切需要，也是在能源短缺背景下寻求长远发展的必然选择，将引领未来城市建设的发展趋势。目前，丹麦、英国、日本、瑞典、美国等发达国家已开展了相应的实践，并积累了一定的经验。

1. 丹麦的低碳社区模式

丹麦的低碳社区是最早建设的生态社区之一。低碳社区主要是从全球气候变化的影响和减少碳排放的国家能源政策目标出发，努力发挥地方政府在节能应用中的先锋作用，大多以低碳化节能示范性项目为先导进行社区节能实践。该社区最大的特点是公共住宅的设计和可再生能源的利用。为了节约空间、能源和资源，建设有公用健身房、办公区、车间、洗衣房和咖啡厅的私人住宅或公寓。低碳社区以太阳能、风能作为主要能源形式，强调尽量使用可再生能源和新能源，降低能耗和节约能源。如哥本哈根的电力供应大部分依靠零碳模式，大力推行风能和生物质能发电，随处可见现代风车，拥有世界上最大的海上风力发电厂。

哥本哈根的自行车轨道有 350 公里，为了将自行车轨道和机动车车道分开，自行车轨道修得稍微高一些；还有自行车绿色通道 40 公里，完全与机动车道隔离不交叉，另有 70 公里在建。此外还有 20 公里的自行车通道，它跟机动车车道之间用白线分开。每天，有 60 多万哥本哈根市民（大哥本哈根地区居民总数约 170 万人）骑车出行，总里程能达到 120 万公里，相当于在地球和月球之间来回了近两次。据估算，哥本哈根市民每年的骑车里程，如果是汽车完成的，每年将要多排放 10 万吨以上的二氧化碳。哥本哈根政府为自己设立了新目标：到 2016 年，50%的哥本哈根人采用骑车方式出行。

哥本哈根电力供应大部分依靠零碳模式，大力推行风能和生物质能发电，随处可见通体白色的现代风车，有世界上最大的海上风力发电厂。那里有严格的建筑标准，推广节能建筑。对房屋保温层和门窗密封程度都有严格规定，墙壁厚达三层，中间层是特殊保温材料，夏天隔热，冬天防寒。窗户也有严格的要求，外边的冷（热）空气不会轻易进来。家家户户都使用节能灯，晚间通往郊外的路没有一盏路灯。推行高税能源使用政策，一千瓦时电的价格由三部分组成：能源市场价格、运送费用以及税收，其中税收占比高达57%。如果不采取节能方式，就得付出高昂的费用。

2. 英国的低碳城市发展模式

英国是低碳城市规划和实践的先行者。为尽快推动英国向低碳经济转型，英国碳信托基金会与能源节约基金会联合推出了英国的低碳城市项目，首批3个示范城市布里斯托、利兹和曼彻斯特制定了全市的低碳城市规划。伦敦在低碳城市建设方面起到了领跑的作用，出台了世界上第一个城市范围内的“碳预算”，同时就应对全球气候变化提出了一系列低碳行动计划，特别是2007年颁布的《市长应对气候变化的行动计划》，在不同的行动方案中制定了许多具体措施和目标，致力于解决诸如绿色家园、商业、能源效率和运输等问题。为促进城市低碳发展，英国陆续出台了一系列关于城市规划建设的法案，要求地方规划部门将适应和减缓气候变化、节约能源及保护环境作为制定城市规划的优先考虑因素，重视国家规划与地方规划的衔接，总体上引导和支持科学规划和可持续发展。

剑桥是英国剑桥郡首府，是历史悠久的知识型城市。近年来，该市大力建立高科技产业集群，培育经济增长点，积极推进低碳化改造，实现兼顾经济增长、生态环境、市民生活品质等多方面的城市可持续发展，如今已成为除伦敦外最具经济活力的城市。在规划方面，剑桥注重推广土地混合开发使用，在南部规划建立囊括居住区、零售中心、中小学、社区基础设施、健身机构、开放空间的集约型社区。在建筑方面，对现有住房及基础设施进行大规模改造升级，大力发展可持续建筑，从选址、用料、建造、环境等多方面确立可持续建筑的评价标准，将公区域和生活服务区无缝链接，充分预期气候变化的影响并做到对环境影响最小化。在交通方面，推广“零驾驶”出行方式，鼓励公众自行车出行，建设有利于自行车出行、限制车流的城市道路布局，修建高速公交线路，提高与周边城市的交通便利程度。①

以米尔顿·凯恩斯为代表的新兴城镇成为践行绿色低碳的代表。在规划方面，该镇充分考虑城市发展和居民生活，科学协调就业、教育、发展、交通、自然生态景观等各方面，形成了居住区、就业区、消费区相耦合的空间布局。在产业布局方面，采用散布型，有预见性地确立了服务业的主体地位。米镇拥有1万多家企业，主要包括银行、保险、电信、教育等服务业和零售、批发等贸易行业。服务业在米镇产业结构中占比接近90%。这对于有效降低碳排放具有重要作用。

3. 瑞典大力发展清洁能源的低碳模式

瑞典是世界上最早实施可持续发展战略的国家之一。2004年，瑞典政府制定了本国可持续发展规划，该规划涵盖了可持续发展的立体三维——经济、社会和

---

① 邢佰英. 英国低碳城市规划建设经验及启示［J］. 宏观经济管理，2015（7）：87-89.

环境，旨在建设可持续发展社区、促进全民健康、应对人口挑战、推动经济可持续增长。瑞典以发展可再生能源为重点，大力开发利用水能、太阳能、生物质能等新能源，力求实现到 2020 年彻底摆脱对化石燃料依赖的宏伟目标。如今，沼气、太阳能、地热等清洁能源的使用已经逐步融入了人们的日常生活。

在全国可持续发展规划的指导下，瑞典很多城市和地区都在积极制订社会可持续发展规划，城市建设和改造等工作都在以兼顾适宜型生态和环境的方式展开。斯德哥尔摩作为欧洲绿色首都城市，拥有将垃圾处理、能源供给和给排水综合考虑在内全新的、整合式的环境解决方案，高循环、低消耗、低排放，为建设可持续发展城市提供了有益借鉴。其市内的哈马碧生态城实现垃圾分就近楼宅、就近街区和就近地区三级处理，自动化程度和再利用率非常高。孔格尔夫市开始着手建设欧洲第二大太阳能采暖设施，并于 2002 年 4 月正式投入使用后，为该市带来了诸多积极的经济和环境影响。每年约 440 立方米的石油消耗被太阳能所取代；二氧化碳年排放量下降约 1 000 吨；氮氧化物和二氧化硫年排放量都有不同程度的减少。除了注重能源生产的转换，瑞典还积极在全国范围内推广用于余热回收、除湿和热交换等的现代高效节能设备，为提高能源利用效率打下了牢固的基础。① 例如，在林德斯贝里市，当地的硬纸板工厂在车间安装了多台余热回收器，将生产过程中产生的余热回收并用于供暖。据当地计算每年可节约 100～150 立方米的石油和 40 万千瓦小时的电能；二氧化碳年排放量减少了 1 600 吨。随着先前用于供热的大型热泵被逐步淘汰，氟利昂使用量减少了 5 吨，耗电量也减少了 1 100 千瓦小时。

4. 日本的低碳社会行动模式

2008 年 6 月，日本首相福田康夫提出新的防止全球气候变暖对策，即“福田蓝图”，提出到 2050 年日本的温室气体排放量比目前减少 60%～80%。2008 年 7 月，日本内阁会议通过了依据“福田蓝图”制订的“低碳社会行动计划”，提出了数字目标、具体措施以及行动日程。为了在全球范围内建立低碳社会，日本政府还根据提案内容的先进性和地区性等标准对参选城市进行了评定。

低碳能源是建设低碳城市的基本保证。面对能源危机，东京大力研究、开发与利用绿色低碳能源，包括太阳能、生物质能源、风电、水电的新技术新工艺。1998—2008 年，东京使用一次能源的比例增加，减少利用碳基能源（石油天然气、煤炭），能源结构呈现清洁化程度提高趋势。为减少交通部门的碳排放量，东京采取了多种节能减排措施，主要有：提倡使用低污染、低耗能汽车，东京都政府对购买者给予一定的财政补贴；为促进生物柴油应用计划，东京开始针对市区范围

① 邱鹏. 探索低碳城市建设新路径——瑞典经验借鉴及启示［J］. 西南民族大学学报：人文社会科学版，2010，31（10）：167-170.

内的公共汽车引入生物柴油，并开展第二代生物柴油在市区范围内公共汽车的应用论证和研究。[①]东京都政府出台东京绿色建筑计划、绿色标签计划、《2007 年东京节能章程》、《2008 年东京环境总体规划》等政策。东京在市政府机构广泛采用节能措施，为节能理念与节能技术推广起到示范作用。

作为日本低碳城市的先行者和建设低碳社会的模范城市，富山市为了实现减排目标，从交通工具、生活方式和城市建设等各方面改变社会形态，采取了许多措施。例如，积极推动公共交通建设，争取在 20 年内使居住在公共交通便利地区的人口占总人口的比例由 30%增加到 40%，并对在市中心购买住宅的居民给予补贴，同时大力引进清洁能源车，大力发展新能源，在市郊的生态城建立回收加工各种废弃油料、木料和厨余垃圾的设施等。

5. 美国的低碳城市发展模式

2007 年 7 月，美国参议院提出了《低碳经济法案》，表明低碳经济的发展道路有望成为美国城市未来的重要战略选择。2009 年 2 月，美国正式出台了《美国复苏与再投资法案》，将发展新能源作为重要内容，包括发展高效电池、智能电网、碳储存和碳捕获、可再生能源等。此外，为应对气候变暖，美国许多城市力求通过一系列节能环保措施大力发展低碳经济。

纽约作为美国第一的国际大都市，有着全美国最大的城市群和人口数量，在世界经济中扮演者重要角色。在应对全球气候变化和探索城市低碳发展的过程中，纽约在城市清单工作方面有着良好的组织结构和流程。2007 年 4 月，纽约第一次公布了城市温室气体清单，公布了包含市政部门运营碳排放和城市总体碳排放数据的排放清单，为城市减排目标的制定设定了基准。根据纽约市城市公布的减排目标，以 2005 年为基年，到 2030 年之前，城市排放水平比基年下降 30%；市政部门运营的排放到 2017 年比 2006 财政年度减少 30%，这一精确的减排目标为低碳城市发展战略及措施提供了衡量标准。纽约作为美国人口密度最高的城市，城市人口不断增加，城市排放水平不断下降，一方面得益于对城市公共交通系统的良好布局与高效利用；另一方面则来自于城市更加清洁的电力供应，即所使用电能的碳强度下降。纽约的主要排放来源是建筑与交通，近 80%的碳排放来自于建筑。[②]该市提出了“绿色建筑”减排计划，此外，纽约市通过“GreeNYC”等政府项目对公众进行教育，倡导低碳生活方式；通过官方人员培训提供合格的能源审计师和低碳发展所需技术人员。

西雅图市是全美低碳城市的典范，是美国第一个达到京都议定书温室气体减排标准的城市。西雅图市启动了大企业带头、以气候合作项目为平台、城市各个

---

① 曾珠. 日本城市可持续发展的经验及启示 [J]. 理论导刊，2014（2）：109-112.

② 孙宇飞. 城市低碳发展战略与措施研究——以纽约市为例 [J]. 中国外资月刊，2011（2）：2-4.

部门共同参与的气候行动，主要包括公众参与、家庭能源审计、阻止城市继续向外无限扩大、积极改善电力供应结构、第三方评估减排结果等内容。在低碳城市建设过程，鼓励公众参与，低碳理念深入市民的日常生活中；以较低的审计成本来计算家庭以及企业办公室的碳排放。[①]通过家庭能源审计达到三个目标：给众多失业的年轻人提供培训，让他们从事审计工作，从而创造一些新的就业岗位；通过家庭能源审计帮助家庭降低能源方面的支出；通过家庭的节约用电，关闭一些火电厂和燃油电厂。在耗能的建筑方面，西雅图市改善建筑物的能源效率，改善公交系统的效率，控制公共交通的碳排放，并积极改善电力供应结构。利用融雪等水利设施进行发电，积极投资发展风电。

（二）我国低碳城市建设与实践

北京、上海、广州等城市在国内城市中率先提出了建设低碳城市的思路，在“低碳、和谐、可持续发展城市”这三大主题下，积极打造创新型新一代城市。

1. 北京市积极打造世界级低碳城市

北京市一直高度重视节能降碳工作，大力推进能源节约，提高能源效率，提高生态承载能力，降低碳排放强度，北京提前完成了“十二五”节能降耗目标任务，未来将进一步加大工作力度，积极应对气候变化，推进低碳城市试点建设。

北京在低碳农业与碳汇建设走在全国前列，森林、耕地、草地和湿地在吸收、固定二氧化碳中具有重要作用。2009 年，北京森林覆盖率达到 36.7%，林木绿化率达到 52.6%。北京已经初步形成低碳城市建设的推进机制，形成完善的现代产业体系，建成了一批低碳经济试点园区和项目，低碳型交通已经形成规模。2013 年，北京制定并实施了《北京市发展绿色建筑推动生态城市建设实施方案》，明确了绿色建筑、绿色生态示范区、绿色居住区、绿色生态村镇、绿色基础设施和绿色化改造“六个绿色”的工作重点，并提出了在全国四个“率先”的目标：新建项目执行绿色建筑标准、居住建筑节能 75%、将绿色生态指标纳入土地招拍挂、要求编制和实施绿色生态规划。

新城核心区规划建设布局上，作为北京城市副中心建设的战略引擎区，通州区充分借助国际国内资源，按照国际一流标准，制定了突出低碳、节能、环保，展现北方水城特色的首个低碳城市指标体系，首创了概念性规划、街区控制和规划产业规划集成设计的规划编制新模式。在产业项目引进方面，通州区着力引进符合产业发展方向、符合功能定位的大项目，增强大项目龙头带动作用。大力推进产业向高端化、集群化、融合化发展，形成产业协调支撑、链条衔接、特色明显的现代产业发展体系。在招商引资方面，通州区从源头上把好低碳、节能、绿

① 柳春娜. 国际低碳城市建设经验［J］. 北京观察，2011（1）：18-19.

色环保关。在注重社会效益、经济效益的同时，把生态效益放在突出地位。对于绿色项目在土地价格、税收方面，政府有相应的补贴和支持。在招商引资项目中低碳指标体系所占的权重达到10%。一系列政策，使得通州区实行绿色招商效果显著，2013年共促成千万元以上签约项目128个，意向投资总额1 029.64亿元。其中外资项目7个，意向投资总额152.27亿元，签约项目集群效应凸显。

北京市规划与国土部门将生态控制条件纳入规划行政许可文件和土地招标文件，建立了生态城市建设全生命周期的监管体系。长辛店生态城的规划，真正将生态规划融入到城乡规划设计与管理系统的实践，生态控制指标已纳入规划行政许可文件以及规划审查管理流程付诸实施。同时，根据长辛店生态城的实践经验，长辛店生态城作为北京市生态低碳城市和绿色建筑实施的典范，又向国家建设部申报了国家级绿色生态城区，将对推动中国低碳生态城市规划研究、标准制定与实施管理制度创新有重要的示范带动作用。

2. 上海市抢占低碳城市的前沿

作为中国城市发展最前沿的上海，在转变经济发展方式和城市转型的过程中，也在以实际行动探索和推动着低碳经济。上海从进入“十一五”时期以来就开始探索城市转型之路。

一方面，大量落后产能的企业产业在向外转移；另一方面，积极对接全球产业发展前沿，积极发展新兴产业和服务业，推动产业升级和城市转型。上海已经出台了相关政策，积极鼓励和扶持新能源汽车、创意产业等新型产业的发展。同时，上海已初步确定建设低碳示范区，如在崇明生态岛进行低碳实践，建设低碳社区；发展低碳农业，如在临港新城将积极推进风能、光电、智能化港区、绿色物流等方面的低碳实践；在虹桥商务区，计划通过城市空间布局、交通组织、能源利用及建筑设计等建设低碳商务区。上海市政府在低碳环保方面的投人约占整个GDP的3%，即使在国际金融危机困境中，这方面的投入也达到420多亿人民币，位居国际国内前列。①

上海以举办的世博会为良好契机，多方探寻低碳路径。在建筑上，世博园利用自然风组建风道，减少空调的使用；世博园的主题馆巨大的闲置屋上敷设了太阳能光伏组件，成为世界上最大的单体光伏建筑；中国国家馆中式斗拱的系列独特设计，能耗比传统模式降低25%以上；代表上海参展的实物“沪上·生态家”，集中了浅层地热、热湿独立空调等生态节能环保技术，比同类建筑节能达75%。在交通工具的使用上，有超过1 000辆的新能源汽车服务于世博，其中约300辆车为超级电容车、纯电动车， 200辆为燃料电池车，它们在园区内服务，实现零碳排放；其余500辆车为包括混合动力车在内的低碳排放车，在世博园区周边服

① 谢京辉. 上海：引领低碳城市建设，抢占低碳研究前沿［J］. 创新，2010，4（4）：22-23.

务。在减少碳排放上，在临港新城、崇明岛率先展开低碳实践，由上海市政府联合世界银行共计投资 1.92 亿人民币开发建设了崇明东滩风力发电项目，该扩建工程采用目前世界最先进的变速变桨技术，只需 3 级风力风机便可正常运行，发电机组年增发电量 3 000 万千瓦时，每年可节约 1.5 万吨标准煤，有效减少了二氧化碳、二氧化硫等温室气体的排放量。上海启动“世博绿色出行”大型环保系列活动。“世博绿色出行”项目旨在倡导实现“低碳世博”，有效降低、妥善补偿世博参观者的交通出行碳排放。

3. 广州大力加强低碳能源应用

广州市以“节地、蓝天、绿地、碧水、清洁、低碳”六大主题计划为推手，促进绿色发展、循环发展、低碳发展，推动城市向生态化转型，将广州建设成为具有岭南特色的“环境优良、生态安全的品质之都，低碳高效、循环再生的活力之都，自然融洽、健康文明的和谐之都”，实现自然、城市与人有机融合、互惠互生。

广州市加强清洁能源的发展和应用。广州大力增加本市天然气、电力等清洁能源的供应量，制定实施全市火力发电燃煤消费量控制措施，加大力度控制煤炭消费总量。推广使用天然气、液化石油气、电等清洁能源，实现电力机组和工业锅炉能源供应及消费的多元化。继续推进电力行业污染减排，深化电力行业二氧化硫、氮氧化物、烟尘治理；实施工业锅炉、窑炉清洁能源改造；强化对重点行业挥发性有机物排放控制。在低碳交通上，广州已示范推广 2 067 辆电动汽车和混合动力汽车；在绿色建筑上，新建建筑全面执行建筑节能设计标准，目前广州已有约 310 万平方米新建建筑按照绿色建筑标准设计建造，位居全国前列；在碳汇工程上，广州森林覆盖率达 41.8%，构建了中心城区 39.2 万亩以森林为主体的生态体系和 448 万亩的城市周边绿色生态屏障。

广州积极调整优化产业结构、推广应用清洁能源、扶持低碳产业发展、大力发展绿色建筑等十个方面推进低碳城市建设。到 2020 年实现单位二氧化碳排放比 2005 年降低 55%以上，碳排放总量达到峰值，非化石能源比重达到 5%，森林覆盖率超过 42%。加快产业体系低碳转型。制定低碳发展规划，扶持发展低碳基础产业和生态友好型服务产业，聚焦新能源、节能环保、循环经济、节能服务业等新兴产业，力争打造低碳基础产业集群，壮大一批低碳产业龙头企业。

4. 南京市打造低碳型小城镇

低碳小城镇的建设是一项复杂的系统工程，既不是单纯的政府行为，也不是简单的市场行为，而是要政府、企业和民众多方共同参与。政府通过政策引导、科学规划、理念教育、行为培养等方式，推动低碳产品、低碳技术、低碳服务的市场化，从而调动企业与民众的积极性，让低碳生产方式和生活方式逐渐被企业与民众接受，最终构建起符合低碳经济和低碳社会双重要求的低碳化小城镇。

南京市将建设低碳小城镇纳入南京“十三五”发展规划，以低碳导向赋予新型工业化、新型现代化以及新型城镇化新的内涵，加速形成低碳化的生产模式、消费模式以及小城镇建设模式，积极培育低碳工业领域碳交易市场，大力发展低碳金融。科学的城镇规划是建设低碳小城镇的关键。在规划阶段就要推动小城镇向低碳方向发展，明确长远的发展目标，合理规划产业布局。其一是要调整工业结构和布局，构筑现代循环经济体系。按照循环经济理念构建循环经济产业园，通过规划策划和用地布局，改变传统的“资源—产品—污染排放”的单一模式，做到“资源—产品—再生资源”的循环利用的发展模式。其二是积极发展清洁及可再生能源，以生物质能、风能、氢能、太阳能等为主，加大低碳产业化力度；大力发展以高新技术、信息技术、生物技术等为代表的最具发展潜力的低碳产业，积极引进秸秆利用技术、水生植物深加工技术、蓝藻综合利用技术等环境友好型产业。其三是要大力发展现代服务业。优先发展电子信息、金融、保险、旅游等低碳产业和服务业，积极推进以创意设计工作室、创意产业园和文化创意体验区为载体的创意产业的发展。

低碳小城镇的建设不仅是产业方式的转变，也是民众生活理念、生活方式的改变。低碳小城镇不仅意味着要加快淘汰高耗能、高污染、高排放的落后生产工艺，推进节能减排的科技创新，而且意味着要引导公众改变现有的生活理念和生活方式。要戒除以高能耗为代价的“便利消费”与使用“一次性”消费品的嗜好；真正培育低碳生活理念和生活方式，比如绿色出行，即以走路、骑自行车等无污染的出行方式代替汽车出行。

三、世界城市新能源发展模式及经验

世界城市的核心内涵是其全球性的“控制和指挥”功能，这种功能体现在它所处的枢纽的关键位置。其本质上是指一种“世界城市地位”，即那种具有重大世界影响的城市的“地位”，而这种地位是由世界城市所具有的不同于一般大城市的功能所决定的。它既可用以表达某一个具有世界城市地位的城市个体，也可用来表达具有世界城市地位的某一类城市群体。①

随着城市化进程的不断推进，当前城市发展面临的问题和挑战越来越严峻，能源问题以及与之相关的环境问题、气候问题已成为重要挑战。美国纽约、法国巴黎、英国伦敦、日本东京等世界城市突出了政府的主导作用，培育和发展了新能源，加快了产业结构调整，实现了低碳经济下可持续发展。

① 沈金箴，周一星. 世界城市的涵义及其对中国城市发展的启示［J］. 城市问题，2003（3）：13-16.

（一）纽约新能源发展：注重立法，加强规划

纽约是美国最大的城市和美国第一大港，也是世界经济中心。纽约与英国伦敦、日本东京、法国巴黎并称为世界四大国际大都会，是国际级的经济、金融、交通、艺术及传媒中心，更被视为都市文明的代表处。由于联合国总部设于该市，因此被世人誉为“世界之都”。

1. 纽约市能源使用面临挑战

纽约市面临着能源成本攀升、碳排放量大幅增长、电力趸售市场无效率、能源基础设施老化、建筑能效低下以及能源需求大幅攀升等问题。

第一，能源支出较高，能源需求持续攀升。纽约市民每年在能源消费方面的总支出达到 134 亿美元，每位居民年均达到 145 美元，这些钱主要用在照明、家用电器、制冷、取暖等方面。2007 年纽约市用电量达到 54 869 千兆瓦，比 10 年前增长 23%。2012 年，纽约市能源需求将超过能源供应。截至 2015 年，该市年度电费和供暖费（不包括运输费用）增加到 30 亿美元。转化为能源支出，纽约市每年每户要支付比现在高 300 至 400 美元的能源费用。

第二，能源结构不合理，能源基础设施老化。纽约市现有发电机组平均服役年龄超过 30 年且技术老化，这些老发电厂发同样数量的电，比新电厂使用燃料要多 30%～60%，空气污染率多好几倍。由于纽约市能源需求的暴涨和电网老化，2006 年 7 月 17 日，纽约市电缆出现故障，该市皇后区持续停电 10 天，期间整个城市被热浪笼罩，温度最高达 39 摄氏度。纽约市电价比平时电价增加了 500%，一度成为美国最贵的电价。

第三，建筑能效低，旧有建筑能效改造任务重。建筑耗能是纽约市能源消耗的最主要部分。纽约市三分之二以上的能源供应用于建筑耗能，而在美国全国平均水平不到三分之一。纽约市建筑耗能所排放的二氧化碳占到整个城市温室气体排放的 80%。尽管纽约市大部分新建筑是全球领先的绿色建筑，但一些原有的建筑能效比较低。预计到 2030 年，至少还有 85%的能源消耗量和二氧化碳排放量来自那些旧有建筑。因此对旧有建筑的能效改造任务十分艰巨。

2. 纽约市新能源发展策略

面对严峻的能源形势，纽约市从 2006 年以来通过加强规划、成立专门组织、加强监管和立法、扩大新能源供应等系列能源发展新举措，取得了显着的能源供需平衡效果。纽约在 2006 年制订了能源发展中长期规划（2007—2030 年），其主要目标是增加新能源的供应、促进能源基础设施现代化。纽约市为确保新型、安全、可承受的电力供应大幅度提高，为此纽约市出台了一系列政策来开发可再生能源和新能源，包括太阳能、风能、潮汐能等。这些政策主要包括：

第一，出台新能源发展的系列规划。纽约市 6%的电力来自纽约州的可再生能

源资源，纽约的目标是将可再生能源在一次能源消费总量中所占份额增加到50%，先期由2000年的10%增加到2020年的15%。纽约在2007年出台了《纽约2030城市发展规划》，为纽约市在未来20年的低碳经济发展的目标、路径和所面临的挑战作了完整全面的政策建议和发展指导。在纽约市政府主导并规划纽约城市低碳发展道路的同时，纽约还积极制定相关政策鼓励市民参与低碳实践。2007年，纽约市长期规划和可持续发展办公室（Office of Long-Term Planning and Sustainability）出台了《绿色纽约计划》（Green YC），加强低碳教育，鼓励市民参与低碳城市建设，提高纽约市民的能源利用效率和环境保护意识，引导市民养成可持续的生活方式并减少碳排放。

第二，积极培育可再生能源市场。纽约市通过有关政策着力培育可再生能源市场，例如为安装太阳能电池板减税，可以抵消前三年安装费用的35%，第四年和第五年的20%。其次是加强新电厂建设和智能电网建设，通过应用先进的控制技术以及储能技术，完善新能源发电并网的技术标准，提高新能源接纳能力。其三是扩大新分布式发电项目。分布式能源可以和终端能源用户的能源需求系统进行协同优化，通过信息技术将供需系统有效衔接，进行多元化的优化整合，在燃气管网、低压电网、热力管网和冷源管网上，以及信息互联网络上实现联机协作，互相支持、互相平衡，构成一个多元化、新和低碳的能源网络。

第三，加强新能源基础设施建设。纽约市支持扩大新能源基础设施建设，鉴于新的天然气基础设施对纽约长期能源安全的重要性，纽约市将大力支持新的基础设施项目。目前，一些管道项目和液化天然气（LNG）终端建设正在积极推动中。纽约市积极开展新分布式发电（Clean DG），使之发电能力增加至800兆瓦。在纽约，并不是所有的发电量都来自于中央发电厂，小型发电厂被称为分布式发电（DG），目前发电能力为180兆瓦。分布式发电使用新燃料，如天然气。它是一种更为有效的能源生产形式，因为能源传输距离较短，能源损失减少8%。如果新分布式将发电损失的热量用于水的加热、暖气和冷却将更为有效。

（二）伦敦市新能源发展：积极打造绿色产业带

伦敦是英国的首都，也是全球最繁华的城市之一。伦敦是欧洲的经济、金融、贸易中心，与美国纽约并列为世界上最重要的金融中心，其在政治、经济、人文、娱乐、科技发明等领域上的卓越成就，使其成为全世界举足轻重的都市。伦敦城市人口极其庞大，整个都市区域的人口达到1 400万，其能源消费的总体水平可以与爱尔兰、葡萄牙或希腊相匹敌。

作为全球经济的中心，为了证明自己的领先，并确保其拥有可持续发展的未来，伦敦投入近400亿英镑的资金，制订了一套完善的战略规划，提出了建立在现有强项和优势领域基础之上的低碳经济短期、中期和长期发展主要目标。以

2012 年第 30 届奥运会为契机，英国伦敦提出打造绿色之都，在伦敦东区规划绿色产业带，打造国际低碳经济和项目的枢纽。伦敦在新能源产业中具有强劲的就业基础，进一步的技能和知识开发已经初具规模。

1. 推动产业升级，打造绿色产业带

作为伦敦最重要的城市改造和产业升级的机会，伦敦东区对城市向低碳经济的转型起着关键性的作用。绿色产业带的总体目标是把伦敦东区建设成为一个世界级的绿色产业和低碳经济的示范区。

首先，建设低碳能源基础设施。整个产业园区通过一个可持续低碳基础设施网络将实现全面的节能减碳，并创造出大量的就业机会和低碳型企业，具体包括兴建生物质热电厂和废弃物发电厂，利用废弃码头通过内河航运途径来输送燃料，通过家用涡轮机和太阳能电池板来鼓励园区内的各个建筑物自行发电。

其次，发展新型低碳产业。低碳环境和货物服务（LCEGS）产业是一个成长中的产业，它在英国经济中将成为越来越重要的组成部分。三种主要附属产业与绿色产业园区尤其相关，这有助于创造出高附加值的就业岗位和构建供应链，包括：环境产业（废弃物管理和回收，以及再生利用），再生能源（生物质能源、风能和光伏能源）和新兴的低碳产业（燃料汽车、替代燃料、建筑物技术）。伦敦的招商引资机构已经与该区域内将近 30 家低碳环境和货物服务（LCEGS）产业进行了合作，2007 年至 2008 年伦敦 LCEGS 产业中创造的就业岗位增加了 40%，伦敦东区的就业增长可以为当地人们创造出 6 000 多个新增的就业岗位。

最后，扩大更新改造产业。更新改造行业在伦敦有着巨大的增长潜力；为了使用该园区的产业性质和在该园区内实现低碳经济的目标，需要制订一系列计划。更新改造枢纽，使其成为有价值的分销中心，更新改造厂家可以将其用作为其材料和产品的一个来源。工业的更新改造计划是针对园区当地的产业性质进行的，能够在低碳运行的基础上有助于实现既定的目标，并能够在伦敦和其他地方进行复制。

2. 积极制定标准，扩大技术应用规模

伦敦市为低碳技术提供测量支持和独立的性能评估、校准和检验，并建立标准化的测量基础设施，支持现有的和新制定的国家、地区及全球性的碳排放交易、纳税和控制计划。主要低碳技术标准领域包括：

其一是低碳技术领域。为低碳技术（例如碳捕获和封存、风力和海洋动力、光伏技术、燃料电池和节能建筑材料）提供测量支持和独立的性能评估、校准和检验。

其二是碳贸易/碳定价领域。建立标准化的测量基础设施，支持现有的和新制定的国家、地区及全球性的碳排放交易、纳税和控制计划。

其三是气候数据领域。将碳测量方面的经验和技术运用于气候数据的采集，尤其是数据输入模型中，降低在气候预测方面的不确定性，采用一个更确定的碳足迹模式制定相应的政策。

在先进新技术应用方面，伦敦市鼓励利用废弃物来生产能源燃料，用诸如厌氧消化和气化技术（而不是焚化方式）来建设废弃物发电厂。另一方面提高伦敦家庭和工作场所的能源利用效率，使伦敦的企业和居民能够在减排的同时节省更多的电费。伦敦全市有30万家企业，320万户家庭和700万人口，这个规模不仅创造了生气勃勃的商品和服务的市场，而且也是一个复杂和密集的商业市场。伦敦企业有着开发低碳经济解决方案，并向其输出到世界各国的机遇。

3. 建立绿色资金，推动产业集聚

伦敦市大力吸引绿色资金，通过推动新能源产业的集聚来鼓励低碳技术的创新，例如伦敦设立了1亿英镑的绿色基金资本，投向废物处理和提高能效；鼓励技术创新，大力扶持尚未成熟的低碳技术，为商业化和创新型的低碳解决方案进行融资、开发和展示。

促进外来投资向低碳经济的倾斜，为本地劳动力创造需求；努力扩大规模经济，再反过来刺激低碳采购；推动伦敦的二氧化碳减排；通过展示低碳采购的解决方案来刺激低碳研发活动的开展；确定公共部门低碳采购的优先领域和战略目标；评估最佳实践的国际模式和在伦敦复制这些成功的模式；确定和支持主要都市区和先导团体研究新型低碳类别的商业案例和实验；在伦敦市政府的低碳采购中设立一个最佳实践和创新的渠道。

（三）东京注重产业规划，加强国际合作

东京是日本的首都，也是闻名世界的国际大都市。作为日本面向世界的门户，东京建设低碳城市的举措不仅是日本低碳城市建设的重点，也是各国低碳城市建设过程中引人注目的个案。

为推动新能源的发展，促进低碳城市的建设，东京制定了“为实现可持续发展东京新战略计划、东京都可再生能源战略”以及反映东京都长远发展的“10年后的东京计划”等一系列政策规划。东京提出，到2020年要把新能源占能源消耗总量的比例提高20%，其中包括对太阳能的利用要实现“飞跃式的扩大利用”，重点开发目前尚未得到重视的领域，如生物质能源等。作为具体的实施手段，东京都希望能通过政府各项政策和努力，推动对新能源的需求与选择，并通过金融、税制等经济手段来进行引导和调控作为这项战略的具体实施。

1. 制定新能源的发展目标

建设低碳城市必须首先考虑替代高碳的基本途径，东京充分利用自身的优势，充分意识到可再生能源开发的重大意义，在详细介绍和总结世界各国和日本国在该领域内重要经验的基础上，提出自己的发展思路。东京提出到2020年，要

把新能源占能源消耗总量的比例提高 20%。作为具体的实施手段，东京希望能通过政府各项政策和努力，推动对可再生能源的需求与选择，并通过金融、税制等经济手段来进行引导和调控，在此基础上还提出了针对不同领域、不同主体的具体项目设计。当然，这个计划的真正实现，在东京都政府积极实施的同时，还期待非营利组织、民间企业等主体推进各项事业的展开。为此，重视非营利组织、民间企业以及各区、市、町间的协调合作，确立共同的项目小组等具有发展性的体制。

2. 大力推广新能源的开发和应用

一方面，2009 年东京市政府修改了《环境保护条例》，要求拥有 200 辆以上车辆的公司到 2016 年 3 月低污染、低能耗汽车必须占到 5%以上，并对购买者给予一定的财政补贴。另一方面，东京推动生物柴油应用计划。2007 年，东京开始针对市区范围内的公共汽车引入生物柴油，并开展第二代生物柴油在市区范围内公共汽车的应用论证和研究。此外，东京大力推动沿海风力发电、更好开发废弃物发电、从东京都都厅开始向全市推广太阳能发电、全面探索海洋温差发电、波浪发电、潮汐发电以及潮流发电等可能性等领域，都取得了令人瞩目的成绩，这为低碳东京的建设提供了重要基础和保证。

3. 建立新能源发展基金

2007 年 1 月东京都特别设置了“推动减碳城市建设本部”并设立“全球变暖对策应对基金”，2007 年 6 月通过的《东京都气候变化对策方针》，核心是围绕《东京减碳十年项目》提出的目标进行具体筹划和落实。2008 年 203 亿日元资金支持 98 个项目新能源项目，2010 年投入进一步提升到 391 亿日元，支持 115 个新能源发展项目，呈现出稳步上升的趋势。东京还积极重视中小企业的新能源发展和利用，对中小企业则提出“推动中小企业节能信用贷款项目”，在政府的严格审核和监督下，2010 年、2011 年两年内为中小企业新能源设备提供资金补助，以支持中小企业应用新能源设备。

4. 开展新能源技术的国际合作

东京积极与世界大城市进行沟通合作，开展新能源技术的国际合作，共同探讨交流在推动新能源产业发展和低碳城市过程中的经验。例如，东京都与伦敦市签订《东京都与伦敦市政策合作相关协定书》，进行环境和新能源密切合作。东京都与美国加利福尼亚州之间就进行了新能源技术的交流和合作，美国电力研究院（EPRI）宣布与日本东京电力研究所（CRIEPI）签署合作协议，共同研究核电厂相关的材料科学、组件性能和辐射安全问题。

四、我国城市新能源发展模式与经验

随着我国城镇化进程的加速，合理发展城市新能源的应用越来越受到国家和政府的重视。近10年来，我国新能源发展迅速，在新能源产品的生产、建设、应用等方面形成完整的产业链，并形成区域性的产业发展集群。

（一）保定市新能源产业集群模式

保定市新能源与能源设备产业集群的建设始于2000年，2003年获得国家科技部正式授牌，成为中国第一个能源设备与新能源产业基地。2006年保定市政府提出“中国电谷”建设战略，旨在建设一个国际化新能源产业集群。保定形成以光伏发电、风力发电为重点的七大新能源产业集群，成为国内新能源产业方面的信息、人才、技术的聚集区，引导国内能源设备与新能源产业的发展方向。

1. 保定市新能源产业集群发展

保定市的风电产业园涵盖风电叶片、控制、整机、逆变及相关配套产品研发、制造、检测各个环节的风电产业链条趋于完整，相关企业近50家。2008年新增3家叶片生产企业，2家整机生产企业，6家风电叶片配套企业全部投产，全年风电整机产能达到100台，风电叶片产能达到1 200兆瓦，风电控制系统产能达到400台，已形成较为完整的风电产业体系。光伏电池方面，保定天威英利新能源有限公司是目前国内唯一的全产业链光伏设备制造商，已成为中国光伏发电制造产业的领军企业，以天威英利为核心，相关配套产业快速成长，目前相关企业已达40余家。在高效节能产业园方面，“中国电谷”从输电、发电、风电、配电四个环节入手，培养、储备了一批满足国家建设节约型社会重大需求且在国际国内都具有领先水平的自主创新项目，主要有低压配电自动化技术、大电网稳定技术、智能快速充电技术、串级调速技术、大型电动机斩波内馈调速技术等，从而有效缓解了国家能源紧张的形势。

在输变电设备产业园建设方面，“中国电谷”涉及输变电产业的企业共巧家，项目30余个，其中骨干企业天威集团在国内的变压器制造行业中经营业绩显著。该公司成功试制了国内首台36万kVA/500kV联络变压器，填补了国内空白，技术指标达到了国际同类产品的先进水平；天威集团还完成了河南沁北72万kVA变压器的解体运输和现场组装，开创了国内大容量变压器解体运输的先河。新型储能产业园以中国知名蓄电池生产企业风帆股份公司为龙头，采取名牌战略，凭借销售网络和品牌优势，优化资源配置，不断增强以新型绿色环保电源、工业铅酸蓄电池和起动铅酸蓄电池三大支柱产品所组成的主业，不断提高市场占有率。“中国电谷”的电力自动化产业和电力电子产业中，电力软件产品占了相当大的比重。在建设和完善新能源与能源设备产业链的同时，电力软件产品作为控制配套，需要实现同步发展。电力自动化及电力软件企业将通过产业集聚，改变新能源与能源设备产业基地电力自动化行业的“小而全”模式，以“特、精、强、大”为宗旨，走产业集聚、特色发展之路，聚集整合30～40家中小型企业，成立大型企业集团，使高新区电力自动化产业集团跨入全国先进电气科技产业集团行列。

2. 保定市新能源产业集群特征

保定市新能源产业基地已经初具规模，拥有了发展新能源产业和能源设备制造业的技术优势和产业基础优势，产业集群已经形成，主要有以下特点。

（1）产业集群提升创新优势

保定市新能源产业集群主要有以下两个方面的创新优势，其一是新能源企业集聚使集群内的信息与知识的累积效应增加并促进其流动速度加快，降低了入驻企业实施技术创新的风险；其二是企业的集聚能够加速技术创新研发发展的步伐。中国电谷新能源产业集群自 2006 年创建以来共形成 17 项有关电力的国家行业标准，300 多项科研成果，180 多项具有国际、国内领先水平的专利技术，这些成就的取得是单个企业所无法企及的。

（2）产业集群增强品牌优势

产业集群对于区域品牌的形成有很大的促进作用。因为产业的集聚在区域内形成具有地方特色的产业集群，从而使这一区域在这一个产业方面拥有独特的声誉。而区域政府通过对集群内企业进行政策优惠、税收支持等各个方面的扶持，以及对区域投资软、硬环境的改善，通过提供高效、优质的全方位服务，推进产业集群的持续、健康、快速发展，这样更有利于区域品牌效应的提升。中国电谷共拥有“国家可再生能源产业化基地、国际科技合作基地、新能源产业国家高新技术产业基地、太阳能光伏发电集中应用示范区、国家新型工业化产业示范基地、国家太阳能综合应用科技示范城市”等八项国家级荣誉，这些都成为保定市新能源产业的品牌，为中国电谷进一步发展发挥了重要的作用。

（3）产业集群增加协同竞争力

新能源产业集群内企业由于地理位置相近，企业间通过合作、或者结为联盟等各种方式来共同完成生产或者销售活动，这样不仅可以降低运输成本，而且使原材料的采购价格降低，使企业节约不少成本。产业集聚也促进了劳动力的大量聚集，具备专门技能的劳动力的聚集带动了整个产业园内劳动力市场的发展。因此产业集群能够使相互之间有产业关联的企业聚集在一起，形成相互之间有密切联系的整体，集群内企业通过相互之间的积极作用，使这个整体的竞争力不断增强，进而使产业集群快速形成，整体的规模不断壮大，形成良性循环。

（二）新余市龙头企业带动模式

新余高新区于 2010 年 11 月经国务院批准升级为国家级高新区，园区现有各类企业 400 余家，规模以上工业企业 80 家。2012 年全区完成生产总值 172.24 亿元，财政总收入 17 亿元，固定资产投资 206 亿元。综合排名自 2005 年起连年居江西省工业园区前三强，成为全市乃至全省对外开放的窗口、经济发展的增长极、科技创新的先导。先后被授予“国家新能源科技兴贸创新基地、国家硅材料及光伏应用产业化基地、江西省光伏产业特色工业园”等称号。

1. 新余市龙头带动新能源产业发展

新余市是科技部命名的国家新能源科技城，作为全国第一家以发展新能源产业为重点的科技城，新余市委围绕“积极融入鄱阳湖生态经济区、加快建设国家新能源科技城”这一主线，把发展新能源产业作为“一号工程”，紧盯世界新能源发展前沿，加快产业结构调整步伐，大胆自主创新，大力打造以赛维 LDK 公司为龙头的光伏产业，新余市已基本形成了以光伏产业为核心，动力与储能电池产业、风电产业和节能减排设备制造业为补充的“一大三小”格局。

赛维 LDK 公司拥有国际最先进的多晶硅片生产设备和工艺，所产硅片品质居国内同行业领先水平；起草的《太阳能级多晶硅片》和《太阳能级多晶硅块》两项国家标准已成为行业标准；公司 1.5 万吨高纯多晶硅料项目采用了目前世界最先进的“改良西门子法”，单位产品的还原电耗大大低于国家标准，创造了国际硅料行业多个技术单项第一。江西瑞晶公司和江西升阳公司生产的太阳能电池片转换效率一直保持在 16%以上，处国内领先水平。江西中材公司是我国唯一掌握了石英陶瓷坩埚生产技术的企业。目前，全市已形成较完整的晶硅电池产业链，产业配套体系日益完善。赛维 LDK 公司已成为全球首家贯通全产业链的垂直一体化光伏企业。

目前全市已注册光伏企业 123 家。已形成硅料产能 2.5 万吨，硅片产能 4 200 兆瓦，电池片产能 1 500 兆瓦，组件产能 250 兆瓦，石英陶瓷坩埚产能 20 万只，石英玻璃坩埚产能 2 万只。龙头企业江西赛维 LDK 公司硅料产能国内第二，全球第八，多晶硅片产能全球第二，组件产能全球第一。计划到 2015 年，全市年产高纯硅料达到 4 万吨，硅片达到 1 万兆瓦，太阳能电池达到 1 万兆瓦、太阳能组件达到 5 千兆瓦，主营业务收入突破 2 000 亿元，发展成为世界级的光伏产业基地。努力将赛维公司培育为主营业务收入过千亿元集团企业，打造国际光伏龙头企业。瑞晶公司、吉阳公司、升阳公司过百亿元，培育一批产业骨干企业。

2. 龙头带动模式的主要优势

龙头企业在不断发展的过程中，逐渐占据了产业集群的生产网络和社会网络中龙头地位和核心地位，并且主导着集群的发展和演进，在产业集群中扮演着不可替代的关键角色。

第一，促进产业集群扩展。龙头企业处于产业集群生产网络和社会网络的核心地位。从龙头企业的产生和发展的过程来看，龙头企业在与集群配套企业的紧密合作和与同质企业的激烈竞争中，逐渐建立与集群成员的广泛而深刻的产业联系与社会联系，成为集群网络的关键、中心节点，吸聚着集群大部分的产业链资源、知识资源、品牌资源。同时，龙头企业凭借其核心地位，不断发挥技术溢出、品牌福射等作用，引领集群网络的进一步延伸和扩展。

第二，保护产业集群抵御外部市场冲击。龙头企业的市场龙头地位来源于产业集群网络结构带来的网络资源和竞争优势。龙头企业凭借在集群网络中的核心地位，吸聚并整合集群的网络资源，在产品研发、质量控制、市场营销、售后服务、品牌等方面建立起集群其他企业不能相抗衡的竞争优势，从而在集群内市场竞争中占据极高的市场份额，获取巨额营业收入和营业利润。同时龙头企业依托产业集群的优势，在整个行业的占据着较高的市场地位。

第三，促进产业集群创新与转型升级。龙头企业在与集群及集群内企业的互动关系中发挥着领导作用，处于主导地位。龙头企业控制着配套企业的分包订单，在合作开发的过程中往往处于技术输出方，在供应链管理中充当组织者，从而引领配套企业的产品生产、技术升级，主导与配套企业的合作。从集群角度来说，龙头企业在不断发展的过程中，逐渐占据了产业集群的生产网络和社会网络中龙头地位和核心地位，并且主导着集群的发展和演进，在产业集群中扮演着不可替代的关键角色。

第五章

北京市新能源产业发展的环境与基础

本部分首先对北京市新能源所具有的产业环境与基础进行了详细的分析和说明，并在此基础上对已有的政策环境与基础进行了归纳和梳理，如目前北京市正在大力推行的自主创新政策、科学发展观和低碳经济战略等，最后对新能源发展资源基础进行了分析和总结。

一、北京市新能源产业发展的经济环境

经过了多年的经济高速增长和大规模城市建设，北京已经走过了工业化增长阶段和规模城市化的高速增长阶段。随着国际国内环境的变化，特别是2008年以来国内外形势的深刻变化，北京经济形势显著改变，现代服务业占GDP比重超过50%，北京国际都市经济发展阶段特点日益鲜明，首都职能型、枢纽型、约束型、前置型经济发展呈现出新的样式、体现出新的要求。

（一）北京经济进入增长动力转型期

“调结构、转方式”让北京市经济实力不断增强，社会劳动生产率稳步提升。具体表现为投资推动向消费拉动主导转型、投资与消费的内化集聚向外向集散转型、国际贸易通道向国际要素枢纽转型。2015年，北京实现地区生产总值22 968.6亿元，比上年增长6.9%。其中，第一产业增加值140.2亿元，下降9.6%；第二产业增加值4 526.4亿元，增长3.3%；第三产业增加值18 302亿元，增长8.1%。按常住人口计算，全市人均地区生产总值达到106 284元（按年平均汇率折合17 064美元）。其中全年实现工业增加值3 662.9亿元，比上年增长0.9%。其中，规模以上工业增加值增长1.0%。在规模以上工业中，国有控股企业增加值增长2.4%；高技术制造业、现代制造业、战略性新兴产业增加值分别增长6.7%、6.3%和1.1%。规模以上工业实现销售产值17 408.2亿元，下降3.0%。其中，内销产值16 335亿

元，下降 1.2%；出口交货值 1 073.3 亿元，下降 23.9%。全年规模以上工业企业经济效益综合指数为 303.3，比上年提高 2.8 个点。规模以上工业企业实现利润 1 580.3 亿元，比上年增长 6.0%。重点行业中，电力、热力生产和供应业实现利润 559 亿元，增长 23.4%；汽车制造业实现利润 346.9 亿元，增长 7.1%；医药制造业实现利润 129 亿元，增长 16.2%；通用设备制造业实现利润 55.4 亿元，下降 0.1%；计算机、通信和其他电子设备制造业实现利润 84.2 亿元，下降 22.0%。①

在对外经济方面，2015 年北京地区进出口总值 3 195.9 亿美元，比上年下降 23.1%。其中，出口 546.7 亿美元，下降 12.3%；进口 2 649.2 亿美元，下降 25.0%。全年合同外资 323.8 亿美元，比上年下降 9.3%。实际利用外资 130 亿美元，增长 43.8%。其中，金融业占 56.4%，批发和零售业占 18.6%，科学研究、技术服务和地质勘查业占 7.6%，租赁和商务服务业占 5.5%，制造业占 4.6%，信息传输、计算机服务和软件业占 3.7%。全年境外投资中方实际投资额 95.55 亿美元，比上年增长 75.0%。对外承包工程完成营业额 35.5 亿美元，下降 0.7%。对外劳务合作人员实际收入 16 012 万美元，增长 1 倍。

（二）北京经济进入产业结构调整期

北京市经济结构不断调整优化。产业结构继续向符合城市功能定位和首都经济发展方向调整。“十二五”时期，全市地区生产总值年均增长 7.5%，低于“十一五”时期平均增速 3.9 个百分点，其中第一产业年均下降 0.6%，第二产业和第三产业年均分别增长 6.5%和 8.0%。三次产业结构由 2010 年的 0.9∶23.6∶75.5，调整为 2015 年的 0.6∶19.6∶79.8。②现代服务业表现强劲，金融业，信息传输、计算机服务和软件业，租赁和商务服务业，科学研究、技术服务与地质勘查业总量均超过千亿。其中，科学研究、技术服务增长 11.2%，金融业比上年增长 11%，租赁和商务服务业增长 9.5%，均高于全市经济增速水平。

北京主要贡献产业结构中，金融业等高端服务业在国家加快服务业、金融市场化发展背景下稳步扩张发展，以批发与零售、商务服务业为核心的枢纽经济加快发展，工业、房地产业伴随工业化、城市化进程的结束在约束中逐步发展收缩，以科技产业的加速发展率先形成了创新经济的发展特征。在产业布局方面，中关村科技园区、北京市经济技术开发区等重点功能区发展加快，成为北京市经济的重要增长区。投资结构出现预期变化，工业投资增长 19%，基础设施投资增长 31.8%，占全社会固定资产投资的比重分别达到 13.6%和 21.6%。出口结构趋于优

① 北京统计信息网. 2015 北京市国民经济和社会发展统计公报［EB/OL］.（2016-02-15）［2016-04-18］. http://www.bjrd.gov.cn/xwzx_1/xwkx/yfly/201602/t20160215_159939.html.

② 同上。

化，电子信息等高新技术产品占地方出口的比重达到 52.6%。

（三）北京市能源生产与消费呈现新格局

北京是一个能源资源相对贫乏的地区，目前所需的能源主要从外省调入，属于典型的能源输入型地区。其中，原煤主要由山西调入，电力从华北电网调入，天然气来自陕甘宁长庆天然气气和华北油田。

1. 北京市能源生产情况

2005—2014 年北京市的能源生产量如表 5-1 所示，可以看出一次能源（原煤）的生产量逐渐降低，2005 年北京市一次能源生产量为 679.5 万吨标准煤，2014 年降低到 514 万吨标准煤，这与北京市的能源储藏量和勘探量有关。而二次能源的生产量大幅度增长，2005 年二次能源生产量为 2 832.1 万吨标准煤，2014 年增长到 3 333.2 万吨标准煤，其中，汽油、煤油、柴油、热力和电力都有相当幅度的增长，例如汽油 2005 年产量为 156.5 万吨，2014 年大幅增加到 287.4 万吨；煤油 2005 年产量为 12.4 万吨，2014 年增幅为 12.3 倍，达到 152.3 万吨；而燃料油大幅度下降，2005 年产量为 68.5 万吨，2014 年下降到 4.5 万吨。

表 5-1　　2005—2014 年北京市能源生产情况①

年份	一次能源（万吨标准煤）	原煤（万吨）	二次能源（万吨标准煤）	汽油（万吨）	煤油（万吨）	柴油（万吨）	燃料油（万吨）
2005	679.5	945.2	2 832.1	156.5	12.4	176.8	68.5
2006	460.5	642.1	2 714.4	159.3	11.6	185.9	64.0
2007	466.1	648.8	2 895.2	176.5	36.4	268.2	41.9
2008	414.2	578.5	3 213.3	215.5	85.2	373.3	42.1
2009	475.7	641.3	3 346.7	272.6	111.6	364.2	29.6
2010	481.1	500.1	3 457.3	257.1	116.1	350.4	34.9
2011	482.0	500.1	3 209.1	251.2	126.4	355.7	21.4
2012	501.8	493.1	3 267.2	261.9	132.9	319.1	24.0
2013	541.7	500.1	3 019.0	223.9	99.4	194.7	16.9
2014	514.0	457.5	3 333.2	287.4	152.3	219.8	4.5

① 北京统计信息网. 北京市统计年鉴［EB/OL］.［2016-07-02］. http://www.bjstats.gov.cn/nj/main/2015-tjnj/indexch.htm.

2. 北京市能源消费情况

随着社会经济的迅猛发展，北京市能源消费规模不断提高，能源消费总量也相应在不断增加，2005—2014 年北京市的能源消费量如表 5–2 所示。2005 年北京市能源消费量为 5 521.9 万吨标准煤，2014 年增加到 6 831.2 万吨标准煤，相对于 2005 年增加 23.7%。在产业消费结构中，2005—2014 年第一产业能源消费总量变化并不明显，2014 年第一产业能源消费为 91.7 万吨标准煤，仅比 2005 年增加 5.4 万吨标准煤；第二产业能源消费出现下降趋势，2005 年第二产业能源消费为 2 702.5 万吨标准煤，2014 年能源消费下降到 1 998.4 万吨标准煤，比 2005 年降低 26%，这源于北京市加强对高耗能、重污染产业的管理和控制，加速产业结构升级，鼓励和推进低耗能、污染小的知识密集、人才密集型转变有关。第三产业在整体能源消费结构中比重上升，2005 年第三产业能源消费为 1 918.7 万吨标准煤，占北京市能源消费总量的 34.75%；2014 年第三产业能源消费达到 3 236.5 万吨标准煤，占北京市能源消费的比重也上升到 47.38%，这也说明北京市第三产业发展取得长足进步，服务业日益成为引领首都经济社会转型发展的新引擎、新方向。

表 5–2　　2005—2014 年北京市能源消费情况[①]

年份	能源消费总量（万吨标准煤）	第一产业（万吨标准煤）	第二产业（万吨标准煤）	第三产业（万吨标准煤）
2005	5 521.9	86.3	2 702.5	1 918.7
2006	5 904.1	92.3	2 773.1	2 129.3
2007	6 285.0	96.4	2 793.8	2 389.5
2008	6 327.1	96.9	2 550.5	2 610.5
2009	6 570.3	99.0	2 544.2	2 760.3
2010	6 954.1	100.3	2 726.7	2 897.4
2011	6 995.4	100.3	2 488.7	3 100.5
2012	7 177.7	100.8	2 426.1	3 252.1
2013	6 723.9	97.3	2 079.2	3 109.1
2014	6 831.2	91.7	1 998.4	3 236.5

① 北京统计信息网. 北京市统计年鉴［EB/OL］. ［2016-07-02］. http://www.bjstats.gov.cn/nj/main/2015-tjnj/indexch.htm.

二、北京市新能源产业发展的政策环境

在全球应对气候变化、各发达国家竞相抢占新能源和可再生能源发展先机的背景下，大力开发利用新能源已成为建设“人文北京、科技北京、绿色北京”和中国特色世界城市的重要载体，是优化首都能源结构、抢占新一轮国际竞争战略制高点的重大举措，对于增强首都创新能力、培育未来经济战略支撑、实现绿色可持续发展都具有重要意义。

（一）低碳城市建设成为北京市新能源产业发展动力

北京市要建设资源节约型城市，促进地区经济社会和人口、资源、环境的协调发展，建设“绿色北京”和“世界城市”，就必须走低消耗、低排放、再利用、高效率的生态经济发展道路。北京市紧紧围绕“人文北京、科技北京、绿色北京”的总体战略，提出要着力聚集整合创新要素，着力加强创新制度安排，着力推进创新成果产业化，努力将北京建设成为全国新能源高端研发中心、高端示范中心和高端制造中心，持续推进竞争力提升，更好地服务于区域和全国创新发展。

北京市在“十二五”规划中提出，强化创新驱动。坚持高端引领、创新驱动、绿色发展，不断创新发展理念、发展模式，把推动发展的动力加快转移到更多依靠科技进步、劳动者素质提高和管理创新上来。要加强创新能力建设，提升自主创新水平，增强经济长期竞争力。要以推动自主创新为核心，努力实现科技发展思路的调整和转变。这就要求从发展战略上要加强自主创新，发展目标上要专项高端引领、创新驱动、绿色发展的轨道；发展重点是要把主要力量放在解决制约做好关键技术的研发储备，放在先进应用型技术的研发和转化上。

北京市依托本市新能源领域雄厚的研发实力，建成了一批国家重点实验室、国家工程实验室、国家工程研究中心等研发机构；在全国率先成立了太阳能光伏、光热、风能、生物质能等6个新能源产业技术联盟，初步形成了企业、研发机构、产业联盟相互促进的创新格局。在光热发电技术、非晶硅薄膜电池生产线成套装备技术、大型风电关键技术、新能源汽车技术研发等领域创新优势明显。在太阳能、风能、地热能和生物质能等领域，围绕系统集成、成套设备供应、整体解决方案、检测认证等高附加值环节，涌现出一批具有较强竞争优势的技术服务企业和中介机构。中国技术交易所和北京环境交易所的成立，为促进北京市新能源的技术交易和科研成果转化提供了良好平台。

（二）新能源是北京建设世界城市建设的必由之路

北京市全面贯彻落实党的十八大和十八届三中全会精神，以确保首都能源运行安全平稳为首要任务，以加快能源结构调整为工作重点，全面提升能源运行综

合调节水平，不断推进新能源体系建设，为首都经济社会发展提供安全、新、高效的能源保障。

但是北京市能源资源有限，对外依存度高，每年都需从山西、河北、内蒙古等周边省市大量调入能源，全市能源供需缺口有逐年扩大趋势。2014 年北京市能源消费总量 6 831.2 万吨标准煤，外省市的大力支持对全市经济持续增长起到了重要作用，其中电力供应 60%从华北电网调入，原油、天然气来自陕甘宁长庆天然气气田和华北油田，而原煤由山西、内蒙古、河北等省区调入。但近年来，国内天然气、电力和成品油供应日趋紧张，价格持续攀升，加之交通运输条件等方面的制约，北京市能源外购难度越来越大，能源安全问题逐渐显现。

北京市能源消费中，燃煤消费总量依然较大，结构调整任务更加紧迫，系统推进新能源转型、改变中心区燃煤集聚格局，治理污染问题的任务依然艰巨。北京市能源结构与国际特别是与东京、伦敦、巴黎等已实现无煤化的世界城市相比，还有很大差距。在新能源利用方面，北京市比重偏低，特别是天然气比重仅为 14.2%，明显低于 40%～50%的世界城市平均水平。北京市新能源产业也尚处于起步发展阶段，新能源产业的规模偏小、能源科技创新能力仍有待提升等制约因素依然存在。推动能源绿色发展。走绿色低碳发展之路，是能源发展的大势所趋。要新、高效、可持续地开发、转化和利用化石能源，加快新能源的大力发展，实现创新驱动与绿色发展相互促进，是一项艰巨而长期的任务。

（三）政府为新能源发展提供良好的政策环境

北京市政府明确提出，要营造良好的政务、政策、法治和社会环境，创新科技投入机制，激发企业创新和科研院所发展的活力，要用一套好的机制整合科技资源及科研力量，完善科研院所内部管理机制，为提高新能源产业自主创新能力提供强有力的保障。

在政策法规体系建设方面，北京市相继出台了《北京新能源和可再生能源发展“十二五”规划》、《“绿色北京”行动计划（2010—2012 年）》、《北京市振兴发展新能源产业实施方案》等一系列政策措施，为促进北京市新能源产业提供了良好的政策环境。表 5–3 是北京市促进新能源发展的规划及政策措施，同时出台的《北京市支持新生产资金使用办法》、《太阳能光伏屋顶发电项目补助资金管理办法》、《太阳能热水系统补助资金管理办法》等一些配套措施也逐步落实，有效促进了北京市新能源产业的发展。在标准体系建设方面，北京市出台了《太阳能热利用产品技术标准体系》、《太阳能电池及组件技术标准体系》、《北京市地热及浅层地能标准体系》、《太阳生物质能标准体系》、《北京市风能标准体系》等一系列地方标准，为新能源产业的发展提供标准和体系的规范。

表 5-3　　北京市促进新能源发展的规划及政策措施

颁布时间	主要规划及政策
2006 年 5 月	《关于发展地泵系统的指导意见》
2006 年 12 月	《北京市“十一五”时期能源发展及节能规划》
2007 年 5 月	《北京市支持新生产资金使用办法》（京财经一〔2007〕156 号）
2009 年 3 月	《“绿色北京”行动计划（2010—2012 年）》
2009 年 10 月	《北京市振兴发展新能源产业实施方案》
2009 年 12 月	《北京市加快太阳能开发利用促进产业指导意见》
2010 年 9 月	《关于加快构建本市安全高效低碳城市供热体系的有关意见》
2011 年 11 月	《北京新能源和可再生能源发展“十二五”规划》
2012 年 3 月	《北京市“十二五”时期能源发展建设规划》
2013 年 8 月	《北京市人民政府办公厅关于印发北京市 2013—2017 年加快压减燃煤和新能源建设工作方案的通知》
2013 年 8 月	《北京市 2013—2017 年新空气行动计划》
2014 年 1 月	《北京市示范应用新能源小客车管理办法》
2015 年 9 月	《北京市示范应用新能源小客车管理办法》（2015 年修订）
2016 年 4 月	《北京市示范应用新能源小客车财政补助资金管理细则（修订）》

在新能源产业发展方面，以建设中关村国家自主创新示范区为契机，北京加大新能源和节能环保产业培育力度，把北京建成全国新能源产业技术创新中心和高端制造基地。以中关村海淀园为例，其新能源产业总收入 783 亿元，增速 30%；该园区在新能源行业形成了一批领先企业，在细分产业中产值排名前列，园区集聚了我国大约 10%的节能服务公司，占本市节能服务公司总数的 41.2%。园区成立了中国能源合作联盟等 10 多家产业联盟或技术联盟，成为国家和本市新能源重大科研活动的参与者和推动者。

（四）科学发展观和生态文明观为新能源产业发展提供思想保障

学习党的思想路线，用科学的发展观指导新能源产业的实际工作，深入推进节能减排，提升生态文明水平，走绿色低碳、生态友好发展之路，具有十分重要的现实意义。

依据科学的发展观和生态文明观，对于北京市新能源产业发展，总体上应当做到：以邓小平理论和“三个代表”重要思想为指导，全面贯彻落实党的十八大和十八届三中全会精神，开拓进取，扎实工作，加快发展；围绕建设“绿色北京”和“世界城市”的长期战略目标，积极推进新能源产业的发展；更加注重远近结合；兼顾当期和长远发展需要，超前谋划，合理布局，使新能源发展建设既满足当前城市安全稳定运行的需要，又符合未来经济社会可持续发展和建设中国特色世界城市的要求；要注重科技创新，对接国家重大科技专项，加强基础研究和关键技术攻关，不断增强首都新能源科技创新能力；充分发挥市场机制作用，加快推进重点领域和关键环节改革，创造新能源良好发展环境。

科学发展观要求推进本市新能源产业基地和园区规划建设，积极吸引国内外有实力的新能源企业落户园区，发挥产业集聚效应；充分发挥北京市已有产业优势，进一步做大高端装备制造产业，做强系统集成产业，做实标准创制企业，巩固提升本市新能源产业的核心竞争力；要扎扎实实地进行新能源领域重点攻关，务求突破；要加快大院大所、重点实验室、重点企业技术中心和中小企业创新服务平台的引进和建设；要多种方式加大宣传力度，着力搭建高层次的新能源政策、信息、技术交流平台，充分利用媒体资源，在全社会大力普及宣传低碳发展理念和新能源知识，营造全社会关注、参与新能源发展的良好氛围。

三、北京市新能源产业发展的科技创新环境

北京制定了“科技北京”行动计划，提出努力把北京建设成为中国创新发展的核心引领区和具有全球影响力的科技创新中心。国务院批复中关村科技园区为全国首家自主创新示范区，加快了北京创新体系建设的步伐。科技创新已经成为北京参与国际竞争的客观需要，转变经济发展方式的重要引擎，建设具有中国特色世界城市的核心要素。

（一）技术创新与新能源产业发展

能源产业作为战略性新兴产业的重要组成部分是将来能够产生突破性技术创新的产业。新能源产业的发展是一个动态变化的过程，新能源产业随着时间、产业、政策技术、环境的变化而发生改变。对于地方政府和企业来说选择新能源产业的发展将成为发展经济成败的关键，同时，新能源产业自身发展成败的关键在于技术，而技术创新无论从政府层面来看还是企业层面来看都是极其重要的。

首先，从政府层面而言，技术创新具有战略性，随着新能源产业技术创新的发展可以体现一个地区社会、经济以及政治实力，直接关系到一个地区甚至是国家在经济发展格局甚至是世界格局中的地位，关系到地区甚至是国家长远发展的根本性和全局性的战略问题。其次，新能源产业的技术创新对企业层面而言，在存在高风险的同时又可带动产业的进一步发展。新能源产业的技术创新需要大量的科技研究以及实验，需要大量的人才投入、资金投入以及设备投入，在新能源产业技术创新的过程中，其研究开发以及技术产品化、产业化以及市场化的过程中也存在着失败的风险，可是伴随着高风险也同时存在高的效益。因此，对于新

能源产业内的企业而言，对新能源产业技术创新具有强烈需求，甚至可以通过技术创新带动上下游产业共同发展。

目前，我国新能源产业的发展普遍存在显著的注重技术引进，轻视消化吸收和技术再创新的现象，且新能源产业发展对于外来技术的消化、吸收、投入甚至呈现不升反降的态势。这反映了我国新能源产业发展过程中企业从总体上以“引进技术—加工生产”为主导产业发展模式，缺乏核心技术和民族品牌，新能源产业发展自主技术创新投入及产出水平存在显著不足。同时，虽然北京市政府和部分新能源企业将新能源产业的技术创新作为新能源产业发展的战略基点，加大了对技术创新的投入，并且很多创新也带来了一定的效应，但是，大部分新能源产业的技术创新属于增量创新，不具有突破性，因此，需要完善技术创新体系，强化企业技术创新主体地位，在保持增量创新的基础上大力开展突破性创新，培育自主知识产权核心技术和知名品牌，着力提升产业自主发展能力。

（二）北京市新能源产业的技术创新基础

经过“十一五、十二五”时期的不懈努力，北京市研发能力稳步提高，整体科技实力全国居首，已经形成科研院所、高等院校和企业相结合的研发格局，科技创新对北京市经济社会发展的促进作用日益突出。研发机构结构稳定，单位数量稳步增长。北京作为首都，拥有良好的中心城市战略资源，汇集了大量科研院所和高等院校，吸引了众多跨国公司和央企集团，孵化了一批知名企业和创业先锋。截至 2015 年底，北京市开展研究与开发（R&D）活动的科研单位 2 310 家，比 2010 年增长 17.3%。其中，企业 1 728 家、科研院所 320 家、高等院校 86 家。

创新载体实力雄厚，基础设施丰富多样。科技创新基础设施是科技创新能力的载体，北京的国家重点实验室和国家工程技术中心数量占全国近三分之一，保障了全市具备强大科研攻关能力和较强的科技潜力。截至 2015 年底，北京市拥有公共图书馆 25 个，国家级大学科技园 14 个，科技企业孵化器 66 个，单位办研究机构 2 026 个，研究机构拥有科研用仪器设备价值 393.1 亿元。

创新资源优势凸显，科研投入快速增长。科技投入水平代表了区域对科技创新的重视程度，体现了区域的发展活力。2015 年，北京市 R&D 经费 668.6 亿元，居全国第二位，比 2000 年增长 3.3 倍，年均增长 17.6%。R&D 人员全时当量 19.2 万人年，居全国第三位，比 2010 年增长 94.3%，年均增长 7.7%。北京市专利申请量首次突破 5 万件，居全国第六位，与 2010 年相比年均增长 19.2%。

创新环境氛围良好，政策落实初见实效。提高区域的自主创新能力，需要营造良好的创新环境。北京市先后制订了“科技北京”行动计划、关于实施首都知识产权战略的意见等科技规划，陆续出台了鼓励科技研发、成果转化、税收减免等方面的政策。2015 年，北京市一般预算支出中科学技术方面投入 126.3 亿元，占总量的 5.4%，比 2010 年提高 2.8 个百分点。

创新互动方式多样，辐射能力稳步提高。北京市利用校（院）地联合、校（院）企联合、企企联合等多种方式，将科技创新成果向省外输出。2015 年，北京市技术合同成交额达 1 236.2 亿元，占全国的 30.7%。其中，技术出口占北京市的 30.1%，比 2010 年提高 28.7 个百分点；流向省外交易额占 40.3%，北京市已经成为全国最重要的创新枢纽和技术辐射源。①

四、北京市新能源产业发展的资源基础

北京市新能源开发利用总体发展水平居于国内领先地位，尤其是奥运申办成功以来，新能源发展空间进一步拓展，应用观念逐步深入人心。就北京市新能源资源而言，品种比较齐全，主要包括太阳能、地热能、生物质能、风能和小水电等。

（一）丰富的太阳能资源及利用

北京市位于东经 116°，北纬 40°，海拔高度 45.4 米，属于典型的温带大陆性气候，四季分明。北京全年平均气温为 13.1℃，太阳能年辐射总量 5 000～6 000MJ/m^2，年日照时数为 2 600～3 000 小时，接受太阳能辐射总量约为 26 亿吨标准煤，是太阳能资源较丰富地区，属于全国太阳能资源区域二类地区。②北京市太阳能资源分布呈现出由北向南逐渐递减的趋势，密云、怀柔、延庆及昌平部分地区的太阳能资源较为丰富；其次为平谷、顺义、朝阳、海淀、门头沟、通州、大兴和房山；北京市西南地区太阳能资源相对较弱，年日照时数仅达 2 150 小时左右。“十二五”期间启动海淀、顺义国家级分布式光伏发电应用示范区建设，建成密云 20 兆瓦光伏地面电站、国内首个兆瓦级太阳能热电站等一批项目，民用建筑太阳能热水系统应用规模进一步扩大。

（二）风能的蕴藏及利用

北京市地处欧亚大陆的东岸边缘，属于典型的暖温带半湿润季风型大陆性气候，具有四季分明的气候特点。北京市大部分地区年平均风速为 1.7～2.5m/s，风能资源储量约为 460 万千瓦，目前已探明的风资源可利用量合计约为 45 万千瓦。

① 北京统计信息网. 北京市统计年鉴［EB/OL］.［2016-07-02］. http://www.bjstats.gov.cn/nj/main/2015-tjnj/indexch.htm.

② 高新宇. 北京市可再生能源综合规划模型与政策研究［D/OL］. 北京：北京工业大学，2009.［2015-10-05］. http://www.cnki.net/kcms/detail/detail.aspx?dbcode=CDFD&QueryID=0&CurRec=1&dbname=CDFD0911&filename=1011283021.nh&uid=WEEvREcwSlJHSldTTEYzVDhsRS93clhmcjQyK1AwVmtoVWEvbVVtVnBnMD0=$9A4hF_YAuvQ5obgVAqNKPCYcEjKensW4IQMovwHtwkF4VYPoHbKxJw!!&v=MDQ4MjdsNGpkNVNYM21yR05IRnJDVVJMeWVadVpwRmlIbFY3L05WRjI2SDdHd0hkSE9ycEViUElRTEJIazV6aFI=.

城区与一些谷地、盆地的风速较小，而延庆县佛爷顶、昌平县南口、密云县上甸子等隘口处风能资源丰富，风能资源较丰富区（100～150W/m）主要位于西北部燕山山脉的佛爷顶山周围，面积约为 $84km^2$，约占北京市总面积的 0.5%，该区域年平均风功率密度达 $148.1W/m^2$。北京市风能开发利用规模持续扩大，建成鲁家山垃圾发电、官厅风电场三期等一批工程。

（三）生物质能开发及利用

生物质能一般多指源自动植物的、积累至一定量的有机类资源。根据利用价值和用途分类，生物质大致可分为三类，如图 5–1 所示。

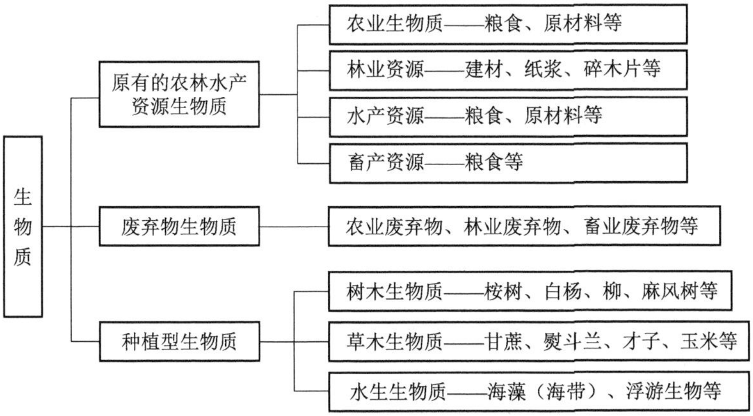

图 5–1　生物质资源主要种类

根据北京市目前现状，本地生物质能主要来自农、林、畜牧业及其他企事业的废弃物。根据北京市发展和改革委员会组织的普查结果，北京市农业废弃物总量为 300 万吨左右，主要包括以玉米和小麦为主的秸秆类生物质及以果枝和苗圃废弃物为主的薪柴类生物质，分别占总量的 65%、10%、20%和 5%。根据不同作物的生长规律和农业管理方法，这些农业废弃物中有 160 万吨可作为生物质加以利用。①

按照北京市城市行政区划分，城市发展新区的农业废弃物资源最为丰富，占北京市生物质能资源总量的 63%；其次为生态涵养发展区，占总量的 36%；而首

① 高新宇. 北京市可再生能源综合规划模型与政策研究［D/OL］. 北京：北京工业大学，2009.［2015–10–05］. http://www.cnki.net/kcms/detail/detail.aspx?dbcode=CDFD&QueryID=0&CurRec=1&dbname=CDFD0911&filename=1011283021.nh&uid=WEEvREcwSlJHSldTTEYzVDhsRS93clhmcjQyK1AwVmtoVWEvbVVtVnBnMD0=$9A4hF_YAuvQ5obgVAqNKPCYcEjKensW4IQMovwHtwkF4VYPoHbKxJw!!&v=MDQ4MjdsNGpkNVNYM21yR05IRnJDVVJMeWVadVpwRmlIbFY3L05WRjI2SDdHd0hkSE9ycEViUElRTEJIazV6aFI=.

都功能核心区和城市功能拓展区的农业废弃物资源很少，仅占总资源量的1%。由于各区域种植特点不同，其农业废弃物资源的类型也略有不同，北京市生态涵养发展区收集的果枝和苗圃废弃物比例较大，因此其资源的可利用率比城市发展新区略高，占资源可利用总量的41%。顺义、大兴和延庆的生物质资源最为丰富，大约占北京市生物质资源总量的48%，资源可利用量的46%。

（四）地热能及其利用

地热能是指当前能为人类所利用的地球内部的热资源，属于分布广泛、利用前景广阔的新能源。国际上一般将热储温度高于 150℃的地热系统称为高温地热系统；热储温度在90℃～150℃为中温地热系统，低于90℃为低温地热系统。北京市是世界上少数几个拥有地热资源的首都，地热资源属热水型，主要是埋深在100～1 000米的低温地热，温度在25℃～89℃，现有最深的地热井为3 600米，温度最高的为88℃。理论上北京市的地热资源蕴藏量极大，约可折合标准煤100亿吨以上。地热能的高效利用主要是通过热泵这种节能环保新技术来实现，地热及热泵系统利用方式由单体小型项目逐步向区域复合型项目发展，建成延庆三里河深层地热、未来科技城烟气余热利用等大型示范项目。

（五）小水电的开发与利用

北京市小水电资源理论蕴藏量120MW，可开发量为58.5MW，主要分布在北部潮白河流域和西南部山区的永定河、拒马河主干流域以及京密引水渠等地区。截至2014年，北京市现有各种类型水电站50座，尚能运行的水电站有22座，总装机容量约22.4万千瓦，年平均发电量约为4000万度，仅为设计发电能力的1/10。北京市小水电资源具有如下特点。

第一，资源蕴藏有限，分布不均。北京市水电资源可开发量仅占全国总量的0.07%，天然河道年际和年内径流变化很大。在开发利用水能资源时，导致水量调节工程一般都规模较大，投资较多。

第二，设备利用小时数偏低。当地小水电在水能利用上必须贯彻“发电服从工农业供用水，以水定电”的原则。小水电用户中以季节性很强的农业用水比重最大，造成设备利用时数低。

第三，水电开发受多种因素制约。开发小水电资源受到保证城市农业供用水、生态环境用水等多种因素的制约。

五、北京市新能源产业发展基础

近年来，北京新能源产业快速发展，特别是奥运会的成功举办，采取了新能源汽车、建筑节能、可再生能源供应以及绿色照明等大量的节能减排措施，极大地促进了新能源产业的发展。2009年以来，北京市把加快新能源发展作为应对危机、转变经济发展方式、提升自主创新能力的一项重要战略举措，积极出台一系列相关政策措施，积极建立完善的现代产业体系，淘汰了一批高能耗、高污染的企业，基本转变了原有的“高碳”经济发展模式。特别是企业节能减排成果显著，建成了一系列低碳经济示范园区和可再生能源试点项目，并初步形成低碳城市建设的产业推进机制。

北京市初步形成了企业、研发机构、产业联盟相互促进的创新格局，新能源产业布局更趋合理，通过统一规划和规范引导，积极推动产业园区由综合性向专业化和特色化的方向转变，在全市初步形成新能源汽车、风电和太阳能光伏等一批产业基地和专业集聚区，促进产业规模化、集聚化发展。2015年，北京市新能源利用总量达 450 万吨标准煤，占能源消费总量的比重提升至 6.6%，超额完成“十二五”规划目标，为“十三五”时期提升新能源和可再生能源发展水平、创新发展方式奠定了良好基础。①

（一）北京市新能源汽车产业发展现状

自2008年11月，国家发改委颁布《新能源汽车生产准入管理规则》之后，北京市新能源汽车产业化步伐明显加快，在新能源汽车产业化方面迈出了开创性的一步。“十二五”时期是北京加快推进中国特色世界城市建设的关键时期，世界城市的一个重要方面是成为全球科技研发中心、全球生态示范中心，发展新能源汽车产业的必要性不言而喻。新能源汽车在突破能源瓶颈、契合技术提升以及体现低碳社会发展趋势方面具有重要意义。②

1. 积极打造新能源汽车产业基地

北京于 2008 年成立了以福田汽车为中心的北京新能源汽车产业基地，该基地坐落于福田汽车昌平厂区，总占地1 000亩，建筑面积30万平方米，总投资50亿元，已形成新能源客车5 000台及高效节能发动机40万台的年生产能力，成为中国规模最大、品种最全的新能源汽车设计制造工程基地。该基地拥有新能源和替代能源二大绿色能源技术，已建成混合动力、纯电动、氢燃料以及高效节能发动机四大核心设计制造工程中心。

北京同时还拥有有竞争力的大型新能源汽车生产企业，首屈一指的是北汽集团，该集团计划把北汽打造成技术领先，实力强大的新能源汽车研发和生产基地。2014年北京新能源汽车股份有限公司在北京大兴挂牌成立，北汽新能源股份公司

---

① 北极星电力网. 北京市“十三五”时期新能源和可再生能源发展规划［EB/OL］.（2016-09-27）［2016-09-30］. http://guangfu.bjx.com.cn/news/20160927/776226.shtml.

② 李印香. 北京新能源汽车产业发展策略探析［J］. 前线，2011（5）：47-48.

注册资本20亿元人民币，由北汽集团联合北京工业发展投资管理有限公司、北京国有资本经营管理中心和北京电子控股有限责任公司等单位共同出资组建，其中北汽集团以60%的股权成为控股股东。在北汽集团发展规划中，北汽集团十分重视新能源汽车的研发和生产，2014—2015 年两年内投资37.8 亿元开发新能源汽车，其中15亿元用于新能源商用车，17亿元用于新能源乘用车，5.8亿元用于关键零部件。2015年北汽新能源实现销量20 129万辆，同比增长了369%，继续蝉联国内纯电动汽车销量桂冠。十三五期间，北汽新能源提出了“5615”发展目标，其中“5”指年产销达到50万辆（其中全新平台30万辆）；“6”是指年营业收入达到600亿元；“1”是指企业实现上市，市值达到1 000亿元；“5”是指实施五大战略，包括品质增长、创新发展、服务转型、互联网+、开放合作。

2. 增强技术研发，提升自主创新能力

北京在新产业新技术研发和资金投入方面具有较强的优势。其一，北京高校云集、科技研发实力雄厚，使北京在新产品、新技术开发方面具有较强优势，在新能源汽车发展方面，目前已成立了由北京公交集团、中科院电工所、中信国安盟固利动力科技有限公司等 10 余家企业以及清华大学、北京理工大学等多所院校加入的产业联盟，产业联盟的成立有助于实现新能源汽车产、学、研、用的有效衔接。北京市理工大学电动车辆国家工程实验室牵头制定的电动汽车整车技术、充电站电气接口协议等20多项规范和标准，正在申报国家和行业标准。其二，北京在新能源汽车研发工作上提供了强大的动力支撑。2009年北京市获得新能源汽车发展资金9 300万元，包括新能源汽车动力总成模块产业化基地项目资金8 000万元和支持电动出租车技术创新1 300万元。2011年北京市政府给予北汽集团100亿元支持资金，其中有30亿元将用于发展自主品牌。

3. 新能源汽车产业化稳步迈进

2008年奥运会和残奥会期间，北京就已开始大规模应用新能源汽车，共有595辆新能源汽车为赛事提供服务。奥运会后，北京市被列入十城千辆试点城市，北京提出以公交、环卫、出租、邮政物流等公共领域为突破口，通过示范试点加快培育产业成长，拓展私人新能源用车领域，形成以“电池租赁、裸车销售为模式”的发展思路，降低用户使用成本，加快培育市场应用。

2009年，北京市用于混合动力车、纯电动车的市场财政经费5.5亿元已全部拨付，并在采购流程上采取政府首购、垫付车款等政策措施，加快推进新能源汽车投入到实际示范运行中。2009年北京市公交集团与福田汽车签订了800辆混合动力城市客车整车及底盘的采购协议，这是目前为止中国最大的新能源汽车采购订单。北京市对于未来新能源汽车提出具体的目标，到2017年，北京市新能源汽车规模将达到19.5万辆，如果加上5 000辆公务用车的计划，北京市将在未来4年多的时间内实现新能源汽车保有量 20 万的规模，这无疑为北京市新能源汽车产业化的进程奠定了坚实基础。

（二）北京市太阳能产业发展现状

太阳能作为一种新、安全、可再生的绿色能源，在北京市新能源利用中应用比例最高、资源潜力最大，发展前景最为广阔，技术和产业带动作用强，是实现北京市新能源产业实现“高端研发、高端示范、高端制造”的重要抓手。充分利用首都区位及科技研发等优势，加快本市太阳能利用并促进其产业发展，有利于从战略上抢占新一轮世界范围新能源产业竞争的先机；有利于优化能源结构、促进节能减排，构建低碳发展模式；对推进“人文北京、科技北京、绿色北京”建设意义重大。

2012年，北京市太阳能产业工业总产值约为200亿元，全市太阳能光伏装机规模从2010年的2.3兆瓦大幅提升至2015年的165兆瓦，太阳能产业初具规模，拥有各类太阳能企业近160家，科诺伟业、北京计科、桑普、天普、清华阳光等一批“龙头”企业在国内同行业中处于领先地位。北京市目前在太阳能高端装备制造、系统集成等领域具有国内领先优势，并具备晶硅、非晶硅薄膜太阳能电池生产线成套设备交钥匙工程的能力。京运通等企业生产的晶硅铸锭炉国内市场占有率约为50%，北仪创新是国内唯一具备薄膜电池生产设备整套交钥匙能力的企业，此外还拥有如科诺伟业等一批技术领先的系统集成企业。

在太阳能光伏高端装备制造领域，目前中科信、七星华创等企业的市场份额约占全国50%左右；北仪创新是国内唯一具备薄膜电池生产设备整套交钥匙能力的企业。在系统集成产业领域，北京市企业完成了国内多个大型示范项目，如：国内第一个兆瓦级光伏发电项目（科诺伟业—深圳）、太阳能农村采暖项目（北太所—平谷）以及大多数奥运工程的系统设计施工。在标准认证产业领域，北京市拥有国家太阳能热水器质量监督检验中心（北京）和中科院电工所等国家级光热、光伏检测机构，还拥有鉴衡认证中心等一批国家级认证机构。

（三）北京市风电产业发展现状

根据北京市能源发展战略，北京将逐步优化电力装机结构，大力发展新发电，逐步缩小火电等化石能源发电在电力装机结构中的比例。风电是一种可大规模商业开发的新新能源，随着风电技术的日益成熟，风电装机容量不断增大，并网性能不断改善，发电效率不断提高，风电产业获得快速发展。随着官厅风电场一期、低风速示范、二期及二期加密工程相继建成，北京风能利用实现“零”的突破。截至2010年风电装机容量达到15万千瓦，提前实现“十一五”规划目标，累计发电量达 4.8 亿千瓦时，[1]并形成亦庄经济开发区和延庆为两大风电产业基地。2015 年全市生风电装机规模达到 20 万千瓦。

北京亦庄开发区以金风科技、北京金风科创为骨干企业，打造风电设备研发，关键零部件制造核心产业链，建立风电服务、风电投资等延伸产业，在开发区打造较为完整的风电产业集聚区。北京金风科创目前已经成长为集研发、生产、销售于一体的创新型企业，如今公司拥有的完全自主知识产权的直驱永磁技术代表着当前风电行业最为先进的技术路线，2009 年市场销售额达到 54 亿元。延庆地处燕山山脉地质带上，境内拥有丰富的生物质能、地热能、风能、太阳能等新资源，是首批国家绿色能源示范县和北京市新能源和可再生能源示范县。2008 年，延庆与中关村科技园区管理委员会签订了共建“八达岭新能源和环保产业基地”框架协议，在全市率先提出了发展新能源产业基地的目标，以吸引新能源及环保产业项目投资落户。目前在风电方面延庆产业基地已聚集了 20 多家企业，包括中材科技、生产风电塔柱的北京天晟鑫业金属结构制品有限公司、生产风电机头的北京中能发电力设备有限公司。中材科技二期年产 800 套 1.5GW 的叶片项目已建设投产，风电叶片项目三期工程 3 兆瓦复合材料风电叶片产业化项目建设基本完成，首套产品已经下线，中材科技综合实力跻身全国 60 余家同类企业前三甲，有效地带动了风电产业的发展。

（四）北京地热能产业发展现状

随着经济快速增长，北京市能源形势日趋严峻，地热能作为一种重要的新型能源，其开发利用成为实现可持续发展的重要途径。北京地区开发地热能所利用的热泵系统主要包括：地下水源热泵系统、土壤源热泵系统、地热尾水热泵系统，广泛应用于办公楼、住宅、学校、商场、宾馆、医院等。2008 年奥运会许多场馆和国家大剧院都有不同程度的应用，2009 年北京市国际鲜花港首次在农业设施上大规模利用地源热泵。2012 年北京市地热能利用总量为 44.5 万吨标准煤，比 2011 年增长 44.1%，占全市可再生能源利用总量的 15.7%，热泵供暖服务面积达到 1 736.5 万平方米。[2]2015 年，全市地热及热泵使用面积达到 5 000 万平方米，较 2010 年翻了一番。

地热能产业作为新兴产业在北京市起步比较早，其中以系统集成单位居多，占比达到 76%，使得地热能产业的发展能够保持在比较稳定的水平。目前北京市共有地源热泵企业 66 家，注册资金在 3 000 万元以上的企业仅 8 家，注册资金在

① 首都之窗门户网站.北京市“十二五”时期新能源和可再生能源发展规划［EB/OL］.（2011-12-30）［2015-05-02］. http://www.beijing.gov.cn/szbjxxt/zwgs/t1211245.htm.

② 北京能源发展研究基地. 北京能源发展报告 2013［M］. 北京：中国经济出版社，2013.

3 000 万元以下的企业有 58 家，其中注册资金小于 200 万元的企业有 24 家，这表明地源热泵企业以中小企业居多。[①]经过多年发展形成了一批骨干企业，如：华清集团、恒有源集团、同方人环等。这些企业不仅具备一定的科研实力，同时在管理能力、服务水平上也比较出色，这对北京地区整个地热能产业的发展具有一定示范作用。

北京市地热能利用技术的科研力量较强，国内一些企业优先从北京获得技术和智力支持，在北京市和大专院校联合设立实验室和研发中心。例如：华清集团拥有国内首个地源热泵系统实验基地；恒有源科技发展有限公司拥有国家级企业技术中心；北京工业大学环境与能源与工程学院拥有“传热强化与过程节能”教育部重点实验室和“传热与能源利用”北京重点实验室。清华同方人工环境有限公司拥有北京市级企业技术中心，拥有 6 个大型性能检测试验中心，并与清华、中科院、北工大等多家高校和科研院所建立了合作关系，拥有 3 家联合实验室。

（五）北京市生物质能产业发展现状

北京市生物质能源工作发端于 2006 年，“十一五”期间，主要开展了园林绿化废弃物资源化处理技术研究、处理设备研制、废弃物资源量调研、示范基地建设、生物质能供热示范和舆论宣传引导等工作。经过几年建设，北京市初步形成了城区以有机肥、基质生产处理模式为主、郊区以生物质能源开发利用为主的园林绿化废弃物资源化处理模式。

2010 年，北京市生物质利用总量为 36 万吨标准煤，其中生物质发电累计装机容量达到 3.27 万千瓦，沼气利用量约 1 800 万立方米，生物质燃料产量约合 20 万吨标准煤。[②]2015 年，北京市生物质发电规模达到 10 万千瓦。北京市有包括首特宏发（北京）、国能惠远、北京博源祥、北京泽众等近 20 家生物质能公司，主要提供生物质成型设备和生物质能源，这些企业多为中小企业，由于北京市生物质产业正处于起步阶段，产业化和商业化程度仍有待进一步提升。2012 年，北京林业大学与中国留学人才发展基金会国际交流和管理中心签署协议，共同组建生物质能源产业技术研究院，研究院的成立有助于实现生物质能产、学、研、用的有效衔接。

目前，北京市共建成朝阳、西城、丰台和顺义四个园林绿化废弃物集中处理基地，废弃物年处理能力约 3.5 万～4.2 万吨。香山公园建成了自产自用的园林绿化废弃物处理中心，废弃物年处理能力仅限于园内废弃物产出量。在生物质固体

---

① 王静，成喜雨. 北京市地热能产业发展现状及对策研究［J］. 中国国土资源经，2014（4）：29–31.

② 首都之窗门户网站. 北京市“十二五”时期新能源和可再生能源发展规划［EB/OL］.（2011–12–30）［2015–07–29］. http://www.beijing.gov.cn/szbjxxt/zwgs/t1211245.htm.

成型燃料方面，北京市在昌平、大兴、房山、平谷和延庆建成了五个林业生物质固体成型燃料生产加工示范基地，并在全市配备了151台枝条粉碎机和5台生物质固体燃料成型设备。生物质能利用方面，建成了房山复兴林木繁育中心生物质能集中供热示范项目、留民营七村沼气联供工程、德青源大型沼气发电工程和阿苏卫垃圾填埋气发电工程等高端生物质能示范项目，加快了生物质能开发利用快速发展，有效改善了郊区农村人居环境和农村居民生活用能条件。

六、北京市新能源产业发展存在问题

北京新能源产业尚处于培育发展阶段，存在产业规模较小，与纽约、伦敦和东京等世界城市差距比较明显。由于处于起步阶段，基础相对薄弱，新能源产业发展面临着一定的困难和现实制约因素，主要表现在以下三个方面。

（一）新能源发展的政策法规有待完善

北京市出台了一系列与新能源和可再生能源有关的政策和法律措施，在促进了新能源发展方面取得了一定的进展。然而，新能源产业发展比较缓慢，以政府投资为主的局面没有得到根本扭转，民间资本投资有限。新能源企业，尤其是中小型企业，作为技术创新的主体，因原材料供应、设备购买和维护、成本和盈利以及核心技术等原因普遍出现亏损或面临亏损。法律法规的不完善仍是导致北京市新能源技术发展迟缓的一个重要原因。

在同一级多个部门涉及新能源领域，各自有分管的领域，其政策性也有差异，最终造成了有关政策在实际执行上不统一的结果。北京市新能源领域主要依赖行政手段来进行管理。涉及新能源法规政策制定的行政部门很多，目前市发改委、财政局都分别出台与新能源有关的规章和政策，呈现多头并行的局面。各部门制定的规章和政策文件政策取向、制度安排、程序规范、奖惩措施等方面不协调，交叉重复，甚至互相冲突的情况时有出现。这样必然影响法规、政策的质量，也难以形成清晰的法规政策框架。

新能源本身需要技术的突破和大量设备投资，是资金、技术密集型产业。北京市新能源产业在发展过程中面临融资渠道有限，资金供给存在巨大缺口，金融支持新能源产业发展力度不足。目前，商业银行是北京市新能源产业融资的重要渠道，虽然银行加强了对新能源产业的支持，但出于风险防范等因素，商业银行融资更倾向于技术成熟、效益良好的大型企业，对中小型新能源企业采取谨慎或限制的授信政策。新能源产业作为新兴产业，需要金融服务机构提供一定的金融信贷管理和信息服务，但目前北京市仍缺乏为新能源企业提供金融信息服务的机构，包括信用管理体系和金融信息服务体系。

（二）核心技术亟待提升，标准体系有待健全

在北京市新能源产业规模不断扩大的同时，由于缺乏核心技术的支撑，产业发展面临后劲不足的困境。新能源是一个新兴的高科技技术产业，也是多学科的技术密集型产业，涉及新材料、设备研制、工程设计等诸多领域，而目前掌握的新能源核心技术非常有限。目前，北京市的新能源技术整体水平不高，更多的是依赖国外的核心技术，对国外技术依存度高。缺乏核心技术，成为关键核心技术和加工零部件快速发展的巨大阻力，几乎所有的技术都是引进国外的，自主研发的只占一小部，现有成果的推广效果也一般，自主研发的道路还很长。

以光伏电池为例，绝大多数企业都集中在太阳能电池板的制造和组装环节上。由于光伏产业的核心技术方面的欠缺，例如多晶硅的制备提纯技术，高纯度硅材料仍依赖进口，甚至连制造硅片、电池组件的关键设备也来自进口，北京市光伏产业要实现跨越式发展面临一定障碍。以光伏产业为例，德同资本创始人邵俊指出，风电制造业的大部分依靠进口，北京市企业在新能源领域只是尴尬的“加工者”。技术缺陷导致了风电成本过高。北京生物质能源技术的应用还处于产业发展的初期、产业化和商业化的程度较低，缺乏自我维持能力。新能源技术标准、产品检测和认证体系有待进一步完善，目前风电、光伏发电设备、新能源汽车等领域的技术标准需要进一步完善，技术检测和认证制度尚未确立。例如，北京大力发展的新能源汽车产业，在充电电池尺寸规格、连充电接口方面缺乏统一的技术标准。这导致许多企业在缺乏核心技术和创新能力情况下进入新能源市场，很多产品未经技术检测和认证就被大量投放市场，这带来一定隐患。

（三）新能源技术创新制度体系有待提升

研发新能源新技术的投资大、发展周期冗长，需要渐进与持久地规模化发展。工业示范主要靠企业投入和承担风险，单一凭借技术创新的主体企业自身完成是十分困难的，加之缺乏商业化技术和投资、融资政策和信贷渠道，在相当程度上影响了新能源产业技术创新的商业化应用。北京市对新能源新技术和关键技术的开发投资力度太小，而纽约、伦敦、东京等世界城市之所以在新能源技术领域始终处于优势地位与其巨大的人力、财力投入是分不开的。在 R&D 投入少的同时，却不得不投入巨额资金，引进国外新能源技术和装备。新能源产业高端核心技术与装备严重依赖进口，反过来又继续影响新能源领域的技术发展，这就进入了有投入、无发展的恶性循环。

在新能源技术研发过程中，技术资源和研究成果较为分散，缺乏有效的组织合作；对重大项目过度依赖引进技术和设备；能源科技创新体系不足，使新能源利用率低，难以完成环境目标，难以满足能源消费总量和能源结构调整的未来要

求；由于缺乏明晰的产权保护制度，而现实中产、学、研、大学科技园企业有着校办企业改制等模糊的产权隐患，使新能源技术创新处于低动力低保障的状态；R&D 队伍“规模大”，整体水平低，创新能力不足，使得成果零碎，系统化、工程化、产业化水平低，是中国能源科技的基本特点。虽然北京市已经在基础、重点支持、高技术研发、攻关计划等不同层次对能源科技研究与发展进行了部署，但由于能源科研基础设施薄弱，对新能源技术创新价值链的艰巨性认识不足，加之针对性措施缺乏，重大新能源技术的研发难以形成创新价值链和产业链，无法对技术需求实现有效供给。

（四）新能源公共服务体系有待加强

从国内外新能源产业建设的发展历程和对策措施来看，新能源产业建设面临的根本制约之一就是技术创新和资金投入力度不足，这是由新能源产业本身的发展特点所决定了的。这一问题不解决，新能源产业的发展也成了无源之水。新能源产业面临的技术制约对公共技术平台发展提出了新的要求，主要包括公共技术平台应该不断降低进入门坎，扩大覆盖面；由政府加大投入，进一步降低了新能源产业从公共技术平台获取服务的成本，对社会化的融资体系提出了迫切需求，主要包括：（1）政府通过财政、金融、税收政策为新能源产业发展建设提供各种优惠措施，引导、帮助、鼓励新能源企业加大投入；（2）在社会化服务体系中，引入专业的资信评估、抵押担保、提供多种手段融资的服务机构。

从新能源产业发展的实践来看，新能源企业普遍面临着严重的人才短缺问题，一方面是掌握现代高科技的实用人才和高级管理人才的匮乏，对现有人才的培训需要投入大量的人力、物力和财力，很多企业单凭自己的能力无法做到；另一方面，新能源企业普遍面临的人才高流动性的问题，这也使得很多企业不愿意在技术人才的培训上投入较多资源。新能源企业面临的这种人才短缺的制约对社会化的培训体系提出了较高要求，主要包括：（1）应建设集约化的技术和管理人才培训体系，由政府为新能源企业提供资金支持，通过培训体系为新能源企业低成本地提供亟缺的人才；（2）提供人才培训的相关服务机构还可以具有咨询和外包服务功能，可以在某些通用型的技术岗位上为企业提供咨询和外包服务，能够帮助企业进一步降低成本。

第六章

北京新能源产业评价与发展模式

本部分基于区域产业竞争力理论等相关理论，构建北京新能源产业评价模型，利用层次分析法和模糊综合评价法进行定量研究，并根据定量研究的结果提出北京市新能源产业发展模式。

一、新能源产业发展模式分析

广义的产业发展模式可以理解为一个国家经济结构方面的一系列变化过程，狭义的产业发展模式可以理解为某个产业在一个国家特定的发展阶段具有的特色的发展道路。一个国家或者地区产业发展受到多种因素的制约，包括技术要素、生产要素和市场要素等。从目前新能源产业的发展看，技术要素是面临的主要内部约束。技术要素即关键核心技术对产业发展的影响和制约，从技术自身发展的角度看，技术约束表现在技术生命周期对产业发展的影响，从技术水平的国际比较优势看，又表现在技术水平的领先与落后。作者基于技术生命周期和技术水平的维度，以及北京市新能源产业发展现状，并结合定量分析的结果，提出北京市新能源产业发展的模式。

（一）新能源产业的高起点发展

根据新能源产业的现状来看，高起点发展新能源产业不仅必要，而且可行，并且在某些地方是急需的。而要实现这一点，需要提出不同的模式，各地再根据自身的具体情况，选择适合本地新能源产业高起点发展的模式，从而最终实现这个目标。由于高起点发展的概念及内涵较为广泛，因此，根据高起点发展中的主体不同、高起点发展的强度不同和高起点发展路线的不同，可以将高起点发展的基本模式分为以下几种。

1. 高起点发展主体差异

高起点发展主体可以将发展模式分为以企业为主体、以大学及科研院所为主体、以高科技园区为主体和以政府及中介机构为主体四种。

第一，以企业为主体的高起点发展模式。在这种模式中，为保证高起点发展供给的持续性，在企业内部建立一套完整的激励机制是关键所在，着重设计一套科学的薪酬激励体系能有效激发企业研发人员的活动，如研发人员可以按一定的比例分享利润等。加大企业自身对研发活动的经费投入，从制度安排上予以保障，避免主观随意性。注意与科研机构、政府、其他企业等高起点发展主体在活动上的战略联合，以形成开放性的企业高起点发展活动体系。企业自身的制度建设对高起点发展活动的激励程度，从另一方面决定了高起点发展活动质量的高低。

第二，以大学及科研院所为主体的高起点发展模式。在这种模式中，人力资源是高起点发展的重要支撑，人力资源的规模和质量在很大程度上决定了高起点发展的广度和深度。各国的发展经验也表明，在良好的制度环境下，拥有高存量人力资本的国家，高起点发展能力强，经济科技发展迅速。

第三，以高科技园区为主体的高起点发展模式。高科技园是企业的载体，是开展研发和创新活动的平台，是高起点发展中人才的栖息地，在营造环境、构筑公共创新平台、完善科技中介服务体系和发展投融资机构等方面，全力为企业的高起点发展提供有力支撑，提供良好的基础服务。在这种模式中，重点需要建立以高科技园区为核心的与高起点发展相配套的基础设施建设，高比例投资教育和科技研发，以快速孵化高新技术，加强高科技园区和科研机构及当地电子信息产业的联系，以利于科研成果迅速转化为新产品和服务。在此基础上，培育一大批高起点、发展强、拥有核心技术专利的骨干企业，使它们成长为行业“领头羊”。

第四，以政府及中介机构为主体的高起点发展模式。政府及中介机构对高起点发展的需求间接来源于企业，企业高起点发展的规模和质量与基础科学知识创新有紧密联系。正是由于市场无法解决基础研究的投入问题，出现了以政府及中介机构为主体的高起点发展模式。在这种模式中，由政府及中介机构来充当高起点发展的需求者，承担相应的投入就显得尤为必要。也就是说，政府及中介机构作为高起点发展的需求者，通过科研机构加大对基础科研的投入和服务，加快基础科学的重大突破，为高起点发展搭建一个坚实的知识平台。

2. 根据高起点发展强度差异性

根据高起点发展强度不同，可以将其模式分为渐进性和突破性两种。

第一，渐进性高起点发展模式。所谓渐进性，是指两个发展阶段间小幅度的改进，它对现有改变相对较小，能充分发挥已有各项资源潜能，强化成熟优势。这种模式强调对经济主体学习能力的培养，是在对现有主体进行再学习和再研究的过程中产生的渐进的、连续的发展。一般认为，渐进性的高起点发展模式对技术基础、投资规模等要求较低，是发展中国家科技发展的首选模式。

第二，突破性高起点发展模式。与国家发展阶段和综合实力相匹配，发达国家的研究重点则主要在突破性上。一般有以下几种颇具代表性的理解："突破性发展也称为不连续性发展，该概念是相对于渐进性、连续性发展而言的。"突破性发展是使产品、工艺或服务或者具有前所未有的性能特征或者具有相似的特征但性能和成本都有巨大的改善，或创造出一种新产品。

3. 根据高起点发展的路线差异性

根据高起点发展的路线不同，可以将高起点发展模式分为原始性的高起点发展、模仿性的高起点发展和集成性的高起点发展三种。

第一，原始性的高起点发展模式。这种模式是高起点发展的主体以自身的研究开发为基础，通过实现科技成果商品化等，进而获取商业利益的高起点发展活动，这种模式具有很大优势：一是有利于高起点发展的主体在一定时期内掌握和控制某项产品或工艺的核心技术，在一定程度上左右行业的发展，从而赢得竞争优势；二是在一些技术领域的原始性的高起点发展往往能导致一系列的技术创新，带动一批新产品的诞生，推动新兴产业的发展；三是有利于高起点发展主体先于竞争对手积累起生产技术和管理经验，获得产品成本和质量控制方面的经验；四是产品初期处于完全独占性垄断地位，有利于高起点发展主体较早建立原料供应网络和牢固的销售渠道，获得超额利润。但是，相比之下，这种模式也存在一定的缺点：如需要巨额投入、高风险性、周期长、市场开发难度大等。

第二，模仿性的高起点发展模式。这种模式是国际上技术相对落后的国家和地区实现跨越式发展的普遍做法，在国内各类企业中的应用已相当广泛，这种模式是高起点发展的主体通过学习模仿率先发展者的方法，引进、购买或破译率先发展者的核心技术和技术秘密等，并以此为基础进行消化吸收、二次开发和再次高起点发展的过程，具有市场适应性强和成功率高等优点。但这种模式也具有明显的弱点：一是在技术上具有较大的被动性、缺乏超前性；二是还可能受到率先发展者技术、市场等方面壁垒的制约，有时还面临法律、制度等方面的障碍等。

第三，集成性的高起点发展模式。这种模式已成为国际上大型跨国公司制胜的法宝，目前在大中型企业中的应用日益突出。这种模式是高起点发展的主体利用各种信息技术、管理技术等，对各种要素进行选择、优化和整合，以最佳的结构结合成为一个有机整体，形成具有功能倍增和能适应更大目标的高起点发展过程。这种模式具有系统的层面性、要素的协同性、持续的融合性的显著特征。这种模式的显著优点是高起点发展的主体可以采用"拿来主义"，将世界上一流的人才、技术、产品、标准等拿来为我所用；同时，又能够充分发挥自身优势，通过对特定目标的各要素和各层面的系统集成，在较短时间内形成自己的产品，再配合自己的品牌战略，率先占领市场，从而取得经济竞争上的主动权。这同样是一种较大的高起点发展过程，且成本低、周期短、风险小，具有重大的经济价值。

（二）技术生命周期与新能源产业发展模式

技术的生命周期一般可划分为起步、成长、成熟和衰退四个阶段，而新能源产业作为新兴产业多处在起步阶段，这个阶段的特征是，基础科学获得突破后，逐步产生产业的共性技术。在这个阶段，政府，尤其是发展中国家及产业后进国家的政府对产业的扶持和推动更加重要。

在新能源产业发展的初期，政府政策、投资直接、技术引进推动产业发展的模式应当是主要的选择。政府政策、投资直接推动产业发展的模式要求政府通过制定产业发展战略、规划等宏观调控的政策措施，以及通过直接投资、政策性金融支持等手段引导产业资金流向，积极干预各种要素资源的配置，从而推动产业发展。同时政府对相关产业的资金支持仍是必不可少的政策工具，但是必须以一定的市场规则为指导。具体而言，在资助项目的选择上，不仅要求技术可行性评估，而且要求进行商业前景的预测；在资助方式上，政府可以只资助研究开发成本的一部分，使企业承担部分投资风险，体现共性技术“公共品”和“私有品”相混合的性质。这一阶段，政府主导的产学研联盟的发展模式也是较好的选择。这种模式要求政府、企业和学术部门之间以合资、技术联盟、研发联合体等创新的组织形式主导产业技术的进步，通过技术联盟实现产学研间的联合创新，有效整合资源，加快促进企业技术进步和创新能力的提高。

在新产业技术生命周期的成长阶段，产业中各个相互竞争的公司可以共同利用共性技术进行后续的应用研究及商业开发，技术和市场风险都进一步降低，厂商进一步改善产品性能和工艺，以满足特定的市场需求，产业市场规模不断扩大。这个时期通常形成一个以中小企业为主体，充分竞争的市场结构。因此，这个阶段可以选择中小企业主导并与大企业共生的产业发展模式。在这个阶段，政府要减少对产业直接投资的力度，但仍需通过政策工具，为中小企业发展提供重要保障。

在新产业技术生命周期的成熟阶段，产业的关键核心技术已经被市场上的公司广泛掌握，技术壁垒已经基本消失。大量的公司涌入，产业利润率开始降低，之后少数公司经过良好的市场运作或消灭、或合并其他的公司，最后形成垄断竞争的格局。这个阶段应选择以大企业为主的产业发展模式。以大企业为主的发展模式意味着产业发展各种资源（资金、劳动力、技术）的集中度更高，主要掌握在一些大企业集团中，发展动力主要来源于规模经济和不断适应市场的需求。

二、新能源产业评价体系的研究分析

在新能源产业竞争力方面，国内学者对城市新能源发展做了一些富有成效的研究工作，从不同纬度对城市新能源产业发展进行评价研究。

（一）保定市新能源产业竞争力评价研究

保定市新能源与能源设备产业集群的建设开始于 2000 年，2003 获得国家科技部正式授牌，成为中国第一个能源设备与新能源产业基地。新能源产业基地有两层含义：一是能源设备制造产业，重点是电力节能设备制造；另一个是新能源（可再生能源）设备制造产业，主要是太阳能光伏、光热设备产业，风力发电设备产业。在新能源产业基地发展的基础上，2006 年保定市政府提出“中国电谷”建设战略，旨在建设一个国际化新能源产业集群。

中国电谷的建设，就是在以新能源与能源设备国家级产业基地为基础，利用在电力产业技术上的优势，向电力技术的纵深领域进行开拓，打造以输变电设备和电力自动化设备为基础，以光伏发电、风力发电为重点的新能源产业集群，成为国内电力产业方面的信息、人才、技术的聚集区，引导国内能源设备与新能源产业的发展方向，构建面向新形势下缓解能源紧张的新能源产业发展平台。“中国电谷”意味着聚集国内领先的新能源与能源设备技术与产品，在当今中国的电力产业内形成品牌。

洪浩林提出采用创新研发、外部效益和政策制度三个指标分析保定市新能源产业的竞争力。创新研发因子包括创新竞争力、产品竞争力这两项指标；外部效益因子包括效益竞争力、市场影响力、资源竞争力这三项指标；政策制度因子包括制度竞争力、规模竞争力、产业配套竞争力、可持续发展力这四项指标，如图 6–1 所示。从而建立对保定市新能源产业集群综合评价的指标体系，用层次分析法对其指标的权重进行了计算，然后对新能源产业集群的竞争力进行综合评价，通过以上的分析评价，对保定市新能源产业集群的发展提出了一系列政策建议，如需要推动自主创新能力，并且强化企业在推动高新技术产业化进程中的主导作用，强化企业技术中心的建设，完善产学研合作机制，强化产业内企业的技术、制度和管理创新，并大力发展政府的导向作用，完善高新技术产业投融资体系。还要加大高新技术产业园区建设力度。[①]

① 洪浩林. 保定新能源产业集群竞争力评价与分析研究［D/OL］. 北京：华北电力大学，2009.［2015–09–08］. http://www.cnki.net/kcms/detail/detail.aspx?dbcode=CMFD&QueryID=19&CurRec=4&dbname=CMFD2009&filename=2009169373.nh&uid=WEEvREcwSlJHSldTTEYzVDhsRS93clhmcjQyK1AwVmtoVWEvbVVtVnBnMD0=$9A4hF_YAuvQ5obgVAqNKPCYcEjKensW4IQMovwHtwkF4VYPoHbKxJw!!&v=MTIzODJrNXpoUmw0amQ1U1gzbXJHTkhGckNVUkx5ZVp1WnBGaUhtVzczSVYxMjdGN0srRjlMTHJKRWJQSVFMQkg=.

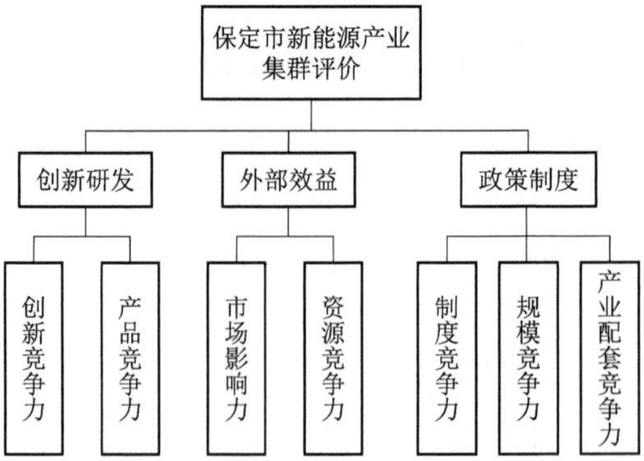

图 6–1　保定市新能源产业评价

（二）天津市新能源产业竞争力评价研究

作为中国老工业城市的天津积极推动促进产业结构转型，通过政府不断加大各方面的扶持力度，包括政策扶持，技术扶持，资金扶持等等，促进了科技型企业的成长发展，新能源产业已经在天津得到了长足的发展，并且取得了一定的成效。目前天津已形成以绿色储能电池、风电装备制造业为主体的新能源产业集群。

天津市紧邻我国京津塘工业区、环渤海经济圈、辽中南工业区，工业实力雄厚，是中国北方的主要出海口和东北亚经济圈的圈层中心，具有较好的地缘优势；天津拥有海、路、空、铁多式联运的交通体系，对外联系便捷，对内辐射力强；华北、东北和西北三北地区是风能、太阳能等新能源产品的主要消费市场，天津距离新能源产品应用市场比较近，交通便利，运输成本较低，也有利于与用户的合作，在生产成本和服务水平上具有天然优势。

新能源产业创新机构和人才资源领先，具有一流的自主创新和产业化能力。天津在太阳能、氢能、燃料电池、风力发电、贮能电池等多个新能源技术领域具有非常强的竞争力。中国电子科技集团第十八所、南开大学、天津大学等科研机构和院校在新能源领域具有很高的声誉，培养了大批人才，研究开发出大批科研成果。尤其在太阳能电池技术领域，无论是空间太阳能电池技术，还是第三代聚光太阳能电池的研发和产业化，天津均已成为全国的“领头羊”。国内太阳能上市公司中，有超过 70%的核心技术人员来自中国电科第十八研究所或南开大学。

新能源领域的多家世界级企业聚集天津，打造形成新能源产业链，如国外的京瓷太阳能、三洋能源、维斯塔斯集团、汉森传动、歌美飒、苏司兰能源、弗兰德机电等行业巨头均看好天津，纷纷到天津投资，使天津成为全球新能源产业发展的焦点地区。形成了以龙头企业为主导、配套企业为基础、专业化分工为纽带、技术创新和人才为支撑的产业集群，市场竞争力全面提高。尤其是在滨海新区高新区，新能源产业集聚效应明显，主要凸显为：风力发电、动力电池、太阳能光伏产业三个领域。这三大板块整体聚集在滨海高新区，形成了较为完整的产业体系和产业链，研发、市场占有率两方面在全国具备很明显的优势。

张伟涛（2012）从产业规模化水平、产业市场化水平、产业市场化水平、主导资源与人力条件和主导新能源发电能力五大方面建立指标体系，从而进行指标层细化得出以下指标体系，如表 6–1 所示。采用熵权评价法对天津、河北、山东、内蒙古和浙江这五地新能源产业竞争力评价比较结果中，基于熵权的决策结果为浙江省新能源产业发展竞争力最强，天津市处于第二位。通过比较分析，可以与其他省市新能源产业发展相比较，从而找出天津市产业发展存在的一些问题。如天津市具有较强的产业基础和比较完整的风能产业链，但是新能源产业规模仍然处于中等发展水平，且自主技术创新能力不足，并且新能源领域中除风电设备制造、储能电池之外的其他产业配套产业链发展不完善等。因此只有将这些问题在进一步的发展过程中解决，才能有效地促进天津市新能源产业健康快速地发展。①

表 6–1　　新能源产业竞争力指标体系

一级指标	二级指标	三级指标
新能源产业竞争力	产业链发展完整度	产业发展规模
		产业规模化水平
		配套产业发展规模
	产业市场化水平	产业产值
		产品市场占有率
		投资回报率
	产业技术化水平	研发转化效率
		科研专利数
		技术创新效率

① 张伟涛. 天津市新能源产业竞争力研究［D/OL］. 天津：天津商业大学，2012.［2016–03–05］. http://www.cnki.net/kcms/detail/detail.aspx?dbcode=CMFD&QueryID=0&CurRec=1&dbname=CMFD2012&\filename=1012401781.nh&uid=WEEvREcwSlJHSldTTEYzVDhsRS93clhmcjQyK1AwVmtoVWEvbVVtVnBnMD0=$9A4hF_YAuvQ5obgVAqNKPCYcEjKensW4IQMovwHtwkF4VYPoHbKxJw!!&v=MjE3MjZlNEg5YkVycEViUElRTEJIazV6aFJsNGpkNVNYM21yR05IRnJDVVJMeWVadVpwRmlIZ1Zyek1WRjI2SEw=.

续表

一级指标	二级指标	三级指标
新能源产业竞争力	主导新能源发电能力	风能发电装机容量
		太阳能发电装机容量
	主导资源&人力条件	平均日照强度
		可开发风能资源蕴藏量
		R&D 人力资源投入（人）

（三）齐齐哈尔市新能源产业竞争力评价研究

齐齐哈尔是中国黑龙江省省辖的地级市，是被国务院批准的全国十三个较大城市之一，位于东北嫩江平原上。齐齐哈尔市作为黑、吉、蒙三省区的交通、通信枢纽，以及黑龙江省西北部地区的商品、物流集散地和贸易、政治、文化中心，坚持“走出去，引进来”的发展战略，加大对国内新能源类企业的引进力度，引进了上海联孚集团、大唐新能源和正起科技等多家公司的投资，大力推进了齐齐哈尔市新能源资源的开发和利用。目前齐齐哈尔市新能源产业有了初步的发展，通过政策引导，在风能产业和太阳能产业方面已经取得了一定成效。齐齐哈尔市可开发利用的风资源储量达 21 000 兆瓦，具备大规模建设风电项目的自然条件，是黑龙江省风能储量最具开发潜力的地区。近年来，齐齐哈尔立足资源优势，着眼加快发展，紧紧抓住了国家鼓励发展清洁能源的有利机遇，在风力发电项目建设方面有了长足发展。

“十二五”时期，为了集聚和规模发展风电项目，该市谋划了 24 个风电项目及国华风电百万千瓦基地项目。装机容量为 50 兆瓦的国华富裕风电场项目运行状况良好，年发电量达 1 亿千瓦时。目前，齐齐哈尔市已有 25 个风电项目获得了黑龙江省发改委开展前期工作的复函，总投资 426 亿元，总装机容量 4 260 兆瓦。这些项目的前期工作正有序推进，其中，大唐集团黑龙江新能源公司泰来江桥风电场、中国华电集团梅里斯卧牛吐风电场、国华能源公司富裕三期风电场、国电龙源风力发电克山涌泉风电场、国电龙源风力发电克东爱华风电场、中广核龙江杏山风电场 6 个项目已具备申报核准条件。齐齐哈尔市与上海联孚集团合作的新能源汽车产业项目，总投资 21 亿元，项目于 2010 年 8 月开工建设主要包括新能源客车、零部件以及太阳能电池等三大板块。

齐齐哈尔市新能源产业竞争力是一个综合的系统，受许多直接因素和间接因素的影响，主要因素包括：产业规模、产业效益、劳动力等，从而构建齐齐哈尔市新能源产业定位评价体系（见图 6–2）。[①]通过对齐齐哈尔市的风能、太阳能、生物质能、水电进行定量研究，齐齐哈尔市新能源产业最有发展前景的应该是风能发电和太阳能发电。风能产业规模得分很高，但在劳动力资源的充足性与成本上却不占优势，人才短缺可能会成为其新能源产业的“瓶颈”。为突破产业发展的瓶颈，齐齐哈尔应以新能源人才的吸引与培养为其战略导向的核心。在吸引人才方面，齐齐哈尔市政府应通过新能源汽车产业园区建设项目的启动，搭建新能源产业园区平台，将建立校企研发中心及博士后流动站引入园区。同时，出台的促进政策中，为领军型人才提供各种优越条件，方便他们在本地开展新能源业务。另外，政府还需支持“校企合作”的订单式培养，通过培训费返还的方式，鼓励大学生从事新能源产业，解决从业人员的短缺问题。考虑专用太阳能产业效益并非很理想以及金融危机的影响，建议齐齐哈尔市政府在财政投入方面，设立新能源产业扶持专项资金，重点给予资金匹配、租金补贴、人员培训等方面的扶持，支持新能源产业的发展。

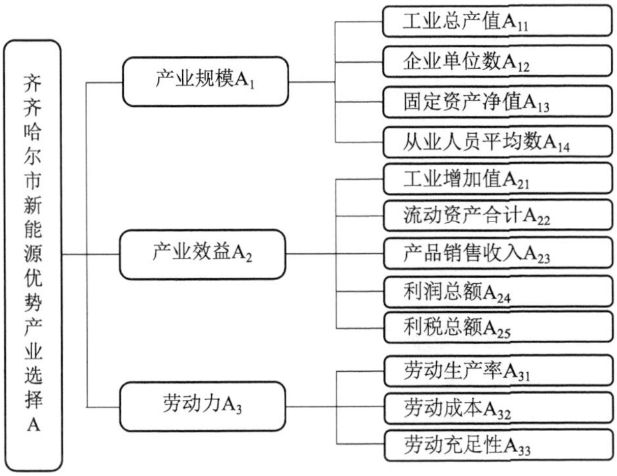

图 6–2　齐齐哈尔市新能源产业定位评价体系

三、北京市新能源产业评判模型构建

基于区域产业竞争力理论和北京市新能源产业发展的现状，构建衡量北京市新能源产业发展程度的评价指标体系，并运用层次分析法和多级模糊综合评判方

① 张静敏. 齐齐哈尔市能源产业发展战略研究［D/OL］. 齐齐哈尔：齐齐哈尔大学，2012.［2016–05–05］. http://www.cnki.net/kcms/detail/detail.aspx?dbcode=CMFD&QueryID=4&CurRec=11&dbname=CMFD201301&filename=1012493238.nh&v=MDUwMjFyQ1VSTHllWnVacEZpRGdXN3pCVkYyNkhMZXhIZFBQcDVFYlBJUUxCSGs1emhSbDRqZDVTWDNtckdOSEY=.

法对北京市新能源产业，包括新能源汽车、太阳能、地热能、风电和生物质能产业进行评价。

（一）北京市新能源产业指标体系的构建目标

根据区域产业竞争力理论的相关理论，针对北京市新能源产业进行分析评价，为研究北京市新能源产业发展中存在的问题提供科学基础，从而为对北京市新能源产业的发展提出有效的政策建议奠定良好的基础。

产业竞争力评价的关键在于评价指标体系的构建，合理科学的评价指标体系是产业竞争力评价的重要组成部分，因此，本书通过精简筛选确定了北京市新能源产业发展竞争力的评价指标体系，针对不同的指标层和收集的相关指标数据，针对不同的指标数据及正逆性进行处理分析，通过评价明确北京市新能源产业发展竞争力状况，并为产业健康快速的发展提出合理科学的政策建议。

（二）指标体系的设置原则

指标体系的构建原则本着科学性，全面性，可比性、客观性以及实用性和可操作性原则，选取合理的评价指标，从而进行评价分析。

1. 科学性原则

该原则要求指标体系要可以较客观地反映北京市新能源产业发展竞争力的内涵，本着数据的可获取性以及反应的客观意义进行选取，即要求指标的定义、数据收集、计算方法、权重选择等都必须有科学的依据。

2. 全面性原则

该原则要求所建立的新能源产业发展的竞争力评价指标能够覆盖国内国际以及区域自身的发展指标，必须包含如技术，市场，生产基础等多方面的因素，同时也要考虑产业的可持续性以及发展能力，以便对北京市新能源产业的未来发展提供研究基础。

3. 可比性原则

指标的含义具有相对的比较性，可以通过对不同的区域发展进行比较分析，从而反映出发展的动态原理。评价指标体系所选指标的分类、计量方法、口径应相互统一，相互可比。在具有可比性的原则下，尽可能照顾不同科研开发环境、不同生产经营规模和方式的企业科技创新特点，灵活设计评价指标，以使该评价指标体系具有最大的可行性。

4. 客观性原则

该原则主要是指标的选取由于具有定量和定性两类指标，在指标数据的处理中，指标本身能够反映出产业该指标的变化发展，动态指标要反映出北京市新能源产业发展竞争力的趋势和现状特点。

5. 实用性和可操作性原则

选择指标全面完整，评价指标体系能全面、完整地反映被评价新能源产业的状况，这样得出的评价结果才能从本质上反映系统的特征。保证指标具有独特性，防止不同指标之间出现相关性和相近性。指标体系所需资料应易于调查和收集，尽可能从现有资料中获取，或简单加工资料获得。

（三）北京市新能源产业评价指标体系

现有经济学理论对产业集群竞争力的来源从不同角度给予了相应解释，其主要关注点在于经济资源、区位因素、产业特征等。在新能源产业竞争力方面，洪浩林（2008）提出采用创新研发、外部效益和政策制度三个指标分析保定市新能源产业的竞争力。孟浩和陈颖健（2010）基于层次分析法（AHP）从资源、技术、经济和市场等方面构建评价体系，并对我国新能源产业进行系统分析和综合评价。张伟涛（2012）提出实力竞争力、市场竞争力、创新竞争力和主导资源与人力条件等指标用于研究天津市新能源竞争能力。

基于区域竞争力理论、国内新能源产业竞争力相关研究以及北京市新能源发展的实践，产业竞争力评价指标体系由产业创新能力、市场发展能力、产业战略能力和产业环境建设 4 个一级指标，以及研究开发能力、核心技术水平、创新管理能力等 13 个二级指标构成，进而对北京市新能源汽车、太阳能、风能、地热能和生物质能产业进行评价研究，指标体系如图 6–3 所示。

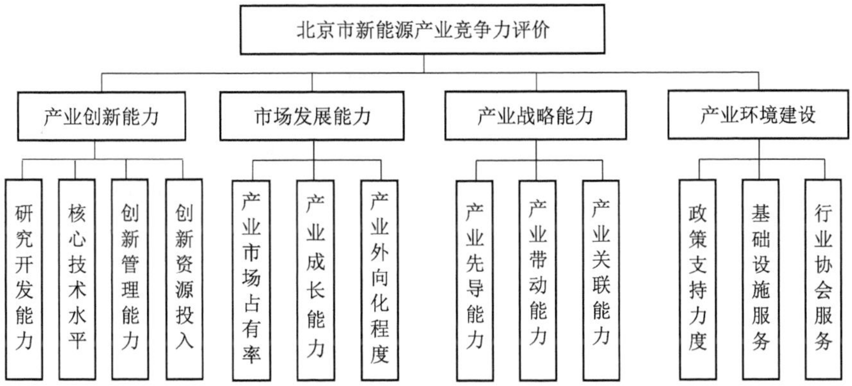

图 6–3　北京市新能源产业竞争力评价模型

1. 产业创新能力

新能源产业的发展，需要进行大量的科技创新。必须把自主创新摆在能源科技创新的核心位置，加强能源领域基础研究，强化原始创新、集成创新和引进消化吸收再创新。产业创新能力包括研究开发能力、核心技术水平、创新管理能力和创新资源投入四个方面。

2. 市场发展能力

新能源产业的市场产品或服务的需求结构和需求规模，无疑会影响新能源产业的发展。市场竞争力主要体现于产业市场化水平，这说明一个区域产业市场化程度的高低，直接影响其产业竞争力的整体水平，也体现这个区域企业驾驭市场的能力，直接影响其产业竞争力水平。市场发展能力主要由产业市场占有率、产业成长能力和产业外向化程度三个衡量指标构成。

3. 产业战略能力

新能源产业，做为战略性新兴产业，首先必须能够带动一批相关及配套产业，包括给传统产业带来的机会、产生的新产业等，涉及产业关联程度。其次是先导性，它对国民经济发展起方向性的引导作用，代表着技术发展和产业结构演进的方向。最后，所选产业要兼顾经济发展的全局，包括产业经济结构的优化，主导经济发展等。因此产业战略能力包括产业先导、产业带动和产业关联能力。

4. 产业环境建设

新能源的使用需要相关配套设备技术，新能源产业投资大、风险较大，良好的激励政策与法律、法规是北京市新能源产业的重要保障。产业环境环境建设包括政策支持力度、基础设施服务和行业协会服务三个因素。

四、北京市新能源产业评价研究

层次分析法（Analytic Hierarchy Process，AHP）是 20 世纪 70 年代提出的一种多准则决策方法。它把一个复杂问题表示为有序的递阶层次结构，通过人们对决策方案好坏的判断进行排序。层次分析法适合于具有复杂层次结构的多目标决策问题。这种方法能够统一处理决策中的定性与定量因素，具有实用性、系统性、简洁性等优点。但 AHP 在构造比较判断矩阵时没有考虑人的主观判断、偏好等对决策结果的影响。为此，本研究采用层次分析法与模糊综合评价（Fuzzy Comprehensive Evaluation，FCE）相结合的方法对北京市新能源产业进行评价研究。

（一）层次分析法

在系统工程方法中，解决多目标系统评价或决策问题时常采用的权重设计方法之一就是“多层次权重解析法”，简称层次分析法（AHP）。AHP 法是一种定性分析与定量计算相结合的系统评价分析方法。各种复杂因素对问题的解决有着不同的重要性，将这些因素之间的关系加以条理化，并排列出不同类型因素相对重要性的次序，这便是层次分析法的基本思想。运用 AHP 法确定评价指标体系中各因素的权重需要经过以下步骤：

1. 建立两两比较判断矩阵

首先，对每一层次各指标的重要性成对的进行比较，做出相对重要性的判断，这些判断用数值表示出来，写成矩阵形式，并把第 i 个指标对第 j 个指标的相对重要性的估计值记做 b_{ij}，这就是判断矩阵。判断矩阵的形式如图 6–4 所示。

A_k	B_1	B_2		B_n
B_1	B_{11}	B_{12}	…	B_{1n}
B_2	b_{21}	b_{22}	…	b_{2n}
…	…	…	…	…
…	…	…	…	…
B_n	B_{n1}	B_{n2}	…	B_{nn}

图 6–4　判断矩阵

式中，b_{ij} 表示对于上一层次指标 A_k 而言，B_i 对 B_j 的相对重要性。在 AHP 中，为了使评价判断定量化，形成数值判断矩阵，一般采用 1–9 标度方法。

显然，对于判断矩阵有：$b_{ij}=1/b_{ji}\,(i, j=1, 2\cdots, n)$

判断矩阵中的数值是根据数据资料、专家意见和判断者的知识、经验加以综合平衡后得出的。衡量判断矩阵的标准是矩阵中的判断是否具有一致性。

一般如果判断矩阵有：$b_{ij}=b_{ik}/b_{jk}\,(i, j, k=1, 2\cdots, n)$

则称判断矩阵具有完全一致性。但由于客观事物的复杂性和人们认识上的多样性，有产生片面性的可能，要求每个判断矩阵都具有完全的一致性是不可能的，特别是对于因素多、规模大的企业指标体系的评价问题更是如此。因此，为检查 AHP 得到的结果是否基本合理，还需要对判断矩阵进行一致性的检验。

2. 确定权重

通过计算判断矩阵的特征根与特征向量可以确定各指标的权值，即对判断矩阵 A，计算满足：$AW=\lambda_{\max}W$ 的特征根和特征向量。式中 $\lambda_{\max}$ 为 A 的最大特征根；W 为对应于 $\lambda_{\max}$ 的规范化特征向量，W 的分量作为对应指标单排序的权重值。方法主要有求和法、正规化求和法、方根法和特征向量法。

以上几种方法，在计算的复杂程度上是依次增加的，同时计算结果的精确度也依次提高，若矩阵为一致性时，则由四种方法所得的向量结果是相同的。一般说来，计算判断矩阵的最大特征根及其对应的特征向量，并不需要追求较高的精确度，这是因为判断矩阵本身有相当的误差范围，应用层次分析法中给出的层次中各因素优先排序值，从本质上说是表达某种定性的概念。

（二）模糊综合评价法

模糊综合评价就是以模糊数学位基础，应用模糊关系合成的原理，将一些边界不清、不易定量的因素定量化，从多个因素对被评价事物隶属等级状况进行综合性评价的一种方法。

1. 模糊综合评价法的原理

应用模糊集合理论方法对决策活动所涉及的人、物、事、方案等进行多因素、多目标的评价和判断，就是模糊综合评判。模糊综合评判作为模糊数学的一种具体应用，该方法最早是由我国学者汪培庄提出的。其基本原理是：首先确定被评判对象的因素（指标）集合评价（等级）集；再分别确定各个因素的权重及它们的隶属度向量，获得模糊评判矩阵；最后把模糊评判矩阵与因素的权向量进行模糊运算并进行归一化，得到模糊评价综合结果。可见，评判过程是由着眼因素和评语构成的二要素系统。着眼因素和评语一般都有模糊性，不宜用精确的数学语言描述。模糊综合评判方法是在模糊环境下，考虑多种因素的影响，为了某种目的对以实物做出综合决策的方法。它的特点在于，评判逐对象进行，对被评价对象有唯一的评价值，不受被评价对象所处对象集合的影响。综合评价的目的是要从对象集中选出优胜对象，所以还需要将所有对象的综合评价结果进行排序。所以，模糊综合评判法也将针对评判对象的全体，根据所给的条件，给每个对象赋予一个非负实数—评判指标，再据此排序择优。

2. 模糊综合评价法的步骤

第一，建立因素集与评价集。因素集 U 是以影响评判对象的各种因素为元素组成的集合，$U=\{u_1, u_2, \cdots, u_n\}$。评价集 V 是以评判者对评判对象可能做出的各种总的评判结果为元素组成的集合，$V=\{v_1, v_2, \cdots, v_m\}$。

第二，模糊评价。首先从因素集 U 中的单个因素出发进行评价，确定评价对象对因素集中各元素的隶属程度。然后将 n 个因素的评价集组成一个总的评价矩阵，通常以 R 表示。

第三，建立权重向量。各个因素的重要程度通常是不一样的，为了反映各因素的重要程度，对各个因素 u_j 应赋予相应的权数 w_j，由各权数所构成的向量 $W_i=[w_1\ w_2\ \cdots\ w_n]$ 称为因素权重向量。

第三，模糊综合评判数学模型。当权重向量 W 和评判矩阵 R 为已知时，便可做模糊变换来进行综合评判，模糊综合评判的数学模型为 $B=W\cdot R$。

第四，对 B 进行归一化处理得 B'，将 B' 与模糊评判向量 V 相乘即得出综合评价结果分值为 $G=B'\cdot V^{\mathrm{T}}$，其中 V 是按评语等级求得的中位数。

（三）北京市新能源产业评判体系权重的确定方法

所谓权重，是指各元素在整个系统中所占有的份额、重要程度，以及对评价项目的影响程度。权重越大，相对重要性越大；反之亦然。目前，常用的几种方法有层次分析法（AHP）、专家评议法、相对比较法和相关系数法等。

权重是从不同角度表明被加权因素相对重要程度的相对数。其赋权考虑因素，主要有主观因素和客观因素两种。主观赋权法多是采取综合咨询评分的定性方法确定权重，然后对标准化后的数据进行综合，客观赋权法是根据各指标间的相关关系或各指标值的变异程度来确定权重。主观赋权法基于评价者的主观偏好信息，可以反映评价者的经验和直觉，但是容易受人为因素的影响，使评价结果产生较大的主观随意性，不能完全真实地反映客观事物之间的真实关系。客观赋权法可以克服主观因素的不利影响，同时减轻计算工作量，但是，这样确定的权重多属于信息量权重，容易忽视评价者的主观信息，对于有大量人为因素存在的复杂系统评价，客观赋权方法同样有其缺陷，因此，应用中常常需要对主、客观赋权方法进行集成。

本研究中采用层次分析法和模糊综合评价法来进行指标权重分析，这两种方法适合指标体系多层次的递阶结构，能确定层次结构中相邻次元素间的相关程度，定性和定量相结合，便于决策者之间彼此沟通，是十分有效的方法，同时能使专家的意见不受相互的影响，如实地反映北京市新能源产业的实际情况和特点。

（四）北京市新能源产业评判体系权重确定

北京市新能源产业评价体系权重的确定包括确定评价因素集、评价尺度、构建判断矩阵、计算特征向量、确定各级指标权重五个部分。权重确定是通过九位行业内专家打分来进行计算和确定。

1. 确定评价因素集 U

根据研究中设置的综合指标体系，建立评价因素集 A：$U=\{A_1, A_2, A_3, A_4\}$={产业创新能力，市场发展能力，产业战略能力，产业环境建设}。二级评价指标 $A_i=\{A_{i1}, A_{i2}, \cdots, A_{in}\}$（$i=1, 2, \cdots, n$），$n_i$ 为一级指标 U_i 含有的指标数。

2. 确定评语尺度

评语集反映了评价二级指标之间、三级指标之间的不同状态，可通过专家进行评估定级，评价集如表 6–2 所示。

表 6–2　评价指标的尺度

标度	定　义
1	i 因素与 j 因素同样重要
3	i 因素与 j 因素稍微重要
5	i 因素与 j 因素明显重要
7	i 因素与 j 因素强烈重要
9	i 因素与 j 因素极端重要

续表

标度	定　　义
2、4、6、8	上述相邻判断的中间值
倒数	若 i 因素与 j 因素重要性之比为 a_j，那么 j 因素与 j 因素重要性之比为 $a_{ji}=1/a_{ij}$

3. 运用两两配对比较构建判断矩阵

首先使用 AHP 层次分析法确定第二层指标的权重。在这里，A_1：产业创新能力；A_2：市场发展能力；A_3：产业战略能力；A_4：产业环境建设。根据专家意见和打分，得到北京市新能源产业集群指标第一层的指标要素 A_1，A_2，A_3，A_4 的判断矩阵 A 如表 6–3 所示。

表 6–3　　二级指标判断矩阵

A	A_1	A_2	A_3	A_4
A_1	1	1	1	3
A_2	1	1	1	3
A_3	1	1	1	2
A_4	1/3	1/3	1/2	1

4. 计算最大特征值及其对应的特征向量

采用方根法求矩阵 A 的主特征向量 M，M 即是由同级要素的权重所构成的权重向量。

第一，计算判断矩阵每一行元素的乘积 M_i

$M_i=\prod_{j=1}^{n}a_{ij}, i=1,2,\cdots$　得到 M_1=3，M_2=3，M_3=2，M_4=1/18。

第二，计算 M_i 的 n 次方根

$\bar{W}_i=\sqrt[n]{M_i}$　得到 W_1=1.316 1，W_2=1.316 1，W_3=1.189 2，W_4=0.485 5

第三，对向量 $\bar{W}=[\bar{W}_1,\bar{W}_2,\cdots,\bar{W}_n]^{\mathrm{T}}$ 进行正规化处理，即

$$W_i=\frac{\bar{W}_i}{\sum_{j=1}^{n}\bar{W}_j}$$

则特征向量 W=[0.305 6，0.305 6，0.276 1，0.112 7]^{T}

第四，计算判断矩阵的最大特征值 $\lambda_{\max}$

$$\lambda_{\max} = \sum_{i=1}^{n} \frac{(AW)_i}{nW_i}$$

式中 $(AW)_i$ 表示向量的第 i 个元素，A 为判断矩阵

得到 $\lambda_{\max}$ =4.020 6，

则一致性判断 CI=($\lambda_{\max}$−n)/(n−1)=(4.020 6−4)/3=0.006 9

表 6–4 可知，当 n=4 时，RI=0.89，CR=CI/RI=0.078＜0.1，通过一致性检验。

表 6–4　　　　平均随机一致性指标

n	1	2	3	4	5	6	7	8	9	10
RI	0	0	0.52	0.89	1.12	1.26	1.36	1.41	1.45	1.49

5. 第二层指标权重的确定

利用同第一层指标权重确定相同的方式，可以计算出第二层指标的权重，即：

第一，产业创新能力二级指标权重及检验，则特征向量 W_{1i}=[0.493 2, 0.250 6, 0.107 1, 0.149 1]^T。

表 6–5　　　　产业创新能力二级指标权重及检验

A	A_{11}	A_{12}	A_{13}	A_{14}	W_{1i}
A_{11}	1	3	5	2	0.493 2
A_{12}	1/3	1	3	2	0.250 6
A_{13}	1/5	1/3	1	1	0.107 1
A_{14}	1/2	1/2	1	1	0.149 1
$\lambda_{\max}$=4.162 2，CI=0.054，CR=0.061＜0.10					

第二，市场发展能力二级指标权重及检验，则特征向量 W_{2i}=[0.637 0，0.258 3，0.104 7]^T。

表 6–6　　　　市场发展能力二级指标权重及检验

A	A_{21}	A_{22}	A_{23}	W_{2i}
A_{21}	1	3	5	0.637 0
A_{22}	1/3	1	3	0.258 3
A_{23}	1/5	1/3	1	0.104 7
$\lambda_{\max}$=3.038 5，CI=0.019，CR=0.037＜0.10				

第三，产业战略能力二级指标权重及检验，则特征向量 W_{3i}=[0.539 6，0.297 0，0.163 4]^T。

表 6–7　　产业战略能力二级指标权重及检验

A	A_{31}	A_{32}	A_{33}	W_{3i}
A_{31}	1	2	3	0.539 6
A_{32}	1/2	1	2	0.297 0
A_{33}	1/3	1/2	1	0.163 4
λ_{max}=3.021 3，CI=0.011，CR=0.019＜0.10				

第四，产业环境建设二级指标权重及检验，则特征向量 W_{4i}=[0.673 8, 0.225 5, 0.100 7]^T。

表 6–8　　产业环境建设二级指标权重及检验

A	A_{41}	A_{42}	A_{43}	W_{4i}
P_{41}	1	4	5	0.673 8
P_{42}	1/4	1	3	0.225 5
P_{43}	1/5	1/3	1	0.100 7
λ_{max}=3.085 6，CI=0.043，CR=0.083＜0.10				

（五）北京新能源产业的评价

（1）首先确定评语集 V={强，较强，中，较差，差}，如表 6–9 所示，各个评语集对应的分值：

表 6–9　　模糊评价评分等级

评价等级	强	较强	中	较差	差
对应分值	80～100	60～80	40～60	20～40	0～20

本书采用百分制 W= {95, 80, 60, 40, 20}，运用概率统计方法以达到对指标的评价，确定出模糊综合评价矩阵。

（2）北京市新能源汽车的评价

对北京市新能源汽车的二级指标进行模糊综合评判，其结果如下：

$$R_1=\begin{bmatrix}0.250&0.625&0.125&0&0\\0.250&0.375&0.375&0&0\\0.125&0.500&0.375&0&0\\0.250&0.500&0.250&0&0\end{bmatrix}, R_2=\begin{bmatrix}0.375&0.625&0&0&0\\0.250&0.500&0.250&0&0\\0.125&0.250&0.500&0.125&0\end{bmatrix}$$

$$R_3=\begin{bmatrix}0.500&0.500&0&0&0\\0.250&0.500&0.250&0&0\\0.250&0.375&0375&0&0\end{bmatrix}, R_4\begin{bmatrix}0.625&0.250&0.125&0&0\\0.125&0.375&0.375&0.125&0\\0.250&0.500&0.250&0&0\end{bmatrix}$$

则新能源汽车产业创新能力的评价矩阵为：

$$Y_1=X_1^{\mathrm{T}}R_1=\{0.236\ 6,\ 0.530\ 3,\ 0.233\ 1,\ 0,\ 0\},$$

同理，市场发展能力 $Y_2=X_2^{\mathrm{T}}R_2=\{0.316\ 5,\ 0.553\ 5,\ 0.116\ 9,\ 0.013\ 1,\ 0\}$,

产业战略能力 $Y_3=X_3^{\mathrm{T}}R_2=\{0.384\ 9,0.479\ 6,0.135\ 5,0,0\}$,

产业环境建设 $Y_4=X_4^{\mathrm{T}}R_2=\{0.474\ 5,0.303\ 4,0.194\ 0,0.028\ 2,0\}$,

北京市新能源汽车评价总矩阵为：

$$Y=\begin{bmatrix}0.236\ 6&0.530\ 3&0.233\ 1&0&0\\0.316\ 5&0.553\ 5&0.116\ 9&0.013\ 1&0\\0.384\ 9&0.479\ 6&0.135\ 5&0&0\\0.474\ 5&0.303\ 4&0.194\ 0&0.028\ 2&0\end{bmatrix}$$

则北京市新能源汽车竞争力评价值为：$X^{\mathrm{T}}YW^{\mathrm{T}}$=81.32。

（3）北京市风能产业的评价

对北京市风能产业的二级指标进行模糊综合评判，其结果如下：

$$R_1=\begin{bmatrix}0.125&0.375&0.500&0&0\\0.250&0.500&0.250&0&0\\0.125&0.500&0.375&0&0\\0.250&0.500&0.250&0&0\end{bmatrix}, R_2=\begin{bmatrix}0.250&0.500&0.250&0&0\\0.125&0.375&0.375&0.125&0\\0&0.250&0.500&0.125&0\end{bmatrix}$$

$$R_3=\begin{bmatrix}0.125&0.500&0.375&0&0\\0.125&0.250&0.375&0.250&0\\0.500&0.375&0.125&0&0\end{bmatrix}, R_4\begin{bmatrix}0.625&0.250&0.125&0&0\\0.125&0.375&0.375&0.125&0\\0.125&0.375&0.500&0&0\end{bmatrix}$$

则风能产业创新能力的评价矩阵 Y_1 为：

$$Y_1=X_1^{\mathrm{T}}R_1=\{0.175\ 0,\ 0.438\ 4,\ 0.386\ 7,\ 0,\ 0\},$$

同理，市场发展能力 $Y_2=X_2^{\mathrm{T}}R_2=\{0.204\ 6,\ 0.454\ 6,\ 0.308\ 5,\ 0.032\ 3,\ 0\}$,

产业战略能力 $Y_3=X_3^{\mathrm{T}}R_2=\{0.145\ 4,\ 0.405\ 3,\ 0.354\ 6,\ 0.094\ 7,\ 0\}$,

产业环境建设 $Y_4=X_4^{\mathrm{T}}R_2=\{0.461\ 9,\ 0.290\ 8,\ 0.219\ 1,\ 0.028\ 2,\ 0\}$,

北京市风能产业评价总矩阵为：

$$Y=\begin{bmatrix}0.175\,0 & 0.438\,4 & 0.386\,7 & 0 & 0\\ 0.204\,6 & 0.454\,6 & 0.308\,5 & 0.032\,3 & 0\\ 0.145\,4 & 0.405\,3 & 0.354\,6 & 0.094\,7 & 0\\ 0.461\,9 & 0.290\,8 & 0.219\,1 & 0.028\,2 & 0\end{bmatrix}$$

则北京市风能产业竞争力评价值为：$X^{T}YW^{T}$=74.85。

（4）北京市太阳能产业的评价

对北京市太阳能产业的二级指标进行模糊综合评判，其结果如下：

$$R_1=\begin{bmatrix}0.125 & 0.375 & 0.500 & 0 & 0\\ 0.125 & 0.500 & 0.375 & 0 & 0\\ 0.250 & 0.375 & 0.375 & 0 & 0\\ 0.125 & 0.500 & 0.375 & 0 & 0\end{bmatrix},R_2=\begin{bmatrix}0.125 & 0.375 & 0.500 & 0 & 0\\ 0.125 & 0.250 & 0.375 & 0.250 & 0\\ 0 & 0.250 & 0.375 & 0.375 & 0\end{bmatrix}$$

$$R_3=\begin{bmatrix}0.125 & 0.500 & 0.375 & 0 & 0\\ 0.125 & 0.250 & 0.375 & 0.250 & 0\\ 0.250 & 0.375 & 0.250 & 0.125 & 0\end{bmatrix},R_4=\begin{bmatrix}0.375 & 0.500 & 0.125 & 0 & 0\\ 0 & 0.250 & 0.375 & 0.375 & 0\\ 0.125 & 0.375 & 0.375 & 0.125 & 0\end{bmatrix}.$$

则太阳能产业创新能力的评价矩阵为：

$$Y_1=X_1^{T}R_1=\{0.138\,4,0.425\,0,0.436\,7,0,0\},$$

同理，市场发展能力 $Y_2=X_2^{T}R_2=\{0.111\,9,0.329\,6,0.454\,6,0.103\,8,0\}$，

产业战略能力 $Y_3=X_3^{T}R_2=\{0.145\,4,0.337\,9,0.442\,0,0.094\,7,0\}$，

产业环境建设 $Y_4=X_4^{T}R_2=\{0.265\,3,0.431\,0,0.206\,6,0.097\,2,0\}$，

北京市太阳能产业评价总矩阵为：

$$Y=\begin{bmatrix}0.138\,4 & 0.425\,0 & 0.436\,7 & 0 & 0\\ 0.111\,9 & 0.329\,6 & 0.454\,6 & 0.103\,8 & 0\\ 0.145\,4 & 0.337\,9 & 0.442\,0 & 0.094\,7 & 0\\ 0.265\,3 & 0.431\,0 & 0.206\,6 & 0.097\,2 & 0\end{bmatrix}$$

则北京市太阳能产业竞争力评价值为：$X^{T}YW^{T}$=71.20。

（5）北京市地热能产业的评价

首先对北京市地热能行业的二级指标进行模糊综合评判，其结果如下：

$$R_1=\begin{bmatrix}0 & 0.250 & 0.375 & 0.250 & 0.125\\ 0 & 0.250 & 0.250 & 0.375 & 0.125\\ 0 & 0.375 & 0.375 & 0.250 & 0\\ 0 & 0.250 & 0.375 & 0.250 & 0.125\end{bmatrix},R_2=\begin{bmatrix}0 & 0.125 & 0.375 & 0.375 & 0.125\\ 0 & 0.125 & 0.250 & 0.375 & 0.250\\ 0 & 0.125 & 0.375 & 0.375 & 0.125\end{bmatrix}$$

$$R_3=\begin{bmatrix}0 & 0.125 & 0.375 & 0.250 & 0.250\\ 0 & 0.125 & 0.375 & 0.375 & 0.125\\ 0.125 & 0.250 & 0.250 & 0.250 & 0.125\end{bmatrix}, R_4=\begin{bmatrix}0.125 & 0.375 & 0.375 & 0.125 & 0\\ 0 & 0.125 & 0.375 & 0.375 & 0.125\\ 0 & 0.125 & 0.250 & 0.375 & 0.250\end{bmatrix}.$$

则地热能产业创新能力的评价矩阵为：

$$Y_1=X_1^{\mathrm{T}}R_1=\{0, 0.263\,4, 0.343\,7, 0.281\,3, 0.111\,6\},$$

同理，市场发展能力 $Y_2=X_2^{\mathrm{T}}R_2=\{0, 0.125\,0, 0.342\,7, 0.375\,0, 0.157\,3\}$，

产业战略能力 $Y_3=X_3^{\mathrm{T}}R_2=\{0.020\,4, 0.145\,4, 0.354\,6, 0.287\,1, 0.192\,5\}$，

产业环境建设 $Y_4=X_4^{\mathrm{T}}R_2=\{0.084\,2, 0.293\,5, 0.362\,4, 0.206\,6, 0.053\,4\}$，

北京市地热能产业评价总矩阵为：

$$Y=\begin{bmatrix}0 & 0.263\,4 & 0.343\,7 & 0.281\,3 & 0.111\,6\\ 0 & 0.125 & 0.342\,7 & 0.375\,0 & 0.157\,3\\ 0.020\,4 & 0.145\,4 & 0.3546 & 0.287\,1 & 0.192\,5\\ 0.084\,2 & 0.293\,5 & 0.3624 & 0.206\,6 & 0.053\,4\end{bmatrix}$$

则北京市地热能产业竞争力评价值为：$X^{\mathrm{T}}YW^{\mathrm{T}}=52.65$。

（6）北京市生物质能产业的评价

对北京市生物质能产业的二级指标进行模糊综合评判，其结果如下：

$$R_1=\begin{bmatrix}0 & 0 & 0.250 & 0.375 & 0.375\\ 0 & 0 & 0.250 & 0.50 & 0.250\\ 0 & 0.125 & 0.250 & 0.375 & 0.250\\ 0 & 0.125 & 0.375 & 0.375 & 0.125\end{bmatrix}, R_2=\begin{bmatrix}0 & 0.125 & 0.250 & 0.375 & 0.250\\ 0 & 0 & 0.250 & 0.375 & 0.375\\ 0 & 0 & 0.125 & 0.500 & 0.375\end{bmatrix}$$

$$R_3=\begin{bmatrix}0 & 0 & 0.250 & 0.500 & 0.250\\ 0 & 0.125 & 0.250 & 0.500 & 0.125\\ 0 & 0.250 & 0.250 & 0.375 & 0.125\end{bmatrix}, R_4=\begin{bmatrix}0 & 0.250 & 0.375 & 0.250 & 0.125\\ 0 & 0.125 & 0.250 & 0.375 & 0.250\\ 0 & 0.125 & 0.375 & 0.250 & 0.250\end{bmatrix}.$$

则生物质产业创新能力的评价矩阵为：

$$Y_1=X_1^{\mathrm{T}}R_1=\{0, 0.032\,0,0.268\,6, 0.406\,3, 0.293\,0\},$$

同理，市场发展能力 $Y_2=X_2^{\mathrm{T}}R_2=\{0, 0.079\,6, 0.236\,9, 0.388\,1, 0.295\,4\}$，

产业战略能力 $Y_3=X_3^{\mathrm{T}}R_2=\{0, 0.078\,0, 0.250, 0.479\,6, 0.192\,5\}$，

产业环境建设 $Y_4=X_4^{\mathrm{T}}R_2=\{0, 0.209\,2, 0.346\,8, 0.278\,2, 0.165\,8\}$，

北京市生物质能产业评价总矩阵为：

$$Y=\begin{bmatrix}0 & 0.032\,0 & 0.268\,6 & 0.406\,3 & 0.293\,0\\ 0 & 0.079\,6 & 0.236\,9 & 0.388\,1 & 0.295\,4\\ 0 & 0.078\,0 & 0.250 & 0.479\,8 & 0.192\,5\\ 0 & 0.209\,2 & 0.346\,8 & 0.278\,2 & 0.165\,8\end{bmatrix}$$

则北京市生物质能产业竞争力评价值为：$X^{T}YW^{T}$=43.39。

（7）评价结果分析

随着新能源产业规模在整个能源产业结构中的比例不断扩大，使得新能源装备制造业日益成为北京市力争突破和掌握的关键环节。基于北京市新能源产业定量分析的结果，北京市新能源产业竞争力最强的是新能源汽车，其次为太阳能和风能产业，竞争力一般的为地热能和生物质能产业。

北京市新能源汽车评价分为 81.32，体现出很强的竞争力，这得益于北京市雄厚的科技创新资源，在新能源汽车具备较强的研发能力。北京市在电子控制和电池系统两个技术优势明显，已经初步形成以北汽新能源汽车公司和长安汽车北京基地为骨干、北京普莱德新能源电池科技有限公司、中信国安盟固利新能源科技公司等部件生产商构成的新能源汽车产业链。北京市大力支持新能源汽车的发展和应用，制定了《电动汽车推广应用行动计划（2014—2017 年）》、《北京市示范应用新能源小客车管理办法》，并从 2014—2017 年小客车指标中配置了 17 万个指标大力支持发展新能源汽车行业。虽然北京市的新能源汽车推广政策堪称全国标杆，但是产业创新能力方面稍显不足，主要体现在动力电池、驱动电机、整车电控等关键核心技术水平仍有待突破，产业链的配套体系有待进一步完善。

发展太阳能和风能产业具有多重利好政策支持，北京市先后出台《北京新能源和可再生能源发展“十二五”规划》、《“绿色北京”行动计划（2010—2012 年）》、《北京市振兴发展新能源产业实施方案》，明确提出加大对太阳能、风能推广应用和产业发展的支持。在风能产业方面评价分为 74.85，体现出较强竞争力，北京金风科创、中材科技为代表的风电设备制造处于业界领先水平，以亦庄金风风电产业园、三一北京制造中心为引领已形成较为完整的产业链，风力电机和风机控制系统等关键零部件的制造水平稳步提高，但是在风电整机及高端核心零部件竞争力方面与国际先进水平相比仍具有一定差距。太阳能产业得分为 71.20，北京市在太阳能高端装备制造和系统集成在全国具有较强优势，有北京计科、桑普、天普、清华阳光等一批骨干企业，但是在高端核心技术研发能力、大功率太阳能热发电系统整体集成能力有待突破，产业规模和产业链完善程度仍有待增强。北京市风能和太阳能在产业集群的标准、检测、认证和运营管理等配套服务能力方面仍有待提升，政策落实仍显缓慢，实效有待提升。

北京的地热能产业为 52.65 分，地热能是以中小企业为主，例如注册资金在 220 万到 3 000 万元间的泵企业就有 34 家，占总数的 51.5%。由于企业规模普遍较小，技术装备、产品研发、人才储备相对较弱，在热泵技术与设备的研发及产业化、热泵关键技术的研发和集成应用仍有较大差距，缺少自主品牌，市场空间较为狭小，科技进步和品牌带动效应尚不明显。北京市生物质能产业的评价得分为 43.39，其发展能力为中等偏下水平。由于北京市生物质能科研机构分散，科研资金、专业人才匮乏，科技经费的投入不足，技术研发能力薄弱，市场空间较为狭小，使得生物质能产业在基础技术研究、新产品研发和应用技术创新等方面存在技术含量低、产品单一、缺乏具有自主知识产权核心技术的问题，市场空间有限，这表明该产业仍处于起步阶段。

五、北京市新能源产业发展模式选择

基于北京市新能源产业发展技术生命周期和技术水平的维度，以及北京市新能源产业发展现状，并结合定量分析的结果，北京市新能源发展模式包括新能源汽车产业集成创新模式、太阳能和风电的骨干龙头带动模式、地热能的中小企业集群模式，以及生物质能产业的产学研联盟发展模式。

（一）北京市新能源汽车产业集成创新模式

新能源汽车作为新兴产业，其主要特征之一是以新兴技术为基础，技术研发能力是产业竞争力根本所在。在电动汽车整车技术方面，北京市已经建立了具有自主知识产权、适用于公共交通和私人汽车市场的特色混合动力、纯电动、燃料电池、动力系统技术平台，掌握了整车集成技术。

北京市新能源汽车产业面临良好的发展机遇。我国新能源汽车发展规划草案明确提出，我国节能与新能源汽车具体发展目标是：到 2020 年，新能源汽车产业化和市场规模达到全球第一，其中新能源汽车保有量达到 500 万辆；以混合动力汽车为代表的节能汽车年销量达到世界第一，年产销量达到 1 500 万辆。并且提出打造“国家队”：结合示范工程创建新能源汽车产业先导示范基地；依托现有汽车重点企业，重点建设包括北京、广东等在内的新能源汽车产业基地，到 2020 年，上述基地的产业集中度达到 90%以上。

在新能源汽车发展方面，北京具有雄厚的人才储备，2013 年北京市全年研究与试验发展（R&D）经费支出 1 200.7 亿元，在全国各省市中排名第二，在总量上仅次于江苏省；但在 R&D 经费占对应省市 GDP 的比重方面，北京以 6.16%的比例位于全国首位。北京市拥有 R&D 人员 35.1 万人，北京市每万人中的 R&D 人员数量为 166，位居于全国第一位。在 R&D 人员数量方面具有较大的优势，能够为北京新能源汽车领域内的技术研发提供强大的人力支持。[①]

在新能源汽车的核心技术和专利方面，北京市的新能源汽车技术专利多掌握在高校或研究所的手里，北京在电子控制和电池系统两个技术领域的技术基础中

① 北京统计信息网.2013 年北京市国民经济和社会发展统计公报［EB/OL］.（2014-02-13）［2015-08-18］. http://www.bjstats.gov.cn/sjjd/jjxs/201402/t20140213_267718.htm.

具有较强的专利数量优势，2005—2010年在新能源汽车电子控制基础技术专利数为960项，仅次于广东位居全国第二位；新能源汽车电池基础技术专利数为3 565项，落后于广东的4 773项，居于全国第二位。[①]这表明上述两个领域汇集了高质量的研发人员和大量的研发资源，在电池系统和电子控制系统方面，北京具有很强的竞争力。因此，新能源汽车可以采用集成创新模式，重点定位于以企业及大学和科研院所为主体，以自主创新为基础，与产、学、研结合，努力在新能源汽车领域内取得突破，研发出在国内外都处于领先地位，并且具有自主知识产权及标准的先进技术和高附加值产品，实现新能源汽的全面发展。

（二）太阳能和风电的骨干龙头带动模式

新能源骨干大型企业一般都具有雄厚的实力在产业链中居于核心地位，他们的一举一动都关乎上下游众多中小新能源企业的生死存亡。随着新能源产业规模在整个能源产业结构中的比例不断扩大，使得新能源装备制造业日益成为各地区力争突破和掌握的关键环节。北京市在太阳能和风电产业方面，形成以京运通、桑普为代表的光伏，北京金风科创、中材科技为代表的风电设备制造处于业界领先水平，使得北京市发展太阳能、风电装备等新能源装备制造业处于制造高地。

另一方面发展太阳能和风电产业具有多重利好政策支持，2009年国务院通过的十大产业振兴规划，其中明确提出鼓励“风能太阳能装备制造国产化、启动国内光伏发电市场”等政策。北京市先后出台《北京新能源和可再生能源发展“十二五”规划》、《“绿色北京”行动计划（2010—2012年）》、《北京市振兴发展新能源产业实施方案》，明确提出新能源产业提升战略，加大对太阳能、风电等新能源推广应用和产业发展的支持。

骨干大型企业带动相关中小新能源企业的发展模式，是产业链延伸化的典型表现，符合“虚拟企业集团”的发展趋势。由于骨干新能源企业与为其提供产品和服务的众多中小新能源企业形成了密切的合作关系，中小新能源企业出于长期与骨干新能源企业合作的需要，在龙头企业的辐射和带动下，其产业链上下游的中小企业已逐步形成新能运产业发展的市场突破口。其中，骨干企业的业务需求，是产业链中的中小新能源企业建设的牵引力，它使得中小新能源企业建设的目的明确，应用效果显著。中小新能源企业的生产系统与骨干企业的生产系统对接，可以分享骨干企业乃至整个产业链的整体优势，提高整个产业链的竞争力。骨干大型企业的技术创新要求，是产业链中小新能源企业建设的推动力，同时，骨干大型企业的技术创新需求，使得中小新能源企业建设的目的明确，效果显著。龙

① 黄鲁成，成雨，吴菲菲，等. 基于专利分析的北京新能源汽车产业现状与对策研究[J]. 情报杂志，2012，31（5）：1-7.

头企业带动模式，是一种目标明确、见效快、值得政府大力推广的技术创新发展模式。

（三）地热能的中小企业集群模式

企业集群是指经营同一行业的众多中小企业在地理空间上的集聚。从企业规模上看，集群以中小企业为主。集群内部中小企业间分工明确，相互独立、平等，没有上下级关系，企业间基于信任、认同与互惠等进行市场交易，通过垂直，水平互补关系形成区域生产系统；集群对外功能相当于一个大企业，生长、销售、研发等功能单位比较完备。

北京的地热能产业中，存在众多的中小企业，在北京市 66 家热泵企业中，中注册资金小于 200 万的企业有 24 家，占总数的 36.4%；注册资金在 220 万到 3 000 万元之间的有 34 家，占总数的 51.5%，这表明地源热泵企业以中小企业居多。中小新能源企业规模普遍较小，技术装备、产品研发、人才储备相对较弱，缺少自主品牌，科技进步和品牌带动效应尚不明显。规模化、集团化是中小企业发展的必然。中小地热能企业集群，通过大量专业化企业集聚在一起，使集群规模化生产得以实现。并且，企业集群也创造了一个较大的市场需求空间，对分工更细、专业化更强的产品和服务的潜在需求量相应增加。随着需求变化，工艺过程日益精细化和专业化，这不仅为专业化生产商提供了很大的生存机会，而且还使它们实现了规模生产，两者形成良性循环，不断提高企业集群整体生产效率。

由于地理邻近与相互信任，有关产品、技术、竞争等市场信息可以在集群内企业间迅速集中和传播，加上他们之间的相互协作，有利于集群内部企业洞察市场需求变化，捕捉市场机会，及时调整产品结构，提高市场应变能力。此外，在企业集群区，由于众多厂商聚集在一起，可以共用一些资源，如专业化劳动力市场、技术创新和教育培训机构、产品质量检测中心、物流中心等。同时，集群内的某些企业可以因那些先进的相关企业的拉拨而提升它的竞争力和创新能力。这主要体现在有形的和无形的两个方面：在有形的方面，如生产配套水平的提升、关联技术品位的提升、共享基础设施的提升、共同地理市场的提升等；在无形的方面，如所在区域知名度的提升、相关产品声誉的提升、相关企业社会信誉的提升、与政府关系的提升等方面。

（四）生物质能产业的产学研联盟发展模式

一方面，北京市生物质能利用技术和装备处于起步阶段，由于缺乏长期规划和科技经费的投入，缺少激励生物质能产业科技进步创新的措施，使得生物质能产业在基础技术研究、新产品研发和应用技术创新等方面存在技术含量低、产品单一、缺乏具有自主知识产权核心技术的问题。

例如在能源植物方面，急需进行能源植物资源普查、引种、改良能源植物品种研究以及建立能源植物试验与示范基地等科研工作；在生物质液体燃料技术上，生物质气的重整与合成等关键核心问题亟待解决；在沼气技术方面，虽然各种沼气工艺和综合利用技术日趋成熟，但还存在沼气技术水平不高、沼气持续运行能力差、沼气商品化等问题，需要加强研究，提高沼气的利用效益；在固体成型压块燃料方面，存在着成型机模具磨损严重、运行稳定性差、使用寿命较短、能耗高、配套炉具不完善等问题。

另一方面生物质能科研机构分散，科研资金、专业人才匮乏，没有相应的技术研发队伍，技术研发能力薄弱。目前生物质方面还没有专业的研究机构，也没有一所大学培养生物质能的专业人才，设计、咨询等产业服务体系极不健全，这不能适应北京目前可再生能源发展的需要。

因此，政府主导的产学研联盟的发展模式也是北京市生物质能产业发展的选择。这种模式要求政府、企业和学术部门之间以合资、技术联盟、研发联合体等创新的组织形式主导产业技术的进步，通过技术联盟实现产学研间的联合创新，有效整合资源，加快促进企业技术进步和创新能力的提高。这种模式一方面可以分担各主体的投资风险，另一方面可以促进资源互补和多学科之间的交流与融合，促进技术知识的快速扩散。在产学研联盟的组织形成过程中，政府要直接参与合作组织，形成政府、产业、大学之间的多方合作。此外政府还可以选择将税收补贴和资助更多地集中在联盟间合作研究上，以强化对联盟合作研究的激励。

第七章

北京市新能源产业发展战略

在对北京市新能源产业从必要性、可行性、模式等方面进行了大量的分析和总结后，需要对北京市发展新能源产业进行分析，即提出相关的政策建议，具体从指导思想原则、目标与重点、战略与途径、措施与建议五个方面进行了阐述，以促使北京市新能源产业可持续健康发展。

一、北京市新能源产业发展指导思想与原则

政府部门作为发展新能源产业的引导者，应当依据《北京市“十二五”时期新能源和可再生能源发展规划》和北京市新能源产业发展的实际情况，确立总体的指导思想。

（一）北京市新能源产业发展指导思想

在北京市新能源产业发展中，要坚持科学发展观，紧紧围绕以高起点发展为中心，以结构调整为主线，以市场为导向，以科技进步为动力，以产业转型升级、延伸产业链条、扩大产业规模为重点，依托优势资源、优势产业和龙头企业，加大政府部门的扶持力度，提高自主创新能力，在北京市形成特色突出、在全国乃至全球都具有较强竞争力的新能源产业，构建起安全、可靠、高效、可持续的能源供应保障体系，进而推进“绿色北京”和中国特色世界城市建设。

（二）北京市新能源产业指导原则

作为新能源产业的协调者，北京市还应当依据《北京市“十二五”时期新能源和可再生能源发展规划》和新能源产业发展的实际情况，进一步明确在政策法规、资金、技术及人才等各个方面的指导原则。北京市扶持新能源产业发展需要做到：国家战略与地方发展相契合，新能源产业发展与传统产业升级要兼顾，长

期目标与短期目标要相协调，作为地方层面的新能源产业发展应更多的立足于本地区的发展实际来进行考量和布局。

1. 处理好国家层面战略与北京市发展间关系

要密切结合国家发展战略与要求及其政策导向，因地制宜的设计适合地方发展的新能源产业的发展目标、产业布局以及市场培育方式等，在纵观国家与北京市战略契合的同时还要考虑到避免各地区间的产业雷同，要统观全局与地方实际，力求设计最适宜的产业布局与形式，以实现产业发展的效益最大化。

2. 正确对待和处理新能源产业与传统产业间的关系

新能源产业作为新兴产业，投资周期长、见效慢、发展缓慢，因此，作为新兴产业对北京市的经济社会贡献不会立竿见影，因此需要坚定持续发展扶持新能源产业的信念，要设计长远的规划与预期，同时，由于传统产业可能仍然会是地方经济发展的支柱产业，也需要重视其结构调整与升级。

3. 新能源产业长期目标与短期目标相协调间的关系

由于新能源产业高科技、高投入且汇报周期较长，因此要妥善处理在新能源产业发展初期所面临的各种问题，应该允许问题的存在，要从长远发展目标角度坚决支持其产业的发展。加强新能源产业发展的配套政策与法律法规建设，提高信息资源的共享水平，规范社会信息资源的采编，为北京市新能源企业的发展提供便利的公共环境条件和有利于产业高起点发展的法制环境。

4. 加强科技创新和人才培养兼顾的原则

加强北京科技创新是新能源产业高起点发展的重点部分，即积极推动新能源研发中心建设。通过政府引导和企业出资等方式，积极培育和建设一批拥有高起点发展能力的国家或省级新能源的研发中心与技术工程中心，加大新能源企业发展中的自主创新力度，提高核心竞争力，推动整个新能源产业的高起点发展。

加强北京市在新能源产业方面的人才聚集，同时加大人才工作在各方面的工作力度，完善各种人才引进和培养的工作机制，为加快北京市新能源产业发展提供人才保障。以此为基础，为北京市新能源产业发展提供智力支持和人才保障。

总之，对于新能源产业的发展，就北京市而言，需要立足本地区新能源产业发展现状，认清发展条件与基础，根据北京市的资源禀赋，结合国家发展战略与策略，设计出地区特色的新能源产业发展之路。新能源产业作为推动北京市经济可持续增长、促进地区结构调整与升级、实现地区跨越式发展的有效途径，要切实把握由新能源产业发展而实现的技术创新与技术体系的形成，完善新能源产业链的建设以及上下游配套产业的形成，使其向国民经济主导产业发展。

二、北京市新能源产业发展目标与重点

在明确了北京市新能源产业发展的指导思想和原则后，需要进一步明确北京

市新能源产业发展的目标与重点，其中重点在于北京市新能源产业发展自主创新的实现。研究表明，北京市新能源产业发展的目标涉及国民经济发展的方方面面，较为复杂，因此，为了更好地进行表述，参照《北京市“十二五”时期新能源和可再生能源发展规划》，将主要发展目标分述如下。

（一）北京市新能源产业发展目标

北京市新能源产业的发展目标包括自主创新能力目标、竞争能力目标和协调发展目标这三大目标，着力打造具备国际竞争力的新能源产业。

1. 自主创新能力目标

第一，在北京市新能源产业发展的过程中，重点关注太阳能、风能和新能源汽车等领域的关键技术，使这些领域的研发能力接近并争取能赶超世界先进行列，掌握一批核心技术，拥有一批自主知识产权，使技术成果转化率显著提高，标准制定的国际影响力大大增强。

第二，在北京市新能源产业发展的过程中，争取培育出一大批具有自主创新能力、拥有自主知识产权的新能源企业。使高附加值产品的研发能力不断提升，并能涌现一批具有自主知识产权的业务品牌，且业务专利数不断增加。

第三，在北京市新能源产业发展的过程中，结合国家政策的引导，初步形成以企业为主体的技术创新体系，通过全行业引进消化吸收使再创新能力进一步强化，并使集成创新能力显著增强，原始创新能力有所提高。

2. 竞争能力目标

第一，到 2020 年，北京市通过高起点发展新能源产业，不断生产出高附加值产品，增加国内外市场份额，从而带动北京市新能源产业中基础产业及其中的重点企业的管理能力和竞争能力的大幅度提升，形成一大批具有竞争活力的新能源企业。

第二，到 2020 年，重点关注的太阳能、风能和新能源汽车等领域等新能源产业的核心产业具备国际竞争能力，部分关键技术实现突破，产业链进一步向上游延伸，元器件、材料、专用设备国内配套能力显著增强，集聚优势资源，形成一批在全球具有特色和影响力的产业基地和产业园，以及一批效益突出、国际竞争力较强的优势企业。

第三，到 2020 年，形成能够适应北京市新能源产业高起点发展和体制改革的监管模式，争取使管理能力得到进一步提高。

3. 协调发展目标

第一，依托北京市现有的和正在建设中的新能源产业基地和产业园，整合优势资源，不断延伸和完善产业链，培育基于产业链的、具有优势和特色的产业集群。

第二，通过不断的高起点发展，自主研发并生产出高附加值产品，争取更深层次地挖掘出这些高附加值产品所涉及的基础及核心产业之间的关系。在此基础上，更进一步地加强这些产业间的联系，从而不断推进北京市新能源产业更进一步做大做强。

第三，继续加强北京市新能源企业各方面自主创新的能力建设，加快形成北京市新能源产业中的基础及核心产业与其上下游合作共赢的产业链。

（二）北京市新能源产业发展重点

在对北京市新能源产业发展的目标进行了分解和详述外，需要找出高起点发展的工作重心所在，以进一步明确北京市新能源产业方向及任务。对北京市新能源产业重点解析如下。

第一，大力培育和发展核心基础产业的高起点发展能力。在光伏、风能、新能源汽车、地热能和生物质能等领域突破重大关键技术，解决产业发展的共性技术问题，从而实现核心关键技术上的重点突破，延伸和完善产业链，进一步壮大产业规模。

第二，提升新的新能源产业群。培育新的新能源产业群，是实现新能源产业持续、快速、健康发展的关键，也是满足北京市经济社会发展和低碳建设需求的必然要求。因此，需要结合产业和技术发展趋势，强化自主创新，加快新能源汽车产业化步伐，巩固太阳能高端技术研发优势，增强风电设备系统集成能力，提高地热能技术研发水平，促进生物质能应用技术升级，不断提升新能源产业集群竞争力。

第三，实现产业集聚式发展。以产业链为基础的产业集群已成为国家和地区间竞争的主体。因此培育集群优势明显，并具备一定国际竞争能力的新能源产业聚集区，推进新能源产业从高起点角度实现区域协调发展是北京市发展新能源产业的主要任务之一。

三、北京市新能源产业发展战略与途径

从目前北京市新能源产业发展现状来看，北京市要做到高起点发展新能源产业，除了需要明确以上指导思想和原则、目标及重点外，还需要进一步明确发展的战略。

（一）北京市新能源产业发展战略

北京市新能源产业高起点发展是一项庞大的系统工程，需要政府、企业、大专院校、科研机构及社会各界的共同参与和努力，形成强大合力，多种途径，共同推进。

第一，高起点发展的统筹规划。要按照“统一规划，突出重点，强化优势，培育特色，上下联动，形成合力”的总体要求，做好北京市新能源产业发展的自主创新规划。

第二，积极推动新能源研发中心建设。以中关村科学城为依托，加大资源投入力度和水平，积极推动企业与清华大学、北京大学、北京理工大学和中国电力科学研究院等高校和科研院所的合作，促进产学研用协同创新；积极探索“引进来”与“走出去”的互动模式，充分利用国内和国际资源，形成内外联动的交互发展局面，打造具有核心技术和国际竞争力的太阳能、风能和新能源汽车研发中心。

第三，重视对骨干企业高起点发展的突破。要把新能源汽车、太阳能、光伏产业的发展放置在首要位置，重视对这些骨干产业园区和骨干企业的突破，努力培育出一批主业突出、管理规范、产品技术含量高、产业关联度大、核心竞争力和国际竞争力强的新能源高起点发展的排头兵企业。

第四，提升地热能和生物质能的竞争力。通过加强产业规划和政策引导，实现产、学、研间的联合创新，有效整合资源，加快促进企业技术进步和创新能力的提高，着力推进地热能、生物质能开发利用及配套服务体系建设，不断提升其核心竞争力。

（二）北京市新能源产业发展途径

高起点的发展途径指的是通过什么样的方式方法来真正做到高起点发展，自主研发出高附加值的新能源产品。结合研究基础，可以将北京市新能源产业发展的途径归纳为如下几个方面。

1. 加大对新能源发展的直接投入

推动形成与 GDP 增长相适应的财政科技投入稳定增长机制，逐年提高对新能源产业发展的支持力度。积极争取国家增加对北京地区新能源产业发展基金的投入，基金的使用由注重引导向引导示范和重点支持相结合转变，重点扶持本土骨干公司的技术研发和产业化，同时继续兼顾对中小新能源企业的扶持和支持，培育企业自主研发能力，建立自主创新体系。利用基金、贴息、担保等方式，引导各类商业金融机构支持新能源产业发展高起点发展。

2. 建立以企业为主体、以市场为导向、产学研相结合的发展体系

北京市新能源企业发展研发实力较弱，研发投入严重不足，必须通过有效的政策引导和支持，真正使企业成为高起点发展的投入主体，成为高起点发展中自主创新项目的承担主体，成为创新成果的拥有和应用主体，成为标准的制定主体，成为人才的培养和使用主体。因此，应当大力推进北京市新能源产业的产、学、

研、用相结合，支持有条件的企业承担国家研究开发任务，主持或参与重大科技攻关，鼓励和支持企业同科研院所、高等院校联合建立研究开发机构、产业技术联盟等技术创新组织，提高研发成果的产业化水平。

3. 不断完善和发展支持自主创新的技术服务体系

要着力建设北京市新能源产业的开放式共性技术服务平台，为新能源产业所涉及的整个行业和社会提供测试、分析、评价等公共技术服务。着力建设信息资源共享咨询服务平台和新能源产品数据交换平台，为政府提供决策依据，为产业和社会提供基础数据和信息查询服务。积极发展专业化市场中介服务机构及行业协会、商会等自律性组织，为企业创新提供高质量服务。

4. 加强与国际间的各项合作与科技交流

继续推动北京市新能源企业与跨国公司交流合作，加快先进技术和管理经验在企业间的转移，促进北京市新能源企业研发水平的提高。支持北京市新能源企业积极“走出去”，扩大高新技术产品出口，在海外设立研究开发机构或产业化基地。对北京市新能源企业当前在国际化经营中遇到的困难和问题，行业主管部门、行业协会要密切跟踪研究，积极帮助解决。推动北京市新能源、科研院所与海外研发机构建立密切的合作关系，支持北京市新能源企业参加国际标准化组织的活动，争取有更多国内的标准成为国际标准。

5. 强化外资对高起点发展的促进作用

要不断提高引进外资的水平和质量，增强北京市新能源产业高起点发展的能力和后劲。其一是引导外资投向，根据国家产业政策、市场状况和经济发展需要，采取各种有效措施，优化外资投资的产业结构，有重点地鼓励外资投资侧重于北京市新能源产业中技术含量高、附加值高的行业。其二是推动外资升级换代，通过政策引导外资加快技术创新，并尽快完成北京市新能源产业中产品的升级换代。其三是推动生产型外资企业在北京市建立技术开发中心，鼓励和支持北京市新能源企业、科研院所、高等院校与外资企业联合设立研发机构；引导和支持中小企业提高生产配套能力，以推动外资实施本地化战略。

四、北京市新能源产业发展措施与建议

北京市政府可以发挥宏观调控的作用，在法律政策、战略取向和市场秩序等方面发挥积极作用，推动新能源的发展。积极打造新能源产业链，使产业链集成延伸，打破区域和层级的边界形成不同的产业集群，使产业向高度集群化发展。新能源产业的发展不仅需要政府创造良好的发展环境，更加需要服务体系的建设主体依托市场机制，发挥服务组织新能源产业建设中的重要作用。最后新能源产业的发展要进一步完善投融资渠道、加强人才建设、深化国际合作。

（一）政府积极引导协调，优化产业建设环境

北京市政府应充分发挥宏观调控的作用，要按照“统一规划，突出重点，强化优势，培育特色，上下联动，形成合力”的总体要求，在法律政策、战略取向和市场秩序等方面发挥积极作用，推动新能源产业集成性高起点发展。

1. 因地制宜，提供规划保障

政府部门作为新能源产业建设的引导者和规划者，既要与中央政府新能源产业规划保持协调一致，又必须认真分析本土优势。要在考虑国家整体利益的基础上，充分发挥本地区比较优势，依据新能源发展规划，根据新能源产业发展的实践，制定新能源产业建设的发展战略，明确产业集成性高起点发展的指导思想、基本原则、发展目标、发展重点和保障手段。

作为产业建设规划者，要能动地做好本地区的新能源产业高起点发展的政策工作，进而更有效地推动地区自主创新、资源综合经济评价、经济社会发展目标确定、地区专业化分工和协作、产业结构合理化、产业布局合理化和生态环境保护等方面的工作。

2. 创造良好的产业环境保障

北京市掌握着在新能源发展所必需的一些宝贵资源，如土地资源、科研信息资源等，并且直接与新能源企业打交道，为新能源企业提供各种服务。为推进北京市新能源产业高起点发展，北京市要切实创造有利新能源发展良好的外部环境。

第一，提供良好政策环境保障。可以通过制定优惠的税收政策、土地使用权政策等吸引国内外优秀的新能源企业来北京市创业；发挥政府部门在产业发展中的引导协调作用，优化新能源产业的发展环境，加强新能源产业集成性高起点发展的制度化和规范化建设，完善产业发展所需的法律法规和发展机制。

第二，落实优惠政策，加强财政支持力度。政府部门要积极落实国家有关扶持新能源发展的税收、补贴等各项政策，并通过探索税收、信贷、贴息贷款等鼓励政策，支持新能源产业自由创新；继续加强财政对新能源产业的投入力度，改善资金投入效率和管理模式。

（二）促进新能源产业发展的财政政策

通过财政政策培育和促进新能源产业发展，就地方政府而言，需要从财政政策目标、综合运用财政政策工具以及创新财政方式三个方面进行思考。

1. 财政政策目标的确定

就确定促进新能源产业发展的财政政策目标而言，地方政府财政政策的制定与实施要与国家的发展战略相契合，以国家发展战略为标准，在公共财政理念的

框架下合理设计财政政策，实现政府职能，充分发挥财政政策的导向功能、协调功能以及控制功能。就财政政策对新能源产业发展的导向功能而言，通过财政手段直接或者间接激活或引导新能源产业发展，避免财政政策的缺位与越位，对产业发展提供方向与思路，以财政资金的直接或间接供给发挥财政政策乘数效应，从而拓宽产业发展路径与提高产业成长效率。

要发挥财政政策的协调功能，建立财政激励机制。通过对企业财税激励机制的建立，为企业技术创新及其成果转化、企业投资创造良好环境，降低企业运营与发展风险，激励企业发展积极性。要灵活运用财政政策，根据新能源产业的不同阶段与需求提供相应的政策支持，同时还要确保财政政策的长效机制。

2. 综合运用财政政策工具

目前，公共财政支持新能源产业发展的主要财政政策工具，主要包括财政补贴政策、税收优惠政策、扶持基金以及政府采购政策。

第一，从培育和发展产业的财政政策补贴形式来看，包括直接补贴、贷款担保、财政贴息、研究与开发委托费以及财政基金几种形式。第一种是财政补贴政策中的直接补贴政策，这是目前各国政府最经常使用的扶持和激励产业内企业技术科技创新的政策手段。日本就是典型的采用直接补贴干预企业研发活动国家的代表，日本实行直接的经济补贴以代替市场规划产业和技术的发展方向、速度和规模。第二种是贷款担保，采取这种形式的典型代表国家为美国，美国主要依靠市场力量以实现对资源的有效配置，政府更多的是对研究开发活动和技术创新企业提供贷款担保，而很少提供直接的资助。第三种补贴政策是财政贴息政策，财政贴息是政府通过财政收入或者通过发行债券的形式，以支付企业因技术研发而发生的银行贷款利息的全部或者部分，财政贴息是我国在扶持企业技术改造以及创新研发过程中较为常用的传统手段。第四种是研究与开发的委托费，这种形式比较常见于日本和新加坡，是由政府委托企业进行研究开发而支付的费用。第五种也是比较常见的一种财政补贴形式，即财政基金，政府通过财政资金设立产业技术开发基金以对产业内企业的技术创新与研发提供资助。

第二，税收优惠需要以市场调节为依托，集中有限的政策资源作用于新能源产业。税收优惠政策需要与新能源产业发展过程紧密结合，突出政策导向与重点，在进行税收优惠的设计过程中需要根据产业发展的阶段而有不同的侧重点，采取不同的税收优惠方式，具体则包括直接优惠方式和间接优惠方式，从直接优惠方式来看，包括对增值税、营业税等的减免和退税等形式；从间接的优惠方式来看，包括对企业所得税采取加速折旧、投资抵免等方式。在新能源产业发展过程中，对于税收优惠政策的设计与选择需要根据产业内各个行业的具体问题给予具体分析，要根据产业发展的实际与需求动态的设计和调整税收优惠政策的形式以及实施范围，要考虑到产业的动态发展过程，相应地提供一个动态的税收优惠结构。

税收政策需要在国家以及地区产业发展结构布局的大的背景下，根据所设立的产业发展重点以及事实设立相应的切合实际需要的政策手段，对政策的具体事实范围以及重点给予适时的动态的供给，整个政策的供给要突出重点、结构清晰，要采用多元的形式。

第三，就支持新能源产业发展的扶持基金而言，扶持基金包括风险基金、科技创新基金、信贷基金等。风险基金的重点是支持产业内技术成果转化和产业化，其建立主要以大企业、银行和金融机构为主，政府给予引导。风险基金对新兴产业的发展起着巨大的推动作用，美国硅谷的发展在很大程度上得益于发达的风险投资体系。科技基金则主要的作用在于三个方面：其一是有利于科技体制改革，其二是有利于提高中小企业的研发资金投入，其三是有利于项目研发。其中科技体制改革的目的是把科研机构推向市场或进入企业。另外还可用于中小企业雇佣科技人员，政府帮助新能源产业寻找科技人员，或者指某个科研机构为产业提供咨询、技术开发指导等。信贷基金则通过投资信贷，以低息方式支持产业进行创新活动。例如通过开发技术的证券贷款和鼓励新的特种贷款，鼓励企业进行工艺、生产创新或通过购买证券、股本贷款，分现金利息等方式参与产业的发展。

3. 完善新能源政府采购政策

首先需要明确政府采购政策是实现新能源产业调控功能的基础之一，因此需要扩大政府采购的规模。在采购规模扩大的过程中，首要的是扩大采购主体范围，需要在法律和政策上予以明确的规定与支持，需要进一步细化政府采购法中的涉及的货物、服务等的内涵，对于采购的范围给予新的具体明晰的界定。同时，进一步扩大政府采购主体的涵义，考虑将行政机关、企事业单位等涉及新能源产业相关产品服务的领域均纳入采购主体范围。在扩大政府采购主客体范围的同时还需要扩大采购的支出规模，增加政府采购资金之外以确保以政府采购支持手段扶持和促进新能源的产业发展。其次，借鉴国外经验在政府采购过程中引入风险补偿机制。根据政府采购经费的性质和金额，按照一定比例在其采购经费中拿出一部分建立风险补偿基金账户，可以按照采购合同的规定，用来弥补新能源产业企业在研发过程中由于失败而遭受的损失，从而降低企业研发风险，增加企业研发动力与积极性，使企业有意愿从事更大规模、更高难度的研发项目。

4. 创新促进新能源产业发展的财政支持方式

新能源产业财政政策支持方式要适应新能源产业的发展规律进行创新，根据产业在各个发展阶段的各个点给予多样的合理的配套的财政政策支持，以充分实现财政政策效益最大化。在新能源产业发展初期，更多的是以直接补助或投资支持关键技术的研发；在新能源产业的成果转化和产业化阶段，则更多是采取引导方式，通过采取风险投资引导和带动社会资金投入；在新能源产业的应用阶段，采取事后奖励、消费者补助等方式，培育市场等。

（三）促进新能源产业发展的产业政策

培育和促进新能源产业发展是目前地方政府制定以及实施产业政策的一个重要目标，地方政府期待通过实施适宜的相应的产业政策，突破新能源产业发展瓶颈，包括技术瓶颈、资本瓶颈、人力资源瓶颈以及市场培育瓶颈，要切实实现产业的发展，破除这些瓶颈则成为需要逾越的障碍，克服或者消除在产业发展过程中的制度障碍，才能实现新能源产业的发展与跨越，在这里将从战略层面、支撑层面以及基础层面三个层次来设计新能源产业发展的产业政策。同时，在新能源产业政策的供给过程中需要审时度势、因地制宜地提供适当的政策，使其政策的供给需要与新能源产业发展的环境相适应和匹配，还要做好各个政策之间的相互配合与协调，以及把握政策的退出等问题。

1. 从战略、支撑和基础层面支持新能源产业发展

第一，就新能源产业发展的产业政策战略层面而言，具体体现为新能源产业发展规划、新能源产业布局政策等。目前，国内各地方政府对于培育和发展新能源产业热情高涨，全国各地都在搞新能源产业基地，其数量已超过 100 个，而且规模都非常庞大，每个都要做成国内乃至世界一流的，把新能源产业当作支柱产业来发展。对于打造新能源产业，从政府层面来看，政府一定会大力扶持新能源产业发展；从企业层面来看，企业获得了积极的支持与鼓励；从社会层面来看，促进了整个社会对新能源产业产生良好共识的形成。但是，在这种造势的过程中，往往会出现各种新能源产业项目投资蜂拥而上，甚至会带来产能过剩等问题。因此，需要地方政府站在战略层面来制订适宜的新能源产业发展规划，统筹产业发展势能，同时重点关注产业布局，根据区域发展特点以及优势考虑培育和发展合适的产业，以取得新能源产业发展的比较优势，或者以共建同享的管理模式实现推动新能源产业快速发展，建立自有模式、援建模式、托管模式、招商模式、股份合作模式及综合模式在各地区建立形成各种各具特色、优势互补和机构合理的新能源产业发展格局，避免新能源产业重复建设和项目的盲目开展。

第二，就新能源产业发展的产业政策的支撑层面而言，包括引导新能源产业与资本市场的结合以及新能源产业技术政策、产业人才政策的供给。首先，引导新能源产业与资本市场相结合以扩大产业发展资金筹措范围，建立专项的产业投资基金，建立风险投资担保机制，引进社会资本来带动新能源产业发展，如上海新能源和集成电路两只基金签订发起出资协议，通过国家出资 2.5 亿元和上海市创业投资引导基金出资 2.5 亿元共吸引各类社会资金 17 亿元。在鼓励新能源产业发展引进风险投资的同时，还可以积极努力帮助新能源产业在创业板或者主板上市，拓宽融资渠道，而对于目前还无法上市的新能源产业企业，可以通过在资本市场融资来获得更多的企业发展资金。对于新能源产业重要设备的引进和使用可

以鼓励新能源产业企业通过金融衍生产品，如融资租赁等来降低该企业的运营风险。其次，对于新能源产业技术政策的支持，鼓励国内外企业间合作，可以通过科技立项，加大新能源产业自主创新经费的投入；同时建立健全新能源产业发展知识产权保护战略，通过支持新能源产业相关的科技计划以及技术创新，加强其知识产权的保护。第三，对于新能源产业发展的人才供给，要以满足新能源产业发展需求为导向，制定相应的人力资源开发政策，加大对高层次人才包括科技人才和管理人才的开发力度，提高改善新能源产业人力资源结构，同时还需要积极引进人力资源流动机制，促进和优化人力资源在地区的合理分布。

第三，就新能源产业发展的产业政策的基础层面而言，包括法律法规、环境政策等。通过健全建立新能源产业市场的相关法律法规和标准体系，以促进新能源产业发展，完善新能源产业的市场环境，包括培训相应的消费群体，以发挥其示范带动作用。就美国而言，美国将新能源产业作为战略性新兴产业发展的核心以加强经济实体建设。同时，美国为了促进其新能源产业发展，在 2009 年由美国总统签署了以新能源产业为重点发展产业的《美国复苏与再投资法案》，美国以新能源产业的崛起与发展带动电力、信息技术、建筑业、汽车业等多个产业的重大变革和深度裂变。在建立相应法律法规体系的同时，还要设置地方新能源产业政策委员会，加强新能源产业发展过程中的政策执行能力，由于产业政策的制定与实施会涉及各个部门，因此，各地方需要设计相应的产业政策委员会，使其具有制定规则、实施监控等权责，同时，也可以通过产业政策委员会来组织、协调包括财政、金融、工商等行政部门的力量，为政策的切实有效贯彻和实施保驾护航。

2. 把握新能源产业政策实施力度

对于政策体系的设计与实施，会涉及适时、适宜和适度的问题，在新能源产业政策设计与实施的过程中，要把握欠当的实际、正确的方式和适宜的力度，以增强其政策的执行力，放大政策执行效果。

首先，要确保新能源产业政策在设计与选择的过程中调控实际，对于新能源产业在运行和发展过程中的不断变化，要审时度势，密切跟踪，因时制宜运用产业措施。

第二，要合理运用和把握新能源产业政策的调控方式，要综合各种调控手段以明确的方式对于新能源产业发展给予细致的分类指导，根据新能源产业发展过程中遇到的各种问题，所处的不同阶段而实施有差别的新能源产业政策。如韩国为了提供有针对性的产业政策，根据产业成熟度等特性为十七个领域分别制定了长、短、中不同的发展规划及发展战略。

第三，充分发挥新能源产业政策的导向功能。对于产业内部各个领域的发展要有轻重的认识，确立适宜的重点领域发展规划，并且给予配套的政策供给与实施。如美国在对创新的投资方面提出了其研发经费要占到其 GDP 的 3%，在促进优先发展领域方面，提出了发动清洁能源革命、支持电动汽车的应用等措施。

3. 积极探索和拓宽新能源产业政策的实施手段

对于新能源产业的发展，各地方政府需要立足于全国甚至是全球的视角来定位与调整。要改变传统的行政性手段，传统的产业政策一般是自上而下纵向的行政手段，一般是单一的以扶持辅助的倾斜性产业政策，而面多现在多元的发展形势与条件，要拓宽其手段，实现行政性、诱导性以及法律性手段的综合运用，为新能源产业提供更适宜的政策，创造公平的政策环境。

（四）促进新能源产业发展的的公共服务政策

就新能源产业而言，地方政府行为中的公共服务更多体现为对新能源产业公共服务平台的建立、促进新能源产业发展的基础设施的完善、新能源产业人才的获取等。

随着新能源产业的发展，迫切要求地方政府对产业公共服务平台的建设，包括服务主体、服务客体以及服务载体的统筹协调和有机结合。新能源产业公共服务平台可以说是由政府规划与政策的引导、中介服务的管理与咨询以及新能源产业积极参与的三维一体的一个整理联动的平台服务模式。

首先，从新能源产业自身特点来看，新能源产业发展的核心在于技术，因此新能源产业公共服务平台必须擅长提供技术创新、研发以及引进方面的公共服务，并以此作为平台建立的根本出发点；其次，新能源产业发展公共服务平台要发挥其与其他产业的中介作用，新能源产业在发展过程中需要通过与传统产业的融合才能产生更大的效果，因此，新能源产业公共服务平台除了提供公共服务，还要扮演者一定的中介角色，以促进产业间的融合。新能源产业公共服务平台具体包括技术创新平台、网络信息与基础设施平台、成果转化服务平台、管理咨询平台、人才培养平台等。

新能源产业基础设施建设可以说是新能源产业发展的前提与基础，不仅为新能源产业提供产业发展基础，也为新能源产业的壮大提供必不可少的空间。就新能源产业而言，基础设施建设甚至扮演了产业运转的载体的重要角色，甚至可以威胁产业的生存与发展，例如，就新能源车而言，包括新能源汽车发展必须配套的建设。目前，中国新能源汽车销售惨淡，虽然新能源汽车已经进入了政府采购，但是私人市场基本尚未开启，中国新能源汽车在销售上的重点、难点是中国的综合环境问题，这个综合的环境就包括了新能源汽车的充电问题，要解决充电问题，就需要建立相应的基础设施，如果没有相应的基础设施，就无法推动新能源汽车的发展，基础设施建设是摆在新能源汽车道路上的一道亟待解决的问题。

就风电而言，基础设施的建设也是风电并网的一个瓶颈。总之，新能源产业发展以及壮大，甚至是生存与基础设施建设是密不可分的。对新能源产业提供公共服务还包括为新能源产业人才的获取创造条件、提供服务。新能源产业是一种智力密集型的产业，新能源产业发展继续大力开发科技人力资源。对一个产业的发展而言，科技人力资源具有战略地位，是宝贵的战略性资源，是新能源产业发展的关键要素。新能源产业发展对高素质人才提出迫切需求，包括对科技人才和管理人才的需求。然而，目前我国的人才储备还难以满足新能源产业发展需求。新能源产发展的竞争实际上是人才的竞争，新能源产业的发展取决于拥有高技术人才和管理人才，科技人力资源的开发将推动新能源产业发展，新能源产业的发展需要与之相适应的人力资源的开发，及对人力资源的规模和结构都要满足新能源产业发展需要。因此，需要着重培育一批高新技术人才以及管理人才，同时，也需要制定吸引国内外优秀人才科技专家、企业家等参与科研、生产的鼓励政策，形成开放、流动、人尽其才的用人机制，为优秀人才的脱颖而出创造机会和环境。

（五）积极促进新能源产业集群发展

发展新能源产业的重点是要使产业链集成延伸，形成适应需求多样化、动态变化的具有优势和特色的企业集群。

1. 加强工业园区产业集群建设

重点扶持包括北京经济技术开发区风电产业园、昌平风电产业园、新能源汽车产业园等一批基础好、集群规模较大的新能源产业园区，打造园区企业之间的协作体系，为产业园区的发展提供政策支持和便利服务保障，从而实现园区内资源要素的优势互补和有效配置，达到互利合作、合理分工和共赢的局面。

第一，坚持创新，定位准确。在北京市新能源产业园区的创办模式和入园机制上，各园区应根据实际情况，有所突破和创新，吸引真正优秀的新能源企业。在北京市新能源产业园区发展的定位上，产业园应突出特色，决不能盲目跟风，要结合本地经济、人才、资本等资源，确定适合本地或本园区新能源高起点发展的方向。

第二，坚持政企分开，提供运营保障。北京市新能源产业园区的“主导机制”（政府主导或市场主导）不同，其发展前景迥异。例如美国硅谷是“市场主导型”的，而日本筑波城是“政府主导型”的，但相比之下，前者突飞猛进，后者则发展迟缓。因此，为真正促进高起点发展，应坚持北京市新能源产业园区在运作模式上实行“政企分开”，为新能源产业高起点发展提供相应保障。

第三，加强服务体系建设，提供服务保障。北京市新能源产业园区的服务体系有三个层面：其一是基础层面的服务，包括基础设施、物业服务、税收与政策优惠等；其二是市场层面的服务，包括技术研发支持、知识产权服务、出口支持服务等，能够对新能源企业的发展起到具体帮助；其三是产业环境方面的服务，包括合理的产业链布局、鼓励技术创新和产品创新等。构建一个优良的新能源企业高起点发展环境，是北京市新能源产业园区的根本任务所在。

2. 做大做强新能源企业集群

促使新能源产业集群的形成，加强新能源企业之间的分工协作，使设计、制造、应用等环节紧密结合。北京市新能源企业集群，可以通过发挥新能源汽车、太阳能电池生产及高端装备制造企业的优势，加强企业之间的联合，强化各自的优势，实行区域的专业化生产和产业链分工，打造新能源汽车产业链，获得可持续发展。

第一，打造新能源企业协同发展体系。根据北京市新能源产业的现状，北京市新能源产业的高起点发展不应片面着眼于大型新能源企业的高起点发展，还应从大型和中小新能源企业相互协同发展的角度来抓新能源企业集群的发展。在这个方面北京市应重点建立中小新能源企业与大型新能源企业之间协调发展的协作体系，促使大型新能源企业的技术改造项目和规模扩张围绕自身的核心资源展开，进行自主创新，而将一般的零配件及半成品通过小型新能源企业集群的专业化协作网，扩散到小型新能源企业中去，形成大型和中小新能源企业的高起点发展协作生产体系。

第二，鼓励新能源企业兼并和重组提供保障。调整北京市新能源企业高起点发展中不合理的组织结构，是新能源产业高起点发展中要特别引起关注的重点。北京市要积极采取措施，打破行政壁垒和地区封锁，鼓励新能源企业在自愿互利的前提下，以市场为导向，以资本为纽带，进行跨地区、跨部门、跨所有制的联合兼并和资产重组，逐步形成一批主业突出、实力雄厚、具有国际综合竞争力的高起点发展的大型新能源企业集团，使中小新能源企业向着“专、精、特、新”方向发展，最终形成各级新能源企业在高起点发展方面的专业化分工和协作体系。

（六）推进服务体系建设深入发展

新能源产业的发展不仅需要政府创造良好的发展环境，更加需要服务体系的建设主体依托市场机制，发挥服务组织在新能源产业建设中的重要作用。

1. 服务体系类型

中介服务机构主要有以下三种：其一是政府资助设立的非盈利性中介服务机构。这一类中介服务机构占据了主要的位置，一般是事业单位编制或挂靠在事业单位，具有官方和半官方的特点。这些机构主要负责高校、科研机构和企业之间的信息沟通和技术交流。一方面为高校和科研机构提供更多的技术转让机会，另一方面也为企业部门的技术引进开发和消化等提供更多的支持。

其二是依托于大学、研究所的中介服务机构。它主要体现为科技园、孵化器、技术转移中心等形式。这些中介服务机构充当了技术与经济、校内与校外、市场与科研、校园文化和市场文化之间的桥梁，为企业和大学之间的联系、交流、合作提供了一系列的方便服务。

其三是民间性质的盈利性中介服务机构。这一类机构主要通过技术经纪、咨询服务等方式实现信息在整个创新链上组织之间的流动，包括实现信息的传递、扩散、共享等，起到了催化剂和桥梁的作用。

2. 中介服务的功能

公共服务平台是在政府部门和新能源企业之间构建沟通的桥梁，一方面为政府提供决策支撑服务，助力产业决策和管理水平的提升；另一方面能够有效整合资源，为新能源产业发展提供技术、标准、评估等公共技术服务，从而优化产业发展环境，促进区域企业竞争力的提升。另一方面，充分发挥中介服务机构的支撑保障作用。积极发展专业化市场中介服务机构及行业协会、商会等自律性组织，为新能源产业发展提供应用推广、技术支撑、知识产权和人才培训等专业服务。

第一，努力实现服务功能的多样化。在北京市新能源企业发展过程中，中介服务机构要做到面向全社会开放，采取主动上门服务的方式。在服务过程中，中介服务机构为高起点发展企业提供的中介服务应是全方位的，包括信息咨询、技术贸易、技术转移、创业孵化、知识产权法律服务、高科技风险投资等。有专业资格的中介服务机构还可逐渐接受政府委托的科技项目立项评估、过程监管以及科技成果鉴定等业务。这样不仅可以引导技术供需双方朝着有利于科技成果转化的方向发展，还可以极大地满足中小新能源企业技术创新多元化、整体化、全程化的需求。

第二，加强服务功能的整合与集成。重点建设技术交易、信息咨询、公共技术、创业孵化等服务平台，取代各机构“单打独斗”的原始做法，向网络化、社会化、产业化发展。尤其是公共科技信息平台，要打破信息垄断，建立信息共享制度，协调政府部门、科研单位、高等学校、信息分析机构的信息资源。

第三，加强队伍建设。建立一支科技素质高、市场意识强、专业知识面广、信息渠道宽的科技中介服务队伍，通过这支队伍努力吸引国内外的优秀人才，尤其是有科技实践经验的科技人员，并对现有从业人员进行资格培训教育和考核，提高其职业素养，从而为新能源企业发展提供全面、系统、有效人才服务保障。

（七）完善投融资机制，加强人才队伍建设

积极增加财政对新能源产业的投入力度，建立多元化、多层次、多渠道的投融资机制，改善资金投入，提升管理效率。第一，设立新能源产业发展引导基金，以政府财政资金带动社会和企业对于新能源产业的投资，积极引导和推动民间资金参与新能源产业的建设，促进新能源产业投融资体系的建立和完善，使新能源产业发展壮大。第二，鼓励金融机构试点开展新能源产业建设专项资金贷款工作，

支持信用担保机构对新能源产业贷款提供信用担保。

新能源产业的发展急需加强人才队伍建设，提升新能源的技术服务能力。第一，整合现有培训机构，充分利用北京市高校院所和社会培训机构的师资力量、教学设施等优势资源，加强对新能源产业人员的培训，提升技术管理水平和服务能力。第二，积极探索人才培养方式，选拔优秀技术人才到高校或科研院所深造，对科技人员进行继续教育，从而构建形式多样的人才教育模式，形成产、学、研、用紧密结合的人才培养机制。

（八）大力发展新能源企业

新能源企业处于整个产业发展的核心地位，因此除了以上各地政府及服务机构需要建立的相应保障外，其自身还需要从以下几方面为本企业的高起点发展提供相应的保障。

1. 提供相应的组织和投入保障

一方面，可以通过设置合理的研发组织结构来为企业高起点发展提供重要的组织保障，企业各层级的主要负责人，同时也应当是研发工作的主要负责人。这样做，能够促进员工对企业价值观的认同，统一思想，提高对研发工作的重视程度。另一方面，将保证研发投入写进企业制度里，通过制度来为企业的研发投入提供保障，例如，可以在工作纲要中对 R&D 投入占销售收入的比重做出具体规定，并确定投入增长要高于公司业务规模增长速度的方针。也可以通过研发投入与经营者薪酬挂钩来为企业高起点发展提供重要的投入保障，例如，为了真正落实研发投入的规模，提高高层管理对研发工作的关注度，可以在集团在对子公司经营者的考核指标中，将研发投入列为一个单独的考核指标，同时还可以规定相应的处罚办法。

2. 提供相应的人才保障

首先，可以通过各种渠道获取优秀的研发人员，通过引进高层次人才来为企业高起点发展提供重要的人才保障。例如可以从全国著名高校、中科院等科研单位和当地企业中招聘博士等高素质的科研人员等。其次，可以通过为研发人员提供发挥能力、创造奇迹的平台，通过“人事匹配、因人设事”等办法为企业高起点发展提供重要的人才保障。再次，可以通过建立全方位、多层次的培训开发体系为企业高起点发展提供重要的人才保障。例如，建立创新育人机制，设置集团、子公司、部门三级培训管理体系，建立国家级的企业技术中心，建立国家一流的博士后科研工作站，承担国家级项目等。此外，还可以通过建立教育培训基地、完善内部培训机制和加强外部合作等方式，构建全方位、多层次的培训体系，满足高起点发展的人才需求和智力资本支持。最后，需要做到留住关键性人才，以为企业高起点发展提供重要的人才保障。例如，可以在创新方面采取“参与式”管理，研发过程中授予研发人员很大决策权。此外，还可以为研发人才提供具有外部竞争性的薪酬，专门为研发专家和拔尖技术人才设置薪酬特区等。

3. 提供相应的激励保障

为了给北京市新能源企业提供有力的激励保障，首先，可以通过置技术和管理两条职业晋升通道，在企业中建立完善的技术等级和管理等级制度，以合理的标准来为企业高起点发展提供重要的激励保障。例如可以设立独立于管理岗位的研发专家升迁通道，让研发人才专注于搞科研开发，沿着研发骨干、研发专家、技术带头人的路线发展，研发人才同样也可以拿到相应级别管理岗位的高薪水。其次，可以通过股权激励的方式来激发研发人员和相关负责人的开拓进取精神，从而为企业创新提供重要的激励保障。第三，可以通过在日常经营和创新活动中逐渐形成“尊重人才，鼓励创新”的企业文化来为企业高起点发展提供重要的激励保障。这样可以极大地鼓舞技术人才的研发热情，提高他们的积极性。最后，可以通过科学的研发管理来为企业高起点发展提供重要的激励保障。例如，可以在研发分配上实行“课题招标制”和“项目承包制”，建立“能者上、庸者下”的管理岗位竞争机制，根据员工、岗位和业绩三位一体的激励原则，建立全方位的、多角度的综合评估体系，还可以实行“能者多劳，多劳多得”和“个人收入与产品效益挂钩”等一系列激励政策。

第八章

北京市新能源国际合作机制分析

在政府的大力支持和积极推动下，北京新能源产业得到快速发展，新能源产业布局更趋合理，在技术研发、高端装备制造、技术服务等高附加值环节形成了比较强的竞争优势，初步形成新能源汽车、太阳能光伏和风电等一批产业基地和高新园区，促进新能源产业向规模化、集聚化方向发展。在新能源产业发展的同时，新能源产业由于处于起步阶段，基础相对薄弱，新能源产业发展面临着一定的困难和现实制约因素，而积极开展国际合作成为提升新能源产业的重要手段。因此，以低碳经济发展为契机，通过加强国际间合作与对话交流、开展务实合作，积极吸收和引进国外新能源技术、设备和成果，有利于推动建立新、安全、经济、可靠的能源供应体系，有利于北京市经济社会可持续发展。

一、北京市新能源国际合作背景

积极开发利用新能源已成为建设“人文北京、科技北京、绿色北京”的重要载体，也是优化首都能源结构、抢占新一轮国际竞争战略制高点的重大举措。但是北京面临能源消费结构、环境污染和科技发展瓶颈，把新能源发展与自主创新和国际合作有机融合，建立多方面、多层次的国际合作机制，有助于北京新能源产业竞争力的提升，有助于北京低碳经济健康持续发展。

（一）北京市能源安全面临挑战

北京市目前能源消费结构仍不合理，自给率较低，进口集中度较高。首先，虽然北京市能源消费结构不断优化，但仍以煤炭消费为主，其比例达到了30%以上，而可再生能源的利用比例较低。其次，北京市能源自给能力严重不足，对外依存度高，并且能源进口集中度高。根据北京市一次能源自给率可知，2014年其能源自给率由下降到了13.36%，这说明目前北京市的能源对外依存度已经达到了

86%以上。再次，我国原油对外依存度接近 60%，北京市过度依赖输入性能源，能源进口过度集中，能源安全受到极大威胁。

第二，能源效率低下，能源储备不足，受国际油价影响较大。一方面，北京市的单位能耗逐年降低，但与发达国家的部分城市相比，北京单位能耗仍然维持在较高水平。另一方面，即使北京市已经开始建立煤炭、成品油和天然气的储备体系，中石化正在长辛店建设华北地区最大的油库，但仅有万吨商业库存的成品油，并且其输送严重依赖陕京一线和二线。因此，这些储备要保障北京市的能源安全是远远不够的，尤其是在较高油价环境下，势必会影响其经济的发展。

第三，即使北京市的单位二氧化碳排放量和主要污染物的排放量逐年降低，但电力和热力需要通过燃煤转化获得，而煤炭的碳排放因子最高，不合理的能源消费结构大量消耗煤炭，不仅降低了能源利用效率，还产生了严重的环境和生态问题，从而使得北京市的二氧化碳排放量处于较高水平，从环境的角度也增大了北京市能源安全的脆弱性。另外，由于各种清洁的新能源和可再生能源发展与利用不足，并且主要集中在民用、商用和农业等领域，以及可再生能源领域机制介入较少，这显然不利于能源发展的环境效应的实现。

第四，由于北京市的能源以调入为主，每年都需从山西、内蒙、河北等周边省市大量调入能源，但北京市天然气输送严重依赖陕京一线和二线，要承担长输管线所经地区自然条件变化的高风险，并且输油气管道尚未形成输送管网，供应可靠性较差。尤其是近年来，全市能源供需缺口仍然不断扩大，价格持续攀升，运输承载能力减退，能源外购难度加大，其能源安全隐患也日渐增加。

（二）北京市环境压力加剧

随着北京城市规模、人口规模、经济规模的不断扩大，人口、资源、环境三者之间的矛盾日益突出，治理环境污染、加强生态建设的任务非常紧迫。为此，北京市打破传统的经济发展模式，逐步实现能源结构的调整与产业体系的升级，如关停不符合首都功能定位的重污染企业，淘汰落后的生产工艺，推进生态工业园区建设，促进文化创意产业发展等。在产业转型过程中，北京市环境污染类型也发生了相应的变化，其特点是：传统的工业污染得到了初步控制，社会生活类污染问题凸显，环境污染的整体形势依然严峻。北京市环境污染呈现的新特点及污染类型的变化也给防治工作增加了新的难度。

北京的大气污染已由第一代煤烟型污染转变为第二代机动车型污染。机动车尾气污染已成为北京主要的大气污染源，不过，这也是北京 PM10 的治理初见成效，而 PM2.5 呈上升趋势的主要原因。据一项研究表明，1995 年北京市机动车尾气排放对大气污染物质中的一氧化氮（CO）和氮氧化物（NOx）的年浓度分担率分别达到 76.5%和 68.4%，在二环路内这一数字分别达到了 86.3%和 72%。可知，1995 年北京市的机动车总量尚不足 100 万辆，截至 2012 年，北京市机动车保有量已达 540 万辆，其中六成是私家车。尽管北京目前的机动车尾气排放法规要比 1995 年严格得多，但机动车的增速与绝对保有量早已抵消了严厉法规所起的作用。①

在确保经济社会平稳较快发展的同时，北京市不断提高大气污染防治力度，大气主要污染物排放量总体持续下降。北京市与京津冀城市的平均水平比较来看，除二氧化氮指标外，北京市空气质量整体好于平均水平，其中二氧化硫排放为 26.5ug/m^3，为平均水平的 38%；PM2.5 排放为 89.5ug/m^3，为平均水平的 84%。然而，北京市空气质量水平与国家标准相比却是超标的，除二氧化硫指标达标外，PM2.5、PM10、二氧化氮分别超标 156%、54%和 40%之多。从 2012 年开始，雾霾污染问题成为北京市大气污染治理的头等大事。自 2012 年 6 月起，北京展开了以 PM2.5 为重点的大气污染治理工作，PM2.5 监测站点已达到 35 个，均匀分布于城区和各郊区县。北京市环保局发布的 PM2.5 来源解析结果表明，PM2.5 主要成分为有机物、硝酸盐、硫酸盐、地壳元素和铵盐等，分别占 PM2.5 质量浓度的 26%、17%、16%、12%和 11%。PM2.5 来源中，区域传输贡献约占 28%～36%，本地污染排放贡献占 64%～72%。重污染过程中，区域传输贡献可达 50%以上。在本地污染构成中，机动车、燃煤、工业生产为主要来源，分别占 PM2.5 排放的 31.1%、22.4%、18.1%和 14.3%，餐饮、汽车修理、畜禽养殖、建筑涂装等其他排放约占 PM2.5 的 14.1%。②

（三）北京市新能源科技发展面临瓶颈

在全球经济增长乏力和资源环境压力进一步增大的背景下，世界各国均将新能源作为能源和经济发展战略的重要组成部分。2011 年，新能源利用量已占全球能源消费总量的 20%，新能源产业规模迅速扩张。同时，新能源技术与信息技术的融合发展也在不断创新新能源产业的业态，新路径、新技术不断涌现。

发达国家和发展中国家同步进入新能源市场快速增长阶段，针对可再生能源的日益普及，美国能源部提出美国能源互联网计划，即 FREEDM 项目，FREEDM 系统的理念是在电力电子、高速数字通信和分布控制技术的支撑下，建立具有智慧功能的革命性电网构架吸纳大量分布式能源，通过综合控制能源的生产、传输和消费各环节，实现能源的高效利用和对可再生能源的兼容。美国能源互联网项目是综合运用先进的电力电子技术，信息技术和智能管理技术，将大量由分布式能量采集装置，分布式能量储存装置和各种类型负载构成的新型电力网络节点互

① 谭柏平. 北京市环境污染防治面临的挑战及法律建议［J］. 法学杂志，2013，34（11）：18-24.

② 张嘉兴，刘瑞芳，崔东阁，等. 北京市循环经济发展现状、问题及对策分析［J］. 工程研究——跨学科视野中的工程，2016，8（4）：374-382.

联起来，以实现能量双向流动的能量对等交换与共享网络。

日本提出打造“数字电网”，完全建立在信息互联网之上，用互联网技术为其提供信息支撑，通过逐步重组国家电力系统，逐渐把同步电网细分成异步自主、但相互连接的子电网，给发电机、电源转换器、风力发电场、存储系统、屋顶太阳能电池以及其他电网基础结构等分配 IP 地址。电力路由器与现有电网及能源局域网相连，可以根据相当于互联网地址的“IP”识别电源及基地，旨在通过电力路由器完成能源分配。德国提出国家级能源互联网项目“E-Energy”，提出在整个能源体系中实现完全数字化互联以及计算机监控的目标。E-Energy 充分利用信息和通信技术开发新的解决方案，以满足未来以分布式能源供应为主的电力系统需求。它将实现电网基础设施与用电器之间的相互通信和协调。

“十二五”“十三五”时期是北京市全力推进中国特色世界城市建设的关键时期，一方面，应充分发挥以技术研发、高端装备研制和技术服务为主要特征的新能源产业创新优势，抢占产业制高点，把全国领先的研发优势转化为雄厚的产业实力，立足全国，放眼世界，实现首都经济社会更高层次的发展；另一方面，应紧紧抓住可再生能源利用对于优化首都能源结构的积极作用，着力实现利用总量提升和高端应用示范，缓解资源环境压力。而北京市的部分关键技术和核心装备依赖进口，管理体系不健全，通过国际合作能够提升新能源技术水平，有助于推动首都新能源产业高端化、国际化和规模化发展。

二、国际新能源合作机制的发展

在全球气候变化的挑战下，低碳经济受到国际社会高度重视。在此背景下国际上对能源问题的关注焦点逐步发生了重大转变：以美欧为代表的发达国家纷纷转向新能源、能效和节能等对相关产业具有巨大带动作用的领域。从传统能源向新能源转变势必会影响未来世界能源格局的新变化，世界各国积极开展清洁发展机制下的新能源合作，重视和提升区域组织下的新能源合作，以经济外交手段积极推动新能源发展。

（一）清洁发展机制下的新能源国际合作：富有成效

在联合国气候变化公约框架下，世界各国参与新能源国际合作的一个重要途径是以清洁发展机制为主要平台的全球合作。清洁发展机制（Clean Development Mechanism，CDM）是在京都议定书中所设立的三个灵活机制之一，其核心内容由工业化发达国家提供资金和技术，向发展中国家进行项目投资或直接购买的方式获得核证减排单位（Certificated Emission Reductions，CERs），从而在一定程度上提升发展中国家新能源开发的能力。CDM 在实施中有两个要求：一是要求项目的环境效益性，CDM 项目必须能够带来温室气体减排的效果；二是要求减排资金以及技术转让，CDM 项目需要有额外于官方发展援助用于减排的项目建设资金，同时会有清洁生产技术的转让。简单理解，CDM 可以看成是附件一国家以“资金+技术”来换取“CERs”（核证减排量）。

中国于 1992 年正式签署了《联合国气候变化框架公约》，此后一直在认真履行并积极促进京都议定书的生效，2002 年 8 月批准具有参与清洁发展机制的合法资格。中国强调清洁发展机制项目，必须同时满足帮助发展中国家实现可持续发展和减少温室气体排放的要求，产生的经核证减排量只能是附件 1 缔约方国内减捧量的补充，并且 CDM 的基准线应建立在项目水平上，倡导 CDM 项目在附件 1 和非附件 1 双边之间进行。2004 年 7 月我国政府颁布了《清洁发展机制项目运行管理暂行办法》，2011 年进一步制定《清洁发展机制项目运行管理办法》，以推进清洁发展机制项目在中国的有序开展，促进清洁发展机制市场的健康发展。

清洁发展机制是一种双赢机制，中国通过项目合作可以获得发达国家减排温室气体的技术和资金，从而促进其经济发展和环境保护，实现可持续发展目标。发达国家通过这种合作，可以以远低于其国内所需的成本实现承诺的温室气体减排指标，节约大量资金，并且可以通过这种方式将低碳经济技术、产品甚至理念输入发展中国家。鉴于开展 CDM 有利于我国从发达国家获得减排温室气体的技术和资金，促进低碳经济发展，实现经济发展方式转变，我国政府积极采取有效措施，大力推进 CDM，目前已取得了良好成效。

1. 国际合作项目增速加快

从 CDM 市场形成至今，中国、印度、巴西和韩国作为 CDM 市场的主要供应国，一直占据全球 CDM 市场份额的 80%以上。而中国和印度在这四大国家中领先，截至 2016 年 8 月 30 日，中国在 CDM-EB（联合国清洁发展机制执行理事会）注册成功的项目达到 3 807 项（如表 8-1 所示），居于世界第一位，其中已获批的新能源和可再生能源项目数为 3 173 个，占签发总数的 83.35%。据预测，中国到 2020 年底的年均 CERs 将达 1.57 亿吨。以 CDM 为平台的国际合作不仅帮助中国引进了大量资金，提升了企业开发新能源的能力，而且已经在一定程度上缓和了中国减少温室气体排放与发展经济之间的矛盾，从而也有助于缓解在减排问题上与美欧等西方国家的矛盾。[①]

表 8-1　　中国 CDM 项目按减排类型的分布情况

减排类型	EB 注册项目数	EB 签发项目数
新能源和可再生能源	3 733	3 173
节能和提高能效	632	256

① ZHANG Z X. Toward an effective implementation of clean development mechanism project s in China [J]. Social Science Electronic Publishing, 2004, 34(18): 3691-3701.

续表

减排类型	EB 注册项目数	EB 签发项目数
甲烷回收利用	476	237
N2O 分解消除	43	43
燃料替代	51	28
HFC-23 分解	11	11
垃圾焚烧发电	54	34
造林和再造林	5	4
其他	69	21
合　　计	5 074	3 807

资料来源：根据中国清洁机制网 CDM 项目数据库的相关数据整理。①

2. 国际合作方式呈现多样化

基于清洁发展机制下国际合作项目数量快速增长的同时，合作的商务模式也日益增多，呈现多样化。我国清洁发展机制下国际合作的商务模式主要包括以下几类：其一是多边基金，主要来自于世界银行。为减少温室气体排放，世界银行建立了 12 支碳基金，包括 4 个特别基金、6 个国别基金以及 2 个面向 2012 年之后的新基金，资金总额超过 25 亿美元。特别基金包括原型碳基金（PCF）、社区发展碳基金（CDCF）、生物碳基金（Bio F）和伞形碳基金（UCF）。国别基金则包括荷兰清洁发展机制基金（NCDMF）、荷兰欧洲碳基金（NECF）、西班牙碳基金（SCF）、意大利碳基金（ICF）、丹麦碳基金（DCF）、欧洲碳基金（CFE）。面向 2012 年之后两个新的碳基金分别是林业碳伙伴基金（FCPF）和碳伙伴基金（CPF）。其二是政府购买计划，包括荷兰政府 CER 购买计划、芬兰 CDM/JI 先驱项目、苏黎世国际气候投资 CDM 计划、奥地利 JI/CDM 购买计划和意大利 CDM 基金。其三是商业和发展银行。如荷兰农业合作银行、日本国际协力银行、日本发展银行、德国复兴信贷银行集团等。我国政府批准的湖南益阳修山水电项目 CER 的购买方就是德国复兴信贷银行。其四是中间商，包括专门营运 CDM 项目的上市公司、私人公司等。参与我国 CDM 项目的买家中有很多中间商，主要集中在英国、日本和奥地利，而英国是目前我国 CDM 市场上主要买家，英国很多企业将 CDM 作为投资机会，纷纷进入我国市场，如英国碳排放贸易有限公司、益可环境集团、伦敦气候变化资本集团等。

3. 国际合作质量提升，服务机构多样化

在基于清洁合作机制项目方面，我国不仅在规模上保持着既有的扩张速度，而且在深度方面不断突破。2007 年，我国和丹麦联合研究课题组经过一年多的努

① 中国清洁机制网. 统计图表[EB/OL]. [2016-12-02]. http://cdm.ccchina.gov.cn/NewItemTable.aspx.

力，于2008年7月成功开发了CDM的新模式——PCDM，并选定周口户用沼气项目作为试点。PCDM是把为执行相关政策或者为达到某一目标而采取的一系列减排措施作为一项规划方案，整体注册形成一个CDM项目，在这一规划方案下项目产生的减排量在经过核证后可以签发相应的CERs。PCDM模式有效地克服了CDM的缺点，提高了项目开发的效率和效益。2008年1月，我国第一个黄金标准（GS）CDM项目—福建六鳌二期45MW风电项目通过联合国CDM项目的监管机构（EB）的审核，2008年2月在GS委员会注册成功，标志着我国清洁发展机制下国际合作项目高质量开发的开始。①

目前，我国有中环联合认证中心、中国质量认证中心、中国船级社认证公司等多家机构股获得联合国监督CDM项目实施的机构（EB）颁发的资质，成为国际CDM项目指定经营实体（DOE）。中国建材检验认证集团股份有限公司于2014年通过了《联合国气候变化框架公约》组织CDM项目授权委员会评审小组的现场评审，为确保获得CDM指定经营实体（DOE）的资质奠定了良好基础。这些机构在掌握国内法律法规、国内行业技术、项目管理以及与项目各方，特别是国外买家沟通等方面具有一定的优势，他们获得DOE资格后，将会有力地推动国内CDM合作项目更好更快的发展。

（二）新能源区域合作：达成共识，构建渠道

中国新能源区域合作机制包括亚太经济合作组织（APEC）能源合作、东亚峰会能源合作、东盟+3能源部长对话机制和上合组织能源合作等。中国积极加强区域一体化框架下的新能源合作，使新能源合作真正成为保障本地区能源安全、促进经济发展的可靠基础。

1. 亚太经济合作组织（APEC）新能源合作机制

亚太经济合作组织（Asia-Pacific Economic Cooperation，APEC），是亚太地区重要的经济合作论坛，也是亚太地区最高级别的政府间经济合作机制。成立之初是一个区域性经济论坛和磋商机构，经过十几年的发展，已逐渐演变为亚太地区重要的经济合作论坛，也是亚太地区最高级别的政府间经济合作机制。它在推动区域贸易投资自由化，加强成员间经济技术合作等方面发挥了不可替代的作用。APEC能源部长会议是亚太经合组织各经济体在能源效率与节能、新能源及可再生能源、能源运输及基础设施建设等诸多方面合作的平台。面对日益增长的能源需求以及日益严重的能源环境问题，新能源发展和合作成为APEC能源部长会议的重要议题。②

第八届亚太经济合作组织（APEC）能源部长会议，通过了旨在保证能源安全并实现可持续发展的《达尔文宣言》。在新能源合作方面指出，在满足能源需求的

① 沈娅莉. 我国清洁发展机制相关问题研究［J］. 经济问题探索，2011（9）：144-147.

② 许勤华，王红军. 亚太经合组织多边能源合作与中国［J］. 现代国际关系，2009（12）：34-39.

同时减少对环境的影响，需要各成员加强在提高能源使用效率、发展更清洁和更高效能源的技术、吸引更多能源投资和促进跨界能源贸易等方面的合作。在《达尔文宣言》推动下，2007 年在悉尼召开的第 15 届 APEC 领导人非正式会议上，“气候变化、能源安全和清洁发展”成为主要议题，获得广泛讨论。[①]会议就上述议题专门发表了《亚太经合组织领导人关于气候变化、能源安全和清洁发展的宣言》。在宣言中，各经济体的领导人认为，“经济增长、能源安全和气候变化”是 APEC 区域面临的基础性且具内在关联性的挑战，并表示将采取广泛而有力的行为，确保满足区域经济发展的能源需求，同时关注环境质量、减少温室气体排放。此外，会议还通过了 APEC 行动议程，其中设计了一系列倡议和规划，以落实领导人共识，主要包括：强调提高能源效率的重要性，计划到 2030 年（2005 年作为基年）实现 APEC 范围内能源强度降低至少 25%；建立亚太能源技术网络（Asia-Pacific Network for Energy Technology，简称 APNet），加强区域能源研究合作；加强在环境商品和服务、航空运输、替代能源和低碳能源的使用、能源安全等方面的合作。

亚太经合组织第九届能源部长会议在日本福井市召开，本次会议的主题是“通往能源安全的低碳之路：以能源合作促进 APEC 可持续发展”，中国、美国、俄罗斯和日本等 21 个经济体的能源部长参加了会议。本次会议重点讨论了加强亚太地区能源安全合作、提高能效、更加清洁利用化石燃料、促进可再生能源和核能发展、智能电网技术、低碳城镇示范项目等方面的议题。会议通过了亚太经合组织第九届能源部长会议福井宣言，通过了中国和日本共同倡议的 APEC 低碳示范城镇项目，并确定天津滨海新区于家堡金融区作为首例低碳示范城镇。

2011 年 9 月 13 日，亚太经合组织（APEC）交通能源部长会议在美国旧金山召开。此次会议的主题是“亚太经合组织交通领域的低能耗、低碳可持续发展”，旨在推动交通领域替代燃料的发展，促进节能与提高能效。[②]美国能源部长朱棣文、交通部长雷·拉胡德共同主持会议。国家能源局副局长吴吟率团出席会议。来自 APEC 的 21 个经济体交通和能源部长及企业、科研机构的 130 多名代表出席会议。会议通过了《亚太经合组织面向低能耗、低碳、可持续交通未来迈进的行动计划》。会上，吴吟介绍了中国在低碳城镇、生物燃料和电动汽车等领域的发展现状，面临的机遇和挑战，并呼吁 APEC 各经济体加强在上述领域的交流与合作。会议期间，吴吟还与美国能源部部长助理大卫·桑德罗就中美在 APEC 框架下的能源合作、尤其是煤炭合作进行了广泛深入的探讨。会议代表介绍了各

① 人民网. 亚太经合组织能源部长会议通过《达尔文宣言》[EB/OL].（2011-09-14）[2015-07-12]. http://politics. people.com.cn/GB/8198/100736/100888/6198500.html.

② 人民网. 亚太经合组织达成低碳可持续交通共识 [EB/OL].（2011-09-14）[2015-08-13]. http://finance.people.com.cn/ GB/15660581.html.

自通过提高可再生能源比例、提高能效、完善城市规划和出台激励政策等措施促进交通领域实现低能耗、低碳可持续发展的情况，讨论了宜居社区在减少能源使用和碳排放方面的潜力，探索了为减少交通行业对石油燃料的依赖而开发和推广环境友好型、可持续性生物燃料和电动汽车的时机，并就企业创新能效货运最新举措的典型做法开展了交流，达成了新的共识。

2012 年 6 月 25 日，亚太经合组织（APEC）第十届能源部长会议在俄罗斯圣彼得堡召开，会议以“亚太地区的能源安全：新的挑战和战略决策”为主题，来自 APEC 21 个成员经济体的能源部长、相关国际能源机构代表共 100 多人出席了会议，并还通过了 APEC 第十届能源部长会议圣彼得堡宣言——《能源安全：挑战和战略选择》。会议上，吴吟副局长介绍了中国的能源发展情况和有关政策，特别是在节能减排和低碳发展等领域的现状、取得的成绩及面临的机遇与挑战，并对加强 APEC 地区能源合作提出了“推进节能减排提效、发展绿色低碳能源、推动能源科技创新、解决全球能源贫困”四项建议。与会各经济体就能源政策、能源展望、“能源安全倡议”短期和长期举措、能源贸易与投资、节能提效、天然气与核电等方面进行了广泛的讨论，并达成多项共识，主要包括提高能效，发展天然气、核电、可再生能源等清洁能源，促进能源贸易与投资，有助于确保 APEC 地区能源安全，促进经济发展，减少温室气体排放；APEC 将继续研究分析和推进碳捕获、利用和封存（CCUS）、超超临界（USC）和整体煤气化联合循环发电（IGCC）等先进的清洁煤技术，提高燃煤电厂效率等。

2014 年 9 月亚太经合组织（APEC）第 11 届能源部长会议在北京举行，本次会议围绕“携手通向未来的亚太可持续能源发展之路”主题，就加强能源安全和促进亚太地区能源投资和贸易、提高能源效率和发展可持续社区、促进清洁能源资源开发和化石能源的清洁化利用四大议题广泛交换了意见，达成了一系列重要共识，并发表了《北京宣言》。与会各国同意积极促进 APEC 各经济体在可再生能源领域开展全面深入合作，消除任何可能延缓可再生能源技术进步和行业发展的贸易保护和限制措施，并重申“到 2035 年将亚太地区总能源强度比 2005 年降低 45%”的目标，各成员经济体在低碳城镇发展的理念、技术、发展和建设经验加强务实合作；最后强调清洁能源供应将继续成为推动可持续发展、确保能源安全、应对气候变化的工作重点，提出各成员国应加强合作，不断推动可再生能源技术创新，同时支持安全高效发展核电。

2. 东亚峰会新能源合作

在全球化背景下，一国或地区的能源安全往往与国际能源安全形势紧密相连。能源问题是东亚地区面临的主要经济安全困境，可以说大多数东亚国家都面临这一问题。东亚能源自给水平低，对外依存度高。东亚油气消费量远远超过生产量，对外依存度不断提高。能源需求激增和对中东市场依赖增强是当今东亚能源安全面临的主要困境。20 世纪 80 年代中期以来，东亚地区对能源的需求呈现普遍增长的新特点，地区性需求取代过去个别国家需求（此前主要是日本）。“面对石油消耗量惊人的增长速度，中国已经不能仅仅依靠自身的能源了”。

东亚峰会（East Asia Summit，简称 EAS）概念最早由马来西亚前总理马哈蒂尔于 2000 年提出。2002 年第六次 10+3 领导人会议通过《东亚研究小组最终报告》，“推动 10+3 领导人会议向东亚峰会演变”是报告提出的九项中长期措施之一。在东盟推动下，首届东亚峰会于 2005 年 12 月 14 日在马来西亚吉隆坡举行，东亚峰会由此启动。东亚峰会能源合作始于 2007 年第二届东亚峰会，会议通过了《东亚能源安全宿务宣言》，并在东亚峰会框架下建立了能源部长会议机制。在新能源合作方面，宣言强调通过强化有关能效和节能计划、利用水力、扩大可再生能源系统和生物燃料的生产或利用以及在有兴趣的国家开发民用核能，减少对传统燃料的依赖。宣言还确定了新能源合作的具体措施，①包括：

（1）在强调空气污染和温室气体排放问题的同时，推动更为清洁和更低排放的技术，以实现矿物燃料的持续、经济使用；

（2）鼓励生物燃料的使用，共同努力促进更为自由的生物燃料贸易，制定用于发动机和机动车的生物燃料标准；

（3）通过创新融资机制提高可再生和可替代能源的效力并降低其成本；鼓励采取共同行动，加大探寻新能源和可再生能源及技术的力度，包括生物燃料的研发；

（4）促进煤炭的清洁使用、清洁煤技术的开发和旨在减缓全球气候变化的国际环境合作。

近年来，因自然环境受到破坏、全球变暖而导致的干旱、洪涝等自然灾害日益频繁，气候变化问题以及环境的可持续性问题等逐步成为世界各国共同关注的热点问题。2007 年 11 月 21 日第三届东亚峰会于新加坡举行，包括中国在内的 16 国领导人签署并发表了《气候变化、能源和环境新加坡宣言》，本次东亚峰会讨论的主题是气候变化问题，体现了东亚共同促进地区应对气候变化，推动建设一个和谐发展、清洁发展、可持续发展东亚的努力。在“新加坡宣言”中，十六国领导人承诺：加强在气候变化、能源和环境等领域的合作。在新能源合作方面提出联合研发低排放技术，更清洁地利用石油资源，以提高能源利用效率，同时采取具体措施发展生物燃料等再生和替代性能源。

第三届东亚峰会能源部长会议于 2009 年 7 月 29 日在缅甸曼德勒举行，会上发布《第三届东亚峰会能源部长会议联合声明》，强调增加使用清洁能源包括新能

① 中华人民共和国外交部网站. 东亚能源安全宿务宣言［EB/OL］.（2007-01-15）［2016-01-12］. http://www.fmprc.gov.cn/web/ziliao_674904/1179_674909/t575770. shtml.

源和可替代能源，比如生物燃油，并提升本地区新能源国际合作。声明说，各国代表就国际金融危机对东亚地区能源价格的波动造成的影响交换了看法，呼吁能源生产和消费双方加强对话与合作，强调国际合作对于保证能源安全和可持续供应尤为重要。各国承诺继续加强合作，提高能效，增加使用清洁能源，包括可再生能源和生物能源，加强地区能源市场的一体化建设。为此，各国需要在能源产业链的整个环节加强投资，并增加数据与信息交换。考虑到能源市场一体化是个长期的目标，各国认为消除障碍、确保能源市场的开放与竞争性贸易十分重要。中国代表团团长、国家能源局副局长刘琦在会上发言说，作为世界主要能源生产国和消费国，中国政府十分重视在东盟和东亚峰会框架下的能源合作，将积极参与和推进在能源安全、石油市场、石油储备、节能与能效、能源市场一体化等领域的合作，为亚洲地区和世界能源安全以及可持续发展贡献力量。

在东亚峰会能源部长会议框架下，2014 年中国能源局和东盟能源中心打造“东亚峰会清洁能源论坛”。2014 年 8 月，第一届“东亚峰会清洁能源论坛”由国家能源局和东盟能源中心主办，来自美国、澳大利亚、马来西亚、泰国等东亚和东盟 10 多个国家和地区的能源管理部门领导及科研机构、企业、金融机构、行业组织代表近 480 人参会，并举办核电论坛、光伏论坛、生物质能论坛、电力论坛、清洁煤论坛、智慧能源城镇论坛等活动。第二届东亚峰会清洁能源论坛于 2015 年 11 月召开，以“共建绿色能源网络，服务经济社会发展”为主题，提出了“探索建立绿色能源网络”的倡议，提出探讨域内国家开展合作新思路，实现区域能源互联互通，优化区域资源配置，平等互信、合作共赢、携手并进，共同促进本地区清洁能源发展，为应对全球气候变化和驱动本地区经济社会可持续发展贡献智慧和力量。

3. 中国和东盟新能源合作

东盟 10 国总面积 444 万平方公里，人口 5.76 亿，国内生产总值（GDP）达 15 062 亿美元，是一个具有相当影响力的区域性组织。建设一个环保、可持续发展的绿色新东盟，已成为东盟各国的普遍共识和一致行动。最近几届的东盟峰会都就气候变化、能源和环境问题进行了认真探讨。2007 年 11 月，第十三届东盟首脑会议将气候变化问题作为主题之一，签署了《东盟环境可持续发展宣言》等两个文件，表明了东盟国家对环境保护的承诺以及同国际社会共同对付气候变化的决心，“绿色东盟”初露端倪。2010 年 4 月，第十六届东盟首脑会议通过了《东盟经济复苏和可持续发展联合声明》和《东盟应对气候变化联合声明》，进一步奠定了“绿色东盟”的坚实基础。

中国与东盟国家有着丰富的新能源与可再生能源资源，在该领域的开发利用方面，各国都积累了较为丰富的成果和经验，为在这一领域开展深层次的合作奠定了良好基础。①2002 年签署的《中国与东盟全面经济合作框架协议》将环境和能源列入中国与东盟双方合作领域。2002 年，中国—东盟签署《农业合作谅解备忘录》，中国与东盟农业合作进入全新发展阶段，特别是中国与东盟开展农村能源合作将对探讨推动亚洲地区农村清洁能源机制建立具有特别重要的意义。2008 年，中国环境保护部与东盟秘书处联合启动了《中国—东盟环境保护合作战略》，《战略》选取了公众意识和环境教育、环境标志与清洁生产合作两个合作领域作为基础内容。在 2009 年 10 月第十二次中国与东盟领导人会议上，温家宝建议“尽早通过《中国—东盟环保合作战略》，加强在生物多样性保护、生态保护、清洁生产、环保产业、新能源和可再生能源等领域的合作”。2009 年 6 月 26 日在昆明举行了“中国—东盟新能源与可再生能源开发利用国际科技合作论坛”，来自中国和东盟国家的百余名政府官员及专家参加了这个论坛，加深新能源与可再生能源的合作发展成为与会政府官员和专家的共识。论坛主要就太阳能、生物质能等可再生能源领域技术和产品的开发应用进行了研讨，了解各国的政策措施，分享彼此在该领域开发利用的技术成果等。

东盟与中日韩（10+3）能源部长对话机制是中国与东盟、日韩开展新能源合作的重要平台。从 2003 年起，中日韩与东盟之间就开始了能源对话与合作，并在“10+3”内设立了“亚洲能源合作工作组”，而可再生能源和清洁型替代能源的发展和合作逐渐成为 10+3 能源部长会议的重要议题。2009 年第六届东盟和中国、日本和韩国（10+3）能源部长会议和第三届东亚峰会能源部长会议在缅甸第二大城市曼德勒举行，时任中国国家能源局副局长刘琦在会议上发言强调，作为世界主要能源生产国和消费国，中国政府十分重视 10+3 和东亚峰会框 架下的能源合作，将积极参与和推进在能源安全、石油市场、石油储备、节能与能效、能源市场一体化等领域的合作，为亚洲地区和世界能源安全以及可持续发展贡献力量。在会议上，部长们就目前各成员国、地区和全球性的能源问题进行了交流，回顾了 10+3 和东亚峰会两个框架下的能源合作项目进展情况，并对未来工作计划进行了审议。会议还发表了《第六届东盟+3 能源部长会议联合声明》，声明中强调清洁能源发展机制合作取得进展和合作计划，部长们赞赏东盟能源中心和韩国能源管理公司在清洁能源发展机制方面进一步提升合作。关于核能，声明说，部长们同意推进开始发展民用核能作为一种满足本地区进一步的能源需求，同时确保安全和不扩散。随着中国—东盟自由贸易区的如期建成，中国与东盟新能源领域合作开发正迎来新的契机。2010 年 4 月初，中国—东盟环境保护合作中心成立，搭建了中国与东盟绿色合作平台。大湄公河次区域有有关各方携手建立环境合作

① 吴崇伯. 东盟国家绿色清洁能源发展及其与我国的合作［J］. 广西财经学院学报，2010，23（5）：1–5.

机制，海洋环境保护、跨境生态安全、热带雨林保护、泛北部湾环境保护等合作不断深入。中国与东盟国家还发挥各自优势，开展了清洁能源、节能环保等绿色产业的互利合作。如，中国与泰国共同组织实施了面向东南亚、南亚地区建筑太阳能系统研发与示范国际科技合作项目。2014 年以来，基于中国—东盟技术转移中心合作平台，中国与越南、缅甸、老挝等国就太阳能等领域的技术转让达成多个协议。2015 年 6 月，中国与东盟能源中心签署合作协议，共同推动设立中国—东盟清洁能源能力建设中心，帮助东盟进行相关领域的能力建设和核电人才培训。

4. 上合组织新能源合作

上海合作组织（以下简称上合组织）在多极化世界中已占居重要地位。其人口约 15.816 亿人（占世界总人口的 24%）。若加上观察员国的人口 13.479 亿人，实际上合组织涉及的人口可能达 28.029 亿人（占世界总人口的 42.5%）。上合组织是我国建立周边睦邻友好带、战略稳定带和经济合作带的重要依托，而上合组织多边能源合作即包括能源资源国，又包含能源消费国和能源过境国，是一种新型合作机制。①面对气候变化，推动核能、风能等清洁能源应用，为成员国经济发展提供多元化能源解决方案，是上合组织新能源合作重要内容。

2003 年 9 月，上合组织成员国经贸部长第二次会议商定，成立了经贸部长会议高官委员会和有关方面的专业工作组，为区域经济合作各项目标实现提供了机制保障。同时，经高官委员会多轮磋商，各方商定了包括贸易和投资、海关、质检、交通、能源、信息等 11 个领域、127 个项目的《上合组织成员国多边经贸合作纲要》的"措施计划"草案，该草案下初步确定的新能源合作项目共 5 项。

上合组织成员国政府总理理事会第七次会议上，新修订了《<上海合作组织成员国多边经贸合作纲要>落实措施计划》，与会各国提出“应集中力量开展为成员国相互贸易和投资创造稳定和可预见的条件，强化市场机制；提高能源利用率，开发清洁能源和技术，利用可再生能源，保障能源安全等方面的合作”。在新能源领域提出开发清洁能源和技术，利用可再生能源等方面的合作，合作内容包括中国与上合组织成员国的水电设施建设合作；开发非传统性可再生能源，用以作为获得电力的来源；研究共同拟订建设、改造、更新能源项目的投资计划，及解决其融资问题。2009 年 6 月 16 日上海合作组织成员国元首理事会第九次会议在俄罗斯叶卡捷琳堡举行，胡锦涛在峰会上发表了重要讲话。成员国元首共同签署了《上海合作组织成员国元首叶卡捷琳堡宣言》等重要文件。与会成员国就应用创新技术、节能技术和可再生能源技术达成共识，并提出上合组织成员国以保障经济、稳定、安全、清洁的能源供应为共同合作目标。

① 王海运. 关于上海合作组织能源合作的思考［J］. 西安交通大学学报：社会科学版，2008，28（1）：54–56.

2014 年上合组织第十四次会议提出依据《上合组织成员国多边经贸合作纲要》及其落实措施计划、《2012—2016 年上合组织进一步推动项目合作的措施清单》，继续在能源，包括利用可再生和可替代能源领域开展全方位互利合作，支持深化环保领域合作，促进向低碳发展转变，进一步减少或限制温室气体等有害气体排放，降低能耗。2015 年习近平在上合组织元首乌法峰会上指出提升上合组织能源合作，加强能源政策沟通，推进清洁能源和可再生能源的互利合作；会议通过《上海合作组织成员国元首乌法宣言》，并批准《上合组织至 2025 年发展战略》，提出上合组织与丝绸之路经济带建设、欧亚经济联盟建设互相推动、互相融合，继续深化能源领域合作，正在积极筹建的上海合作组织开发银行和发展基金也将为“一带一路”下新能源发展提供强大推动力。

（三）新能源双边合作机制

中国开展新能源国际合作的主要途径是美国、欧盟为主要对象的双边合作。目前双方已在政策层面、双边合作和科技交流方面形成了能源合作机制。近年来，双方更将新能源作为合作的突破口，中欧新能源国际合作领域不断扩宽，合作机制逐步深化。

1. 中美新能源合作机制

中美是全球最大的能源生产国和消费国，两国在能源和应对气候变化领域拥有广泛的共同利益。开展新能源合作事关中美两国能源结构优化和环境改善，也关乎国际气候合作机制的建设以及全球气候治理的成效。正是基于对新能源和节能减排领域的空前重视，中美两国新能源合作便有了共同的追求和目标，中美新能源合作不断深化，逐渐走向机制化和成熟化。

（1）中美新能源合作的契合点

作为当今世界最大的两个温室气体排放国，中美在应对气候变化问题上扮演着关键角色，有责任加强在减缓与适应气候变化问题上的合作。从历史累积排放量来看，美国是目前全球最大的温室气体排放国，其累积排放量占 1850 年以来与能源有关的二氧化碳排放量的 29%，而中国同期排放量只占 8%。但是随着中国经济的繁荣，其排放量将逐年递增。目前，中美两国加在一起每年向大气排放的温室气体高达全球总量的 40%以上。如果应对气候变化的严峻挑战能有解决办法，那么中美两国的合作就至关重要。如果中美两国能成为向低碳和可持续性的全球经济战略转变的积极催化剂，整个世界将在应对气候变化上迈出巨大的一步。美国和中国也将在各自的能源安全、环境保护以及确保本国人民经济繁荣方面更加接近。双方在清洁能源领域合作也互有需求。

与发达国家相比，中国在新能源利用、提高能效等方面还存在不小的差距，在新能源开发、节能技术、核电、生物能源利用等方面也有不少需要解决的问题。

而美国在核能和能源的充分利用、使用清洁煤技术、煤液化和汽化等方面则拥有相对优势，可向中国提供先进的新能源技术，这是双方合作的潜力所在。此外，中国加大对新能源产业的投资，具备庞大的生产能力和巨大的新能源市场，这为美国企业提供了巨大商机。中国还是世界上最大的煤炭消费国，其煤炭消费量相当于美国的 2 倍。因此，中美开展新能源合作不仅有利于美国经济和对华出口，也有利于美国对中国减排市场的开拓。

（2）中美首脑会晤机制下的新能源合作

2009 年 11 月 15 日至 18 日，奥巴马进行为期 4 天的访华行程。在 17 日发布的《中美联合声明》中，围绕能源合作的部分可谓不惜笔墨。除正式签署《中美关于加强气候变化、能源和环境合作的谅解备忘录》，双方同意在未来五年对中美清洁能源联合研究中心投入至少 1.5 亿美元，两国各出资一半。中心在两国各设一总部。双方还明确表示将在多个领域开展合作，包括提高工业、建筑和消费品领域能效、发展清洁能源、加强煤炭技术合作、启动中美电动汽车倡议以及推动两国在利用风能、太阳能、先进生物燃料和现代电网制定路线方面的技术和政策合作等。[①]在清洁煤领域，因为双方在此领域都有较大需求。特别是中国，目前的能源消耗主要以煤为主，占比 60%到 70%，如果中国能在这一领域取得优势，则有望在未来双方的合作中占据更主动的地位；其次是核能开发。尽管在核安全方面各国还存在认识问题，但相比于其他清洁能源，核能发展潜力更大且适用范围更广，能够满足高人口密度和高能源强度地区的能源需求，对传统能源有更大的替代能力；最后是研究领域的合作。作为新生事物，如果双方能够坦诚相见，汇集彼此知识、智慧、技术乃至资金，在新能源的开发及衍生利用方面分享知识产权，则无疑将加快两国在新能源领域的前进步伐。

在 21 世纪第二个十年大幕徐徐拉开之际，中美两国进一步明确了双方应妥善处理分歧，突出合作与共赢。2011 年 1 月 18—21 日，胡锦涛应邀对美国展开国事访问。访问期间，两国发表新的《中美联合声明》，在新的声明中提出，加强现有清洁能源合作，确保市场开放，在气候友好型能源领域推动互利投资，鼓励清洁能源，推动先进清洁能源技术开发。要加强清洁能源领域的合作，确保市场开放。双方积极评价中美清洁能源研究中心、可再生能源伙伴关系、《中美能源安全合作联合声明》和中美能源合作项目启动以来两国在清洁能源和能源安全领域合作取得的进展。双方重申继续就能源政策进行交流，在石油、天然气（包括页岩气）、民用核能、风能和太阳能、智能电网、先进生物燃料、清洁煤、能效、电动汽车及清洁能源技术标准等领域进行合作。除积极评价《中美能源和环境十年

① 中央政府门户网站. 胡锦涛主席同来华访问的美国总统奥巴马举行会谈［EB/OL］.（2009-11-17）［2015-09-15］. http://www.gov.cn/ldhd/2009-11/17/content_1466944.htm.

合作框架》自2008年启动以来取得的一系列进展，中美双方还宣布了两个新的绿色合作伙伴计划。[①]在胡锦涛正式抵达美国首都华盛顿展开访问前，两国能源部门在同天举行的第二届中美清洁能源论坛上签署了18项，总额超过130亿美元的能源合作协议。此外中美企业还签署了多个清洁能源合作协议，例如美国杜克能源公司与新奥集团签署的在中美两国建设绿色城市的技术开发协议，华能集团与美国电力公司签署的有关燃煤电厂节能降耗和二氧化碳减排技术合作的协议。此外美国通用电气公司（GE）下属的通用能源还与神华集团签署合作协议成立合资企业，以发展煤气化工业等。在为期四天的国事访问中，中美经贸合作领域收获颇丰。中美签单已经达到近600亿美元的规模。其中，最大手笔的订单来自清洁能源领域的合作，在中美两国已签署的逾230亿美元各类商业和投资协议中，仅清洁能源领域的签约就超过200亿美元。

2014年11月10—12日，应国家主席习近平的邀请，奥巴马对中国进行国事访问，是奥巴马继2009年后第二次访华，双方就中美关系及共同关心的重大国际和地区问题坦诚深入交换意见。中美双方共同发表了《中美气候变化联合声明》，宣布了各自2020年后的行动目标，并建立了中美气候变化工作组（气候变化工作组），并在此工作组下启动了关于汽车、智能电网、碳捕集利用和封存、能效、温室气体数据管理、林业和工业锅炉的行动倡议；成立了中美清洁能源研究中心，促进双方在碳捕集和封存技术、建筑能效和清洁汽车方面的合作。中美将扩大清洁能源联合研发：继续支持中美清洁能源研究中心，包括继续为建筑能效、清洁汽车和先进煤炭技术三大现有研究领域提供资金支持，并开辟关于能源与水相联系的新研究领域；推进碳捕集、利用和封存重大示范：经由中美两国主导的公私联营体在中国建立一个重大碳捕集新项目，以深入研究和监测利用工业排放二氧化碳进行碳封存，并就向深盐水层注入二氧化碳以获得淡水的提高采水率新试验项目进行合作；为了解决正在发展的城镇化和日益增大的城市温室气体排放，中美两国将在气候变化工作组下建立一个关于气候智慧型/低碳城市的新倡议，两国在此领域领先的城市将分享其最佳实践、设立新的目标并展示城市层面在减少碳排放和构建适应能力方面的领导力。

2015年9月22—25日，国家主席习近平对美国进行国事访问，双方达成的主要共识和成果可分5大块共49条，涵盖方方面面，内容非常丰富。在新能源合作方面，双方认为2020年后继续提供强有力的资金支持对于帮助发展中国家建设低碳和气候适应型社会至关重要。双方敦促发达国家继续向发展中国家提供支持，并鼓励其他愿意这样做的国家提供支持。中美两国都致力于实现2014年11

① 中国新闻网. 中美发布联合声明，提出加强中美关系促高层交往［EB/OL］.（2011-01-20）［2015-10-15］. http://www.chinanews.com/gn/2011/01-20/2799140.shtml.

月中美气候变化联合声明中宣布的各自2020年后行动目标。2015年8月，美国制定完成“清洁电力计划”，该计划将使电力行业二氧化碳排放到2030年比2005年减少32%。美国承诺将于2016年制定完成其下一阶段、世界级的载重汽车燃油效率标准，并于2019年实施。中国到2030年单位国内生产总值二氧化碳排放将比2005年下降60%～65%。中国计划于2017年启动全国碳排放交易体系，将覆盖钢铁、电力、化工、建材、造纸和有色金属等重点工业行业。美国重申将向绿色气候基金捐资30亿美元的许诺；中国宣布拿出200亿元人民币建立“中国气候变化南南合作基金”，支持其他发展中国家应对气候变化。

（3）中美能源对话机制下的新能源合作

作为世界上第一大和第二大的能源消费国，一直以来，中美在国际层面能源开发政策方面的交流并不够充分。美国国会美中经济与安全评估委员会提出：“中国日益增长的能源需求，特别是对石油进口的依赖，对美国构成经济、环境和地缘战略等方面的挑战。”同时，他们认为中国从国外进口的石油大量增加，会增大中美之间在中亚和南中国海竞争的可能性。而在中国，国内的多位专家在接受采访时一个印象就是美国对中国的能源政策是“多有打压”。

美中两国加强能源政策的沟通是非常重要的。中国能源供给94%靠自己。中国不光是世界第二大能源消费国，也是世界上第二大能源生产国，第五大石油生产国，中国的石油贸易只占全球石油贸易总量的约6%。中国的能源需求并不像有些人炒作的那样会威胁世界能源供应。为此，2005年6月30日，国家发展改革委与美国能源部在华盛顿举行了中美第一次能源政策对话。中方介绍了中国能源形势、能源中长期规划和能源政策、可再生能源发展政策与战略、煤炭安全情况、节能政策与规划、中美能源合作回顾与展望。美方也介绍了美国能源供需展望、能源规划与立法、核能、战略石油储备、可再生 能源战略与政策、煤炭安全立法与实践、中美能源合作回顾等。

中美能源政策对话是双方探讨新能源合作拥有重要的机制化平台，2005年首次能源政策对话双方在对话中谈到在清洁能源、核电节能方面的合作。2006年第二次对话中美双方一致同意，将发展新能源与可再生能源作为两国能源合作的重要领域。2007年第三次对话双方签署了《关于工业能效合作的谅解备忘录》，中美两国强调加强在提高煤炭利用效率和发展清洁能源方面的合作。2009年第四次对话中美双方就两国新能源政策、中美清洁能源联合研究、洁净煤技术、核能及可再生能源等事关中美能源发展的重大政策性问题进行了深入探讨，并签署了清洁燃料领域合作、二氧化碳捕获和封存技术合作三项新能源方面的合作协议。

（4）中美战略与经济对话机制下的新能源合作

中美战略与经济对话是中美双方就事关两国关系发展的战略性、长期性、全局性问题而进行的战略对话。2009 年 4 月 1 日，胡锦涛与奥巴马在伦敦参加二十国集团金融峰会期间举行首次会晤，双方一致同意建立中美战略与经济对话机制，并确定首轮中美战略与经济对话将于今年夏季在华盛顿举行。为在多个领域加强交流与沟通，以化解矛盾和增进合作，中美之间建立了多个磋商机制。其中，中美战略对话和中美战略经济对话作为两国交流中重要的机制，为促进双边关系发展发挥了重要作用。

中美战略经济对话于 2006 年 9 月由时任美国财政部长亨利·保尔森和时任中国国务院副总理吴仪在北京启动，对话重点侧重于战略和经济层面。中美战略经济对话一年举行两次，自 2006 年启动以来先后举行了 5 次会议。中美战略和经济对话两项机制自确立以来，中美在事关两国关系的深层次、战略性重大问题方面进行了富有成效的沟通与交流。随着中美关系不断发展和国际形势的变化，进一步加强合作和沟通显得尤为必要。在这种背景下，中美战略与经济对话机制应运而生。同此前的机制相比，中美战略与经济对话不仅层次更高，而且内容更丰富。中美战略与经济对话则把中美新能源合作明确定位到战略层次，也进一步凸显新能源合作与气候变化这一重大全球性议题的关联性。

2010 年第二轮中美战略与经济对话中，双方就发展清洁能源、加强煤炭技术合作以及推动两国在利用风能、太阳能、先进生物燃料和现代电网制定路线方面的技术和政策合作等达成共识；并签署《中国国家核安全局和美国核管制委员会关于进一步加强西屋 AP1000 核反应堆核安全合作备忘录》；《中国国家发展改革委与美国国务院关于绿色合作伙伴计划框架实施的谅解备忘录》，宣布成立绿色合作伙伴计划联合秘书处，并启动新一轮的绿色合作伙伴结对工作；落实《中美关于加强气候变化、能源和环境合作的谅解备忘录》和《中美能源和环境十年合作框架》方面取得的进展，并同意加强在气候变化、能源、环境等领域的务实合作；同意在《中美能源和环境十年合作框架》下继续致力于开展清洁水、清洁大气、清洁高效电力、清洁高效交通、保护区和湿地保护、能效六大优先领域的具体合作。[①]中美双方同意年内将召开清洁能源联合研究中心工作组会议，举行“电动汽车论坛、第五次中美能源政策对话、中美可再生能源论坛、中美先进生物燃料论坛”等新能源合作计划。会上还发表了《中美能源安全合作联合声明》，指出中美作为世界上最大的能源生产和消费国，在保障能源安全上有着共同的利益和责任，也面临共同挑战。保证坚持互利合作、多元发展、协同保障的原则保障能源安全，认识到能源安全和清洁能源相辅相成，有意加强在稳定国际能源市场、保障能源多元供应、合理有效利用能源等领域的合作。

---

① 新华网. 2010 年中美战略与经济对话框架下战略对话成果清单[EB/OL].(2010-05-26)[2015-07-18]. http://news.xinhuanet.com/world/2010-05/26/c_12141540.htm.

2011 年 5 月 9—10 日，在第三轮中美战略与经济对话框架下的战略对话中，双方讨论了双边、地区及全球层面的重大问题。双方积极评价胡锦涛 2011 年 1 月对美进行国事访问以来中美关系的进展，重申对 2011 年 1 月 19 日发表的《中美联合声明》的承诺，并按照《中美联合声明》的精神，致力于培育和深化战略互信，共同建设相互尊重、互利共赢的中美合作伙伴关系。有关讨论取得了 48 项具体成果。在新能源领域，中美双方同意将商定时间来举行能源政策对话、油气工业论坛、可再生能源产业论坛及先进生物燃料论坛等新能源合作计划。双方就新能源合作达成多项共识，将深入开展智能电网、大规模风电开发、天然气分布式能源、页岩气和航空生物燃料等方面的务实合作，并在《中美能源和环境十年合作框架》和《中国国家发展改革委与美利坚合众国国务院关于绿色合作伙伴计划框架实施的谅解备忘录》框架下签署了 6 对新的绿色合作伙伴关系。①

2015 年 6 月 23—24 日，在第七轮中美战略与经济对话中，双方表明将采取进一步具体措施支持强劲的国内和全球经济增长，促进开放的贸易与投资，强化和支持金融市场稳定与改革。在新能源领域，中美双方达成 31 项成果，主要包括加强和强化气候变化工作组、强化气候变化政策对话、开展电动汽车研讨会、扩展清洁能源联合研究中心和非常规天然气交流，并深入开展绿色基础设施、能效碳捕集、利用和封存，分布式能源热电联供，以及核电等方面的务实合作。

2. 中欧新能源合作机制

中欧在新能源领域合作加强，主要推动因素是双方对能源环保问题的关切和共识日益加强，双方互有需求，都需要节能减排，共同的诉求带来共同的行动。中国与欧洲在能源领域的合作始于 20 世纪 80 年代，目前双方已在政策层面、双边合作和科技交流方面形成了能源合作机制。近年来，双方更将新能源作为合作的突破口。

（1）中国—欧盟能源合作大会

中国与欧盟在能源领域的合作“久远”，始于 20 世纪 80 年代。中欧双方在 1985 年签署《中欧伙伴与合作关系协定》，该协定涉及能源问题，这是中欧双方就能源问题在政策方面的最早尝试。1994 年中欧双方商定召开“中国—欧盟能源合作大会”，这是能源层面最大规模、最高级别的会议，也是中欧新能源合作的重要平台。每 2 至 3 年在中国与欧盟轮流举办，到目前为止，双方已成功举办七次会议。②

第六次中国一欧盟能源合作大会于 2006 年 2 月在上海召开。中欧双方就能

① 人民网. 第三轮中美战略与经济对话闭幕框架下战略对话取得了 48 项具体成果[EB/OL].（2011-05-11）[2015-09-10]. http://world.people.com.cn/GB/14611016.html.

② 康晓. 中国开展可再生能源国际合作的途径与问题［J］. 现代国际关系，2009（6）：43-49.

源供应安全、可再生能源、能源效率、核能与核安全、能源政策与科研和环境间的紧密联系等内容进行经验交流和合作。中国科技部副部长马颂德、欧盟委员会能源委员皮尔巴格斯等来自中欧政府有关主管部门、能源领域相关企业、科研和金融机构的共 250 余名代表出席了会议。会上中欧签署了“二氧化碳捕捉与埋存技术的研发合作”备忘录，以逐步实现大气中二氧化碳的近零排放。此外，双方就清洁能源、节能技术的利用、能源的可持续发展等领域进行交流。

2008 年的第七次中欧能源合作大会上，中国代表团团长、时任科技部副部长曹健林，时任欧盟委员会能源与交通总司司长霍特等来自中欧政府有关主管部门、能源领域相关企业和科研机构等约 200 名代表出席会议。中欧双方就可再生能源技术、生物燃料技术、氢能与燃料电池技术、煤和气水化合物技术、碳捕获和储存技术以及先进核能技术等内容进行经验交流和探讨。①

由科技部和欧盟委员会共同举办的第八次中欧能源合作大会于 2010 年 7 月 6—7 日在上海世博会举行。科技部万钢部长和欧盟委员会能源委员奥廷格出席了大会开幕式并致辞。万部长介绍了中国政府在节能减排技术的研究开发和推广应用方面所做的部署和取得的成就，积极评价既已开展的中欧能源科技合作，并对进一步深化合作进行了展望，包括加强能源领域基础研究的合作、扩大高新技术领域的投资与合作、加快能源科技成果向现实生产力转化，以及促进清洁能源技术转让等方面。奥廷格委员对万部长的讲话予以了积极回应，表示将继续推动对华合作，共同为保障能源供给和减缓气候变化做出贡献。此次大会围绕节能减排应对气候变化、后金融危机时代培育战略性新兴产业主题，邀请到来自中欧政府及产学研各界的代表 200 多名，用两天的会期重点在可再生能源、智能电网和清洁汽车三个领域开展技术和产业合作讨论。

（2）中欧峰会机制下的新能源合作

中欧峰会开始于 1998 年，中欧峰会是中国和欧盟官方最高级别的定期沟通机制，每年一次轮流在欧洲和北京举行，中欧峰会已成为中欧双方新能源可持续发展对话与合作机制。

第八次中国—欧盟领导人会晤于 2005 年 9 月 5 日在北京举行。温家宝代表中国出席了会晤。时任欧洲理事会主席英国首相布莱尔、欧盟委员会主席巴罗佐及欧盟理事会秘书长兼欧盟共同外交与安全政策高级代表索拉纳代表欧盟出席了会晤。会晤期间，双方发表了《中欧气候变化联合宣言》，确定在气候变化领域建立中欧伙伴关系。双方决心通过务实有效的合作应对气候变化带来的严峻挑战。这一伙伴关系将充分补充《联合国气候变化框架公约》和京都议定书，将包括在

① 人民网. 第七次中欧能源合作大会举行［EB/OL］.（2008-11-07）［2016-04-10］. http://finance.people.com.cn/GB/8298066.html.

低碳技术的开发、应用和转让，如通过碳捕获和埋存实现“接近零排放”的先进煤炭技术方面的合作。双方同意落实国际热核聚变试验反应堆项目（ITER），并加强中欧在相关领域的合作。①

2006年第九次中欧峰会在芬兰首都赫尔辛基结束后发表了《第九次中欧领导人会晤联合声明》，声明强调继续加强务实合作，特别是在清洁煤行动计划和能效与可再生能源行动计划框架内加强合作。双方领导人在京都议定书清洁发展机制方面开展更紧密的合作，启动通过二氧化碳捕获与封存实现近零排放发电技术的研究合作。双方领导人强调大幅降低关键技术及其转让、使用和推广成本的重要性，以及采取步骤鼓励和促进消费和生产的可持续方式，以减少气候变化的成因和负面影响。中欧双方在确保可靠、经济的和可持续的能源供应方面有着共同的关切，双方将采取适当措施，进一步加强能源对话与合作，为可持续经济社会发展营造稳定、安全、经济和清洁的能源环境。②会晤中，双方领导人强调中欧高级别能源工作组以及定期中欧能源合作大会的战略意义，双方强调继续加强务实合作的重要性，特别是在清洁煤行动计划和能效与可再生能源行动计划框架内加强合作。

第十一次中欧领导人会晤于2009年5月20日在布拉格举行。温家宝代表中国出席了会晤。时任捷克共和国总统克劳斯、时任欧盟委员会主席巴罗佐以及欧盟理事会秘书长索拉纳代表欧盟出席了会晤。会晤期间，双方签署了《中欧清洁能源中心联合声明》，项目实施由意大利都灵理工大学和中国清华大学承担。中心主要职能是促进中欧之间的技术转让和技术交流，涉及清洁煤、可再生能源、低能耗建筑及智能电网等领域。中欧清洁能源中心项目已于2010年4月30日在北京启动，资金规模达1 240万欧元，执行期限为5年。该中心着力于实现欧洲清洁能源和节能技术在中国的本土化，并将为中国提供能够有效地回报政府和企业在清洁能源和节能领域投资的技术方案，涉及清洁煤、可再生能源、低能耗建筑及智能电网等领域。

第十二次中欧领导人会晤于2009年11月30日在中国南京市举行，温家宝代表中国出席了会晤，时任欧洲理事会主席瑞典首相赖因费尔特和时任欧盟委员会主席巴罗佐代表欧盟出席会晤。双方进一步进行能源问题深化对话，以促进清洁、可持续能源利用和全球能源安全。双方推动在可再生能源、清洁煤炭、生物燃料和能源效率领域开展具体合作，在中国和欧盟成员国境内通过二氧化碳捕获

① 人民网. 第八次中欧领导人会晤在京举行［EB/OL］.（2005-09-05）［2016-04-15］. http://politics.people. com.cn/GB/1026/3670025.html.

② 中华人民共和国外交部网站. 第九次中欧领导人会晤联合声明［EB/OL］.（2006-09-09）［2016-04-15］. http://www.fmprc.gov.cn/chn/pds/ziliao/1179/t271095.html.

与封存技术，开发和示范先进的近零排放发电技术。双方积极开展中欧近零排放发电合作项目，以及欧盟委员承诺向该项目提供高达 5 700 万欧元的资金。会晤中，双方签署“启动近零排放碳项目第二阶段合作谅解备忘录”。①

2012 年 2 月 14 日，第十四次中欧领导人会晤在北京举行，温家宝与时任欧洲理事会主席范龙佩及欧盟委员会主席巴罗佐共同出席。中欧双方双方强调加强汽车领域合作，尤其是通过发展电动汽车，推动实现减少能源消耗和排放的共同目标。双方同意进一步深化能源科技合作，继续扩大支持双方中小企业开展的能源科研创新合作。为此，中方专门设立了“中欧中小企业节能减排科研合作资金”，欧方也将通过框架计划内的经费向具体合作研究活动提供支持。双方同意在中欧气候变化伙伴关系框架下，就共同关心的问题进一步深化务实合作。双方重申致力于碳捕集和封存领域的合作。

2013 年 11 月 21 日，李克强同时任欧洲理事会主席范龙佩、欧盟委员会主席巴罗佐共同主持第十六次中国欧盟领导人会晤，双方共同制定《中欧合作 2020 战略规划》。中欧双方同意绿色增长应成为中欧主要的战略和务实合作领域，中欧致力于继续促进各自环境旗舰项目的合作，最大程度发挥中国生态文明建设和欧盟资源效能战略的对接效益。中欧将进一步探索在低碳能源技术上的合作，以支持经济可持续发展；并切实发挥中欧清洁能源中心等现有合作平台的作用，鼓励企业参加中欧清洁能源中心企业联盟，并开展试点项目合作。在核能方面，中欧通过与欧洲原子能共同体商签总体协议，加强科研合作等方式，解决安全高效发展核能的相关问题。

（3）中国和欧洲国家领导人会晤机制下的新能源合作

2010 年 7 月 15 日至 18 日，担任德国总理 5 年的默克尔 15 日起开始第四次访华。会谈期间，中德双方还发布了外交礼仪中级别甚高的公报——《中德关于全面推进战略伙伴关系联合公报》，德方首次高调提出“将积极支持欧盟尽快承认中国完全市场经济地位”中德一致认为双方深化合作前景广阔，两国将在清洁能源、低碳经济、环境保护、绿色食品种植等方面开展合作。中德两国政府有关部门和企业还在 16 日签署了涵盖财政、环保、文化等领域的 10 项合作协议，在新能源领域包括两国有关部委签署的气候保护和电动交通工具合作的谅解备忘录，扩大中德环境伙伴关系的联合声明，共同支持建立中德生态园的谅解备忘录，加强经济技术合作的联合意向声明等。

2010 年是中法关系继往开来的一年。2010 年 11 月 4 日，胡锦涛应邀对法国进行国事访问，这是胡锦涛时隔 6 年再次对法国进行国事访问。两中法两国发表

① 新华网. 第十二次中国－欧盟领导人会晤联合声明［EB/OL］.（2009-11-30）［2016-04-17］. http://news.xinhuanet.com/world/2009-11/30/content_12565761.htm.

了关于加强全面战略伙伴关系的联合声明，进一步巩固了 1997 年中法建立全面伙伴关系和 2004 年两国确立全面战略伙伴关系的双边关系基础。访法期间，中法双方签署了经贸、能源、航空、金融、电信、环保等多项合作协议。双方一致同意到 2015 年使双边贸易额达到 800 亿美元，为对方投资者提供更加便捷、更具吸引力的投资环境，大力推进核电等领域合作，在节能环保、新能源、新材料、电动汽车融等领域进一步挖掘合作潜力，打造合作新支柱，带动两国经贸关系转型升级，成为更紧密、可持续发展的经贸伙伴。

2011 年新年伊始，李克强率团先后访问西班牙、德国和英国。在新能源合作领域，中方和三国共同推进高能效、低排放的新能源汽车发展，包括加强电动汽车安全、关键部件和性能评价方法等领域标准的研究与合作，探讨电动汽车的充电设施网络建设。清洁能源成为中方和三国合作的重点，包括加强可再生能源和新能源开发利用，推进煤层气等非常规油气资源开发，开拓太阳能光伏光热发电市场和生物质能利用，发展智能电网，合作开展可再生能源并网技术研究。最后，中方和三国共同推进节能环保。重点是强化洁净煤技术合作，最大限度地放宽节能减排技术转让限制，联合开发高效节能技术、装备及产品，促进资源循环利用、加强废弃物资源化技术合作。

温家宝 2011 年于 6 月 27 至 28 日访问德国，访问期间中国与德国发表首轮中德政府磋商联合新闻公报，并发表《中德关于建立电动汽车战略伙伴关系的联合声明》。双方建立电动汽车战略伙伴关系，扩大在新能源、节能环保、能效领域的合作。双方支持设立“中德替代动力平台”，加强电动汽车领域合作。在声明中鼓励两国地方政府和企业参与合作，如共同在示范项目、商业运营和电动汽车推广方面开展合作。双方愿继续就发展战略和政策法规加强交流，进一步完善相关合作机制，推动先进电动汽车在全球更广泛的应用，为解决气候、环境和交通问题作贡献。双方在国际标准方面的交流与合作，也将为推动这一合作作出重要贡献。另外，德国在高能效建筑和低碳生态城市建设方面拥有先进技术和经验。这些技术和经验符合中国城市提高技术、管理水平的需要。两国政府将深化在低碳城市，尤其是高效能建筑和可持续城市发展领域的合作。

2014 年 3 月 26 日，习近平主席在巴黎同法国总统奥朗德举行会谈，两国元首回顾中法建交 50 年的成就经验，规划未来两国关系发展，达成重要共识，并发布《中法关系中长期规划》，决定站在新的历史起点上，开创紧密持久的中法全面战略伙伴关系新时代。①中法两国继续在碳市场机制和二氧化碳捕集和封存技术开发领域进行交流，就低碳发展战略（能源效率、可再生能源）、能源转型等气候

---

① 新华网. 中法关系中长期规划[EB/OL].(2014-03-27)[2016-08-15]. http://news.xinhuanet.com/ world/ 2014-03/27/c_119981279.htm.

变化议题继续进行深入交流；并就绿色能源、能源效率（特别是家电和建筑能效）以及减少化石能源排放进行协调，这一合作将涉及中国火电企业向低碳技术转型以及二氧化碳捕集和封存技术开发等领域。法国发展署将继续关注中国改善能效的项目，还将在国际可再生能源机构的多边框架下就绿色技术开展协调。

2014 年 10 月 10 日，李克强在柏林同默克尔共同主持第三轮中德政府磋商，双方发表《中德合作行动纲要：共塑创新》，此系 2014 年 3 月中国国家主席习近平对德国成功进行国事访问时与默克尔总理达成的共识，双方强调环境保护对社会健康、可持续发展的重大意义。中德两国将采取积极的措施应对全球气候变化，在国际气候保护倡议（IKI）框架内，将减少温室气体排放、深化在电动汽车电池回收利用领域的合作以及建立低碳经济发展方式等更高目标作为双边合作项目重点，双方将举行第五届中德环境论坛，在中国环境与发展国际合作委员会框架下就可持续城镇化、环境管理制度体系创新议题深化合作。

2015 年 6 月 30 日，李克强在访问法国期间表示，中国政府根据中国国情、发展阶段、可持续发展战略和国际责任，确定了到 2030 年的自主行动目标，即二氧化碳排放量 2030 年左右达到峰值，而中国将努力争取尽早实现这个目标。访问法国期间双方发布《中法两国深化民用核能合作的联合声明》，中法两国总理利用会晤的机会重申，愿共同进一步推动这一合作伙伴关系，将其扩展到包括科研和核安全等核能领域的各个方面，应做好中长期安排，在双方及第三国合作的框架下，在核燃料循环前端、中型和大型反应堆及核燃料循环后端等领域开展两国企业均衡参与的具体项目，实现互利共赢。①

三、北京市新能源国际合作机制与进展

北京市积极构建新能源国际合作的平台，打造国际科技合作基地，努力开创新能源国际合作模式，不断拓展新能源国际合作领域和空间。北京市鼓励新能源产业园区、研发机构和骨干企业对接全球新能源产业与创新资源，建立重点领域国际科技合作基地。北京市努力开创新能源国际合作模式，提升新能源国际合作空间。

（一）构建合作机制，提升合作空间

与欧美新能源发展水平相比，北京市在新能源利用、提高能效等方面还存在不小的差距，在新能源开发、节能技术、生物能源利用等方面也有不少需要解决的问题。北京市与欧洲一体化和经济发展局（以下简称 AEI）、伦敦构建了合作的平台，并积极利用北京（国际）低碳技术论坛、北京跨国技术转移大会、中韩新

① 新华网. 中法两国深化民用核能合作的联合声明［EB/OL］.（2015-07-02）［2016-09-15］. http://news.xinhuanet.com/ 2015-07/02/c_1115787971.htm.

能源汽车合作研讨会和动力锂离子电池技术及产业发展国际论坛，以推动新能源产业与技术发展，并吸引海外人才和先进技术，推动开展实质性国际科技合作。

1. 北京市与 AEI 新能源合作机制

2008 年 11 月，市科委与 AEI 在节能环保领域开展了深入的合作，双方签署了节能环保领域合作谅解备忘录，本次协议的签订是为适应北京建设“世界城市”的要求，在《中华人民共和国和奥地利政府间科学技术合作协定》的指导下，双方进一步拓宽合作领域，建立定期协调机制，明确合作方式，联合召开了节能环保国际科技合作研讨会。双方将在流化床垃圾处理技术、离网式风力发电设备及远程管理系统等技术开展合作。协议约定，双方将通过互派科技人员、管理专家等高层次人员交流与访问，共同组织会议、研讨会和培训，联合开展研发和示范项目，共同组织展览、推介以及其他各种形式的活动等合作方式，促进双方间的技术转移和先进产品的应用推广，为“科技北京”建设提供支撑。

2009 年 5 月，“中国—奥地利节能环保合作研讨会”在北京举行，在研讨会开幕式上北京市与 AEI 签署《北京市科委—欧洲一体化与经济发展署关于节能环保合作的谅解备忘录》，双方将就太阳能光热利用、太阳能光伏发电、生活垃圾处理处置与资源化利用、生物质能源、节能与新能源开发利用技术方案进行合作和交流。2009 年 11 月，北京市和奥地利为推进双方具体合作项目的落实，落实合作的具体方案，继续推进大容量电力存储技术、300kW 风力发电设备具体合作项目开展合作。

2. 北京—伦敦低碳技术合作机制

北京和伦敦构建以“北京—伦敦低碳技术论坛”为平台开展新能源的合作，2009 年首次研讨的主题包括可再生能源技术、节能技研发的风险投资、低碳技术转移及示范等。伦敦方面将邀请 20～30 家英国企业参加会议，带着相关技术与北京企业对接洽谈。北京—伦敦低碳技术论坛为适应北京建设“世界城市”的要求，双方进一步拓宽合作领域，建立定期协调机制、明确合作方式，促进北京和伦敦在新能源等重点高技术领域的具体合作。北京积极建设具有国际影响力的“北京（国际）低碳技术论坛”，以借鉴国际上低碳城市建设经验，推动新能源产业与技术发展，并吸引海外人才和先进技术，支持与优秀企业及重点机构形成项目对接，推动开展实质性国际科技合作。

2011 年由北京和英国伦敦发展署、欧中太阳能促进会、世界自然基金会、可持续发展技术基金会等国际机构和组织举办的论坛上，研讨的主题包括可再生能源技术、节能技研发的风险投资、低碳技术转移及示范等，并签署“北京—伦敦低碳技术合作中心”谅解备忘录、北京市可持续发展科技促进中心—欧中太阳能促进会关于新能源技术合作的谅解备忘录，积极推进了新能源产业和技术的国际合作和交流。

3. 北京低碳技术转移合作机制

2011年起，北京市科委联合科技部国际合作司、科技部火炬中心共同主办“北京跨国技术转移大会”，每年举办一届，为支撑北京市开展“国际交往中心”和“科技创新中心”建设搭建了重要国际化平台。大会以“立足北京、定位首都、辐射全国”为总体定位，通过政府工作和北京市科委服务，实现资源统筹，推动企业和各类创新主体利用会议平台与国外伙伴进行直接接触，在“政府造船、企业出海”的工作格局下，推动形成科技创新与跨国转移合作项目。北京跨国技术转移大会是北京进一步推动国际化发展，吸引集聚国际高端创新要素的重要手段，也是北京市为国际交往中心、科技创新中心战略定位打造的高端平台，促成了在新能源汽车、清洁能源等领域的技术和项目在北京落地。

近年来，中韩两国在新能源汽车领域加大研发投入，促使各自相关技术和产品的快速发展，新能源汽车也逐渐成为两国合作的重要领域。2015年12月，由北京市科学技术委员会和韩国驻华大使馆共同主办，韩国电动车协会、中国汽车工业协会、华夏幸福基业、中韩企业合作创新中心共同承办的中韩新能源汽车合作研讨会召开，主要针对中韩两国电动车产业政策、基础设施、电池等进行研讨，就电动汽车普及、电动车充电设施等问题达成合作共识。

（二）培育新能源国际科技合作基地

北京市鼓励新能源产业园区、研发机构和骨干企业对接全球新能源产业与创新资源，建立重点领域国际科技合作基地，为首都新能源产业发展管理经验和技术支撑。北京拥有一批国家级和市级重点实验室，包括“风电设备及系统技术国家重点实验室、温室气体减排北京市重点实验室”和“北京市煤基新能源国际合作基地”。以上述实验室为依托，打造国际一流的新能源国际合作基地，积极鼓励研发机构与国际著名科研机构和大企业开展新能源技术合作与交流，吸收借鉴国际先进技术和管理经验，提升自身的研究和技术创新水平，加快新能源产品、技术及服务的国际化推广和应用。

自2011年开始，北京市已先后认定四批共370家国际科技合作基地，为推进首都全国科技创新中心建设发挥了重要作用。国际科技合作基地分为国际科技创新及产业园区类、国际技术转移第三方机构类和联合研究机构及国际合作示范类三种，其中新能源国际科技合作基地共42家，包括10家新能源汽车领域国际科技合作基地、7家太阳能领域国际合作基地和5家风电领域国际合作基地。通过加强新能领域合作交流和资源共享，能够提升北京新能源领域科技合作条件和能力，促进北京利用全球科技资源，参与新能源领域竞争与合作，推动建设具有全球影响力的国家创新中心。

（三）创新合作模式，实现互利共赢

北京市努力开创新能源国际合作模式，提升新能源国际合作空间。为促进新能源产业发展，北京市把新能源领域高端人才列入重点领域人才目录，引进一批新能源重点领域高端设计人才、经营管理人才和高级技能人才；并为外国专家在京工作生活创造更多便利条件，形成有利于海外智力资源引进的长效机制。活跃留学生创业氛围，吸引更多的优秀人才来京创业。

北京市以“中欧中小企业节能减排科研合作项目”为平台，大力支持中小新能源企业参与国际合作项目，通过支持新能源企业与国外机构合作，有助于企业研发、技术、管理、服务的提升。北京市鼓励企业牵头、联手国内高校，国外合作方同样以企业牵头、高校参加的模式参与，形成“2+2”国际产学研结合新模式；通过设立合资公司或开展技术并购，快速提高企业自主研发能力，开拓海外市场；实质性参与国际标准制定，增强国内产业在国际上的话语权；从发达国家引进先进技术，消化吸收再创新后，再向其他发展中国家出售产品和技术，形成合作新模式。

四、北京市新能源国际合作面临的挑战

北京新能源产业尚处于培育发展阶段，基础相对薄弱。在国际合作方面，在新能源国际合作的战略规划、国际合作管理体制和自主创新等方面面临着一定的困难和现实制约因素。

（一）新能源国际合作规划亟待完善

面对世界经济格局变化和国内经济发展所带来的机遇和挑战，大力发展新能源产业既是北京市市抢占产业发展制高点、增强首都科技创新实力的战略选择，也是推进首都产业转型升级和缓解人口资源环境矛盾的重要举措。在此背景下，加强新能源国际合作，充分利用全球先进科技资源显得尤为重要。

尽管北京市积极参与新能源国际合作，但真正走向高级形式的不多，大多数都没有形成制度化的合作机制，新能源领域国际合作甚至是按照所谓的“惯例”或“习俗”来进行的，这就大大增加了合作的成本和风险，也制约着双方的合作向更高的层次和更广泛的领域发展。另一方面，北京市新能源国际合作仍停留在具体的国际科技合作与交流层面，缺乏宏观层面的战略指导，从而一定程度上影响了国际合作活动开展的针对性和有效性，使得新能源国际合作未能充分发挥其应有效用。

（二）新能源国际合作的技术壁垒

新能源是人类的又一次新技术革命，北京市把新能源产业视为推进产业结构

优化升级、增强科技创新实力的重要载体，力争到2020年成为具备国际领先水平的新能源技术创新中心、高端制造基地和应用示范城市。但北京市新能源发展面临自主创新能力不足，许多高技术材料和设备仍依赖进口，一些核心、关键、前沿技术尚未突破。

在新能源领域，欧盟、美国成为全球新能源市场最活跃的主体，风电和光伏成为增长最快的产业领域，但贸易保护严重，核心技术多为发达国家掌握。而发达国家将新能源技术视为未来国家竞争力的重要组成部分，出于对中国崛起的“担忧”，美欧对高科技出口管制并未松动，也缺乏向地方政府进行技术转让的政治意愿，市场、资金、政策、信息等方面的问题也阻碍着技术合作，因此，北京市希望加大从发达国家引进新能源技术的力度，而相关技术的壁垒已经成为新能源领域国际合作的障碍。

（三）国际合作管理体制有待完善

在新能源国际合作过程中，蕴藏在北京市科研院所、高校中的大量资源，由于部门分割等原因还较多地封闭在单位内部；科研工作价值取向、管理模式等因素制约着更多的科技资源与新能源发展更广泛地结合。在新能源国际合作与交流项目立项方面还缺乏规范的科学评估机制，有些项目的提出只是科学家个人活动的结果，有些国际合作项目的起点比较低，无法取得国际一流水平的成果。此外，缺乏国际科学合作的效果评价体系，致使合作成果推广不力，通过合作获得的资料和数据都分散在各单位和个人手里，得不到传播和使用。

（四）新能源国际合作层次有待拓宽

美、欧、日等发达区域和国家一直是北京市新能源国际合作的重点，在北京市国际合作中一直处于优先地位，例如北京市和奥地利欧洲一体化和经济发展局、伦敦搭建合作平台，在资金支持和项目投入等方面都高度重视。但是，北京市与发展中国家新能源领域国际合作还比较少，合作的层面和范围都比较狭窄。

尤其在“一带一路”背景下，北京市作为“一带一路”北线以及中线建设的重要节点城市，理应在“一带一路”战略中发挥着重要作用。在“一带一路”北线的俄罗斯，莫斯科市重视新能源汽车的使用、大力推广绿色交通，其南部地区、远东地区的日照充足，具备发展太阳能电站的良好条件，但技术装备水平落后。“一带一路”中线的哈萨克斯坦阿拉木图建立了“创新技术园特别经济区”，把可再生能源与节能技术视为新的发展领域。北京市在新能源汽车、风能和太阳能领域具备技术研发、高端装备制造、技术服务的竞争优势，与俄罗斯、哈萨克斯坦丰富的资源优势及巨大的开发潜力可以互补，但是双方新能源领域合作仍处于初级阶段，迫切需要进一步提升合作的领域和空间，实现优势互补、互利共赢。

五、提升北京市新能源国际合作的对策

北京市新能源国际合作，需要明确国际合作的目标、重点和策略，从加强新能源国际合作规划、构建协调机制、扩大合作规模等多方面不断推进，以积极吸收和引进国外新能源技术、设备和成果，推动建立北京市新、安全、经济、可靠的能源供应体系。

（一）新能源国际合作的目标

北京市能源国际合作的目标在于支持和促进提高能效，节约能源，可再生能源等合作，建立新、安全、经济、可靠的能源供应体系。拥有自主核心技术是北京市新能源产业持续发展的必要前提，也是新能源能够不断降低成本，获得市场生存能力的关键。初步研究表明，我国包括新能源在内的低碳技术与国际先进水平的差距在 7～10 年，存在赶超可能和条件。而发达国家将新能源技术视为未来国家竞争力的重要组成部分，缺乏对发展中国家进行技术转让的政治意愿，市场、资金、政策、信息等方面的问题也阻碍着技术合作，因此根据北京市现有的科技能力及国际新能源技术合作中存在的问题，新能源国际合作应服务于提高新能源领域的自主创新能力，服务于提升北京市新能源产业国际竞争力。

（二）新能源国际合作的重点领域

北京市在新能源国际合作中的战略定位立足于推动能源的多元化，建立新、安全、经济、可靠的能源供应体系。在这一过程中要积极推动新能源国际合作的政策体系和管理机制建设，为新能源国际合作营造良好的制度环境、政策环境和市场环境，把政策激励和产业自身发展动力结合起来，使北京市新能源产业具有可持续发展的国际竞争能力。新能源国际合作的重点在于以下几个领域。

第一，提高能源效率和节能措施的国际合作。这方面北京有极大的潜力，改善能源利用效率和节能措施，在气候和能源安全方面都能取得近期效益。

第二，推广可再生能源的国际合作，依靠不断发展新、可再生能源等新能源来满足能源需求增长。

第三，深化新能源融资的国际合作。为低碳技术融资，包括对碳排放量进行准确的量化和预测，以及为低碳技术的开发和推广进行融资。

（三）新能源国际合作的方式和途径

北京市新能源产业高起点发展是一项庞大的系统工程，需要政府、企业、大专院校、科研机构及社会各界的共同参与和努力，形成强大合力，多种途径，共同推进。

第一，以国家新能源国际合作战略为指导。北京市新能源领域的国际合作是在中央政府的统一安排部署下进行的，北京市新能源国际合作必须服务于国家的新能源国际合作战略，并与之相互配合，共同保障国家战略的实施，满足经济和社会发展、外交运筹和国家安全的需求。

第二，服务于北京市国际合作战略。新能源国际合作是北京市国际合作战略的重要组成部分，北京市国际合作战略对新能源领域的国际合作进行总体部署、政策性规范和指导。

第三，积极推动新能源合作研究建设。积极推动新能源企业，高校和科研院所与国外企业、科研院所合作，促进充分利用国外先进资源实现协同创新；积极探索“引进来”与“走出去”的互动模式，充分利用国内和国际资源，形成内外联动的交互发展局面，不断提升北京市新能源产业的技术创新能力。

第四，不断完善和发展新能源国际合作服务体系。要着力建设新能源国际合作服务平台建设，积极发展专业化市场中介服务机构及各类行业协会、商会等自律性组织，为深化新能源国际合作提供智力支撑。

第五，加强与国际间的新能源合作与科技交流。继续推动北京市新能源企业与跨国公司交流合作，加快先进技术和管理经验在企业间的转移，促进北京市新能源企业研发水平的提高。推动北京市新能源企业、科研院所与海外研发机构建立密切的合作关系，支持北京市新能源企业参加国际标准化组织的活动，争取有更多国内的标准成为国际标准。

（四）加强北京市新能源国际合作的对策和建议

北京市新能源国际合作可持续发展，需要从加强新能源国际合作战略规划、加大投入力度、提升国际合作效率和完善国际合作管理体制等方面进行努力。

1. 加强新能源国际合作的规划

新能源国际合作应立足于北京市经济社会发展的战略需要，并明确新能源国际合作的目标。为了促进北京市新能源国际合作发展，首要任务是制定正确的国际合作宏观战略，加强对新能源国际合作的调控和引导。首先，新能源国际合作战略的制定应立足于北京市经济社会发展的战略需要，并明确新能源国际合作的目标。新能源国际合作要在开放环境下开展，充分利用全球科技资源，实现跨越式发展，为北京市的科技、经济社会发展和总体外交服务，促进跨部门、跨地区的对外科技合作统筹协调，增强自主创新，推进自主创新体系建设。其次，新能源国际合作战略的关键是知识的获取、吸收和交流。新能源国际合作战略主要应在学科政策、国别政策及合作主体等方面根据国际科技发展的趋势，以及北京市科技发展的需要确立合作重点和优化顺序。

2. 构建新能源国际合作协调机制

新能源国际合作活动的主体来自方方面面，既包括市政府高层领导、外交和经贸主管部门，也包括企业，要形成整体合力，必须建立协调新能源国际合作战略目标和政策的协调机制。

要加强与科技部和商务部等国家部委的协调与合作，新能源国际合作政策的梳理和融合，协同推进新能源国际合作战略目标的发展。不断提升新能源国际合作的作用。加强机制创新，深入研究新能源国际合作协调机制措施，积极探索新能源国际合作的长效机制。积极展开城市和城市之间、相应主管部门之间、公司企业之间、校际之间的研究、技术交流与合作，定期进行互访，组织召开各种形式的座谈会和研讨会，推动经贸合作与组织招商等，最终推进北京市新能源技术的研究开发和产业化步伐，要加强民间、学术界与美欧进行国际交流与合作，不断拓宽合作领域，扩展合作规模，增加合作渠道，通过项目合作、标准制定、技术引进、人才培养等多种方式，推动新能源科技合作的发展。

3. 扩大合作规模，继续增加合作渠道

首先，本着“平等互利、成果共享、保护知识产权、遵从国际惯例”的原则，不断拓宽合作领域，逐渐扩大合作规模，继续增加合作渠道，采用灵活多样的合作方式，以此加速新能源国际科技合作与交流，增强自主创新能力，提升自主创新的起点，重点在国外先进技术和产品的引进、消化吸收再创新意识方面有明显的提高。其次，加大引进境外人才为我所用的工作力度。第三，鼓励有针对性地走出国门。第四，加强外向型自主创新人才的培养。第五，企业要加大自主创新经费投入。第六，政府为企业自主创新创造更多的机会。第七，重视对引进项目的消化吸收，提高新能源国际合作的质量。

4. 加强新能源国际合作中的自主创新能力

充分发挥政府的协调机制、发挥大型骨干企业和重点研究机构的优势，并加强技术转让的谈判，多管齐下以此加速国际科技合作与交流，增强自主创新能力。

第一，新能源国际合作首先要充分发挥政府的协调机制，把新能源汽车、风能、太阳能、生物能等列入与欧国际合作的重要领域，重点在国外先进技术和产品的引进、消化吸收再创新意识方面有明显的提高，实现重点突破，提升新能源技术的国际竞争力。

第二，发挥大型骨干企业和重点研究机构的优势，积极参与美欧的国际交流与合作，联合建设新能源技术创新重点实验室和研发中心，积极吸收国外先进技术和经验，支持开发具有自主知识产权的技术产品，加速科研成果的转化和应用。

第三，加强技术转让的谈判。从新能源合作的技术转让角度来看，首先在新能源的中、下游行业进行合作，然后就相关法律、融资和能力培训等问题进行谈判，这样既能实现双方利益的共赢，又能减少技术管制带来的不适应。

参考文献

［1］北京市统计局，国家统计局北京调查总队．北京统计年鉴［M］．北京：中国统计出版社，2012．

［2］北京市统计局，国家统计局北京调查总队．北京统计年鉴［M］．北京：中国统计出版社，2013．

［3］陈柳钦．国内外新能源产业发展动态［J］．河北经贸大学学报，2011（5）：5–13．

［4］程春华．欧盟新能源政策与能源安全［J］．中国社会科学院研究生院学报，2009（1）：113–118．

［5］陈伟．日本新能源产业发展及其与中国的比较［J］．中国人口·资源与环境，2010（6）：103–110．

［6］陈刚．京都议定书与国际气候合作［M］．北京：新华出版社，2008．

［7］范拓源，尤建新．战略性新兴产业发展规划与管理［M］．北京：化学工业出版社，2011．

［8］高静．美国新能源政策分析及我国的应对策略［J］．世界经济与政治论坛，2010（6）：58–61．

［9］顾小存．低碳经济视角下的东北亚区域合作［J］．国际论坛，2011（5）：56–61．

［10］郭印，王敏洁．国际低碳经济发展经验及对中国的启示［J］．改革与战略，2009（10）：176–179．

［11］贺正楚，张训，周震虹．战略性新兴产业的选择与评价及实证分析［J］．科学学与科学技术管理，2010（12）：62–67．

［12］李洪兴，汪培庄．模糊数学［M］．北京：国防工业出版社，1994．

［13］李悦．产业经济学［M］．北京：中国人民大学出版社，2008．

［14］刘兰翠，吴刚．我国 CDM 项目的现状与思考［J］．能源与环境，2007（3）：34–40．

［15］刘立涛，沈镭，刘晓洁．能源安全研究的理论与方法及其主要进展［J］．地理科学进展，2012（4）：403–411．

［16］刘纪显，郑尚．CDM 对我国新能源产业的影响［J］．华南师范大学学报：社会科学版，2010（5）：135–141．

［17］金碚．竞争力经济［M］．广东：广东经济出版社，2003．

［18］贾丽娟．高新技术产业创新与发展战略研究［M］．北京：中国经济出版社，2010．

［19］金乐琴. 后危机时代中国新能源产业创新与发展的思考[J]. 经济问题探索，2010（11）：24–27.

［20］金乐琴，刘瑞. 低碳经济与中国经济发展模式转型[J]. 经济问题探索，2009（1）：84–87.

［21］江凯，杨美英. 全球新能源发展模式及对我国的启示［J］. 水电能源科学，2011（1）：151–154.

［22］康晓. 中国开展可再生能源国际合作的途径与问题［J］. 现代国际关系，2009（6）：43–49.

［23］孔祥永. 论奥巴马政府的新能源政策［J］. 世界经济与政治论坛，2011（5）：28–41.

［24］李扬. 中美清洁能源合作：基础、机制与问题［J］. 现代国际关系，2011（1）：14–21.

［25］李国志. 中国发展低碳经济的困难与政策建议［J］. 亚太经济，2010（4）：15–19.

［26］刘东国. 日欧美新能源战略及其对中国的挑战［J］. 现代国际关系，2009（10）：33–39.

［27］鲁峰. 新能源产业可持续发展的战略思考［J］. 宏观经济管理，2009（11）：44–46.

［28］（美）迈克尔·波特. 竞争战略［M］. 陈小悦，译. 北京：华夏出版社，2005.

［29］马建英. 浅析中美清洁能源合作［J］. 现代国际关系，2009（12）：48–52.

［30］孟浩，陈颖健. 基于层次分析法的新能源产业发展能力综合评价［J］. 中国科技论坛，2010（6）：51–58.

［31］鲍健强，苗阳，陈锋. 低碳经济：人类经济发展方式的新变革［J］. 中国工业经济，2008（4）：153–160.

［32］史丹. 发达国家新能源产业发展的新态势［J］. 红旗文稿，2010（4）：25–26.

［33］史忠良. 产业经济学［M］. 北京：经济管理出版社，2005.

［34］唐彦林. 奥巴马政府能源新政背景下的中美能源合作［J］. 世界经济与政治论坛，2009（5）：82–89.

［35］王多云，张秀英. 低碳经济视角中的新能源发展问题研究［J］. 生态经济，2010（4）：104–107.

［36］王发明，等. 基于新兴技术的我国能源产业政策研究［J］. 经济问题探索，2010（7）：27–32.

［37］肖兴志. 中国战略性新兴产业发展研究［M］. 北京：科学出版社，2011.

［38］闫世刚. 低碳经济视角下的中国新能源国际合作［J］. 外交评论，2012（5）：82–94.

[39] 闫世刚. 世界城市清洁能源发展模式及借鉴[J]. 科技管理研究，2013(13)：52–55.
[40] 闫世刚. 中国与美欧开展新能源合作及存在的主要问题 [J]. 对外经贸实务，2012（4）：18–21.
[41] 闫世刚. 低碳时代中欧新能源国际合作挑战与对策分析 [J]. 经济论坛，2012（4）：64–66.
[42] 闫世刚，刘曙光. 新能源安全观下的能源外交[J]. 国际问题研究，2014(2)：109–117 .
[43] 袁炜，成金华. 中国清洁能源发展现状和管理机制研究 [J]. 理论月刊，2008（12）：26–29.
[44] 吴德进. 产业集群论 [M]. 北京：社会科学文献出版社，2006.
[45] 张坤民，等.低碳发展论 [M]. 北京：中国环境科学出版社，2008.
[46] 张少春. 中国战略性新兴产业发展与财政政策 [M]. 北京：经济科学出版社，2010.
[47] 郑方能，封颖. 确立清洁能源国际科技合作国家战略的思考与建议 [J]. 中国软科学，2011（4）：125–129.
[48] 张国有. 对中国新能源产业发展的战略思考 [J]. 经济与管理研究，2009（11）：5–9.
[49] 张玉臣，彭建平. 欧盟新能源产业政策的基本特征及启示 [J]. 科技进步与对策，2011（6）：101–105.
[50] 庄贵阳. 低碳经济引领世界经济发展方向 [J]. 世界环境，2008(2)：34–36.
[51] ERMIS K, MIDILLI A, DINCER I, et al. Artificial neural network analysis of world green energy use [J]. Energy Policy, 2007, 35 (3): 1731–1743.
[52] GRIGOR A, et al. World Economic Situation and Prospect 2011[M]. New York: Unite Nations Publieation, 2011.
[53] JACOBSSON S, et al. EU renewable energy support policy: faith or facts [J]. Energy Policy, 2009, 37 (6): 2143–2146.
[54] LAIRD P N, STEFES C.The diverging paths of German and United States policies for renewable energy: Sources of difference [J]. Energy Policy, 2009, 37 (7): 2619–2629.
[55] LI Z. Quantitative analysis of sustainable energy strategies in China [J]. Energy Policy, 2010, 38 (5): 2149–2160.
[56] LUND H. Renewable energy strategies for sustainable development [J]. Energy, 2007, 32 (6): 912–919.
[57] LUND P D. Effects of energy policies on industry expansion in renewable

energy [J]. Renewable Energy, 2009, 34 (1): 53–64.
[58] JAMES U. Mastering the Dynamics of Innovation [M]. MA: Harvard Business school Press, 1994.
[59] JOHN H, HUBERT S. Governance in Global Value Chains [M]. Cheltenham: Edward Elgar, 2004.
[60] MERAL M E, DINCER F. A review of the factors affecting operation and efficiency of photovoltaic based electricity generation systems [J]. Renewable and Sustainable Energy Reviews, 2011, 15 (5): 2176–2184.
[61] MIEHAEL T, HANNAN J. Organizational Ecology [M]. MA: Harvard University Press, 1989.
[62] MIDILLI A, et al. Green energy strategies for sustainable development [J]. Energy Policy, 2006, 34 (18): 3623–3633.
[63] NIEOLAS H. The Eeonomics of Climate Change: The Stern Review [M]. Cambridge: Cambridge University Press, 2006.
[64] OCKWELL D G, et al. Key policy considerations for facilitating low carbon technology transfer to developing countries [J]. Energy Policy, 2008, 36 (11): 2143–2146.
[65] OMER A M. Energy, environment and sustainable development [J]. Renewable and Sustainable Energy Reviews, 2008, 12 (9): 2265–2300.
[66] PARIDA B, INIYA S, GOIC R. A review of solar photovoltaic technologies [J]. Renewable and Sustainable Energy Reviews, 2011, 15 (5): 1625–1636.
[67] RESCH G, et al. Potentials and prospects for renewable energies at global scale [J]. Energy Policy, 2011, 36 (11): 4048–4056.
[68] SHI L, CHEW M Y L. A review on sustainable design of renewable energy systems [J]. Renewable and Sustainable Energy Reviews, 2012, 16 (1): 192–207.
[69] Sovacool, B. K. The importance of comprehensiveness in renewable electricity and energy-efficiency policy [J]. Energy Policy, 2009, 37 (4): 1529–1541.
[70] THIRUGSNANASAMBANDAM M, INIYAN S, GOIC R. A review of solar thermaltechnologies [J]. Renewable and Sustainable Energy Reviews, 2010, 14 (1): 312–322.
[71] WUSTENHAGEN R, WOLSINK M, BURER M J. Social acceptance of renewable energy innovation: an introduction to the concept [J]. Energy Policy, 2007, 35 (5): 2683–2691.
[72] ZHAO Z, et al. International cooperation on renewable energy development in China-A critical analysis [J]. Renewable Energy, 2011, 36 (3): 1105–1110.